KLAGE
Kölner Linguistische Arbeiten - Germanistik
Herausgegeben von Heinz Vater
16

Karl-Heinz Ramers
Heinz Vater

Einführung in die Phonologie

Gabel Verlag

1992

Die Deutsche Bibliothek - CIP-Einheitsaufnahme

Ramers, Karl-Heinz:
Einführung in die Phonologie /
Karl-Heinz Ramers ; Heinz Vater. - 3. rev. ed. -
Hürth-Efferen : Gabel, 1992
(Kölner linguistische Arbeiten - Germanistik ; 16)
ISBN 3-921527-27-9
NE: Vater, Heinz:; GT

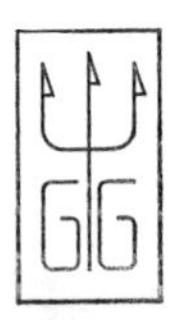

Third Revised Edition published 1992 by Gabel Verlag
Jülichstraße 7, D-5030 Hürth-Efferen

ISBN 3-921527-27-9
ISSN 0939-9275

Vorwort

Dieser Band verfolgt folgende Ziele:

- Gegenstand, Methodik und theoretische Grundlagen der Phonologie sollen möglichst einfach, auch für Leser mit geringen linguistischen Voraussetzungen verständlich dargestellt werden.
- Dabei soll auch auf die wichtigsten phonetischen Voraussetzungen phonologischer Beschreibungen sowie auf phonetische Transkription eingegangen werden.
- Die Einführung ist am Deutschen orientiert und gibt gleichzeitig einen Einblick in das Phonemsystem des Deutschen und die wichtigsten phonologischen Prozesse - beides jedoch recht elementar und nicht sehr detailliert; eine elaborierte und umfassende phonologische Analyse des Deutschen wird nicht angestrebt.

Der Leser erwarte keine detaillierte Auseinandersetzung mit neuester Ansätzen der phonologischen Theorie: Das würde den Rahmen einer Einführung überschreiten. Zudem kann hier auf einschlägige Literatur hingewiesen werden.

Die Darstellung beschränkt sich, soweit möglich, auf die segmentale Phonologie. Der suprasegmentalen (prosodischen) Phonologie soll ein besonderer KLAGE-Band gewidmet werden.

Sehr herzlich danken wir Wus van Lessen Kloeke, Thérèse Torris und Richard Wiese für Anregungen, Verbesserungsvorschläge und Kritik, Elfie Deffner für ihren unermüdlichen und intensiven Einsatz beim Schreiben des komplizierten Textes, Achim Grohé für Mithilfe bei der Erstellung der Bibliographie und Christa Bhatt für das Einsetzen vieler Transkriptionszeichen.

Karl Heinz Ramers   Heinz Vater

Köln, September 1991

Inhaltsverzeichnis

1. Einleitung

1.1 Der Gegenstand der Phonologie

1.1.1 Vorläufige Definition

Der Terminus "Phonologie" ist – wie auch der Terminus "Phonetik" – von griechisch phōnē 'Laut' abgeleitet. Phonologie hat es also mit Lauten zu tun. Doch das ist nur eine erste Annäherung: Auch die Phonetik hat mit Lautlichem zu tun; die beiden Disziplinen müssen im folgenden noch voneinander abgegrenzt werden.

"Laut" ist eine akustische Einheit, die in 1.2.2 genauer beschrieben werden soll. Sowohl Phonetik als auch Phonologie haben es nicht mit allen möglichen Lauten zu tun, sondern nur mit von Menschen produzierten Lauten. Das von einer Dampfwalze erzeugte Geräusch scheidet also ebenso aus wie das Summen einer Biene. Aber auch nicht alle vom Menschen erzeugten Laute sind Gegenstand phonetischer bzw. phonologischer Untersuchungen. Jeder Mensch kann viele verschiedene Laute produzieren; für die meisten Laute (genauer: für die Tätigkeit dieser speziellen Lautproduktionen) stehen sprachliche Bezeichnungen zur Verfügung: Stöhnen, Ächzen, Husten, Rülpsen, Zischen, Grunzen, Knurren, Schnalzen usw. Aber sowohl die Phonetik als auch die Phonologie haben es nur mit lautlichen Äußerungen zu tun, die zum Sprechen verwendet werden, also mit Sprachlauten. Die Abgrenzung der Sprachlaute von anderen Lauten ist nicht immer einfach: Bei einem geknurrtem *hm* ist nicht ohne weiteres zu unterscheiden, ob hier eine sprachliche oder nicht–sprachliche Äußerung vorliegt. In der Sprechakttheorie und Konversationsanalyse müssen Äußerungen wie *hm*, *äh*, *hach* usw. mit berücksichtigt werden, wobei je nach den Zielen der Untersuchung und den Ansichten des Analysators diese Laute (bzw. Lautverbindungen) als zur sprachlichen oder nicht–sprachlichen Kommunikation zugehörig eingestuft werden. Weiterhin muß unterschieden werden zwischen Lauten, die in allen Sprachen vorkommen und solchen, bei denen das nicht der Fall ist. Es gibt sogar Lautarten (z.B. Schnalzlaute, "clicks"), die nur in sehr wenigen Sprachen verwendet werden. Selbst zwischen nah verwandten Sprachen wie Deutsch und Englisch gibt es Unterschiede im Laut–Inventar: Die im Anlaut von *then* und *thin* gesprochenen Laute [ð] und [θ] kommen im Deutschen nicht vor; umgekehrt finden sich die im Auslaut von *ich* und *ach* gesprochenen [ç] und [x] nicht im Englischen (vgl. die Transkriptionszeichen in 1.3).

1.1.2 Laute als Segmente

Bis jetzt wurde davon ausgegangen, daß Laute isolierbare Einheiten sind. Das ist keineswegs selbstverständlich. Im Gegenteil: Die in phonetischen Untersuchungen verwendete Wiedergabe von Lauten mit Hilfe des Sonagraphen zeigt keinerlei scharf abgegrenzte Lauteinheiten, sondern ein Kontinuum. Das Sonagramm (d.h. die graphische Wiedergabe von Lauten durch den Sonagraphen) zeigt z.B. bei dem englischen Wort *card* (vgl. DENES/PINSON 1963:121) nicht vier deutlich voneinander abgehobene Einheiten, sondern eine "Landschaft" mit fließenden Übergängen, bei der nur Anfang und Ende klar abgegrenzt sind.

Abb. 1

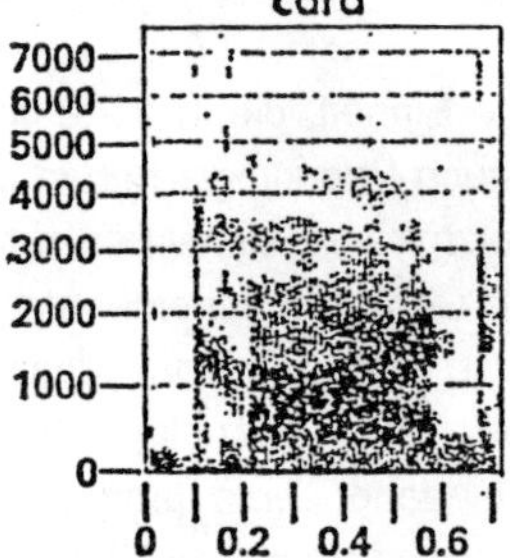

Während die physikalische Darstellung ein Kontinuum zeigt, bei dem jeder Schnitt willkürlich wäre, gibt es sprachlich–funktionale und psychologische Anzeichen, die darauf hindeuten, daß Sprachlaute isolierbar sind. Hier einige Beispiele:

– Der Linguist unterscheidet in einem Wort wie *rot* die drei lautlichen Einheiten /r/, /o/ und /t/; er kann dies deshalb tun, weil auch der Sprecher weiß (oder intuitiv fühlt), daß es drei Stellen im Wort gibt, an denen jeweils ein Laut ausgewechselt werden kann:

(1.01)	rot	rot	rot
	Lot	ruht, Ruth	Rom
	Kot	Ried	Rohn
	tot	Rat	
	{ bot		
	Boot }		

Durch Austausch in der ersten Stelle ergeben sich die Wörter *Lot, tot, Kot* und *bot* bzw. *Boot,* durch Austausch in der zweiten Stelle *Rat* und *Ruth,* durch Austausch in der dritten *Rom.* Ebenso würde jeder Sprecher merken, daß in *Brot* ein Segment mehr vorhanden ist, d.h. daß vor die Lautfolge /rot/ noch ein /b/ vorgeschaltet ist.

- Jeder Sprecher des Deutschen wäre sofort imstande, den Fehler ostasiatischer Sprecher zu lokalisieren, den sie im Deutschen machen, indem sie *lot* statt *rot* sprechen. Er würde den Fehler des Ausländers interpretieren als "Verwechslung von *r* und *l* ".
- Der Phonologe würde auch den Austausch von /r/ durch /f/ in erster Position des Wortes *rot* oder von /t/ durch /l/ in letzter Position heranziehen, um zu zeigen, daß diese sprachlichen Einheiten miteinander kontrastieren. Und obwohl es im Deutschen nicht die Wörter *fot* und *rol* gibt, würde doch jeder Deutschsprechende zugeben, daß sie sich durch Austausch von /r/ durch /f/ bzw. von /t/ durch /l/ ergeben. Er würde das jeweilige Austauschprodukt zwar mit dem Kommentar belegen "das ist kein Wort", hätte aber genau wie bei den obigen Beispielen das Gefühl, daß hier ein Laut ersetzt wurde.
- Die psychologische Realität segmentaler Laute läßt sich nachweisen an Sprecherurteilen über regionale Variationen ihrer Muttersprache, die weniger oder mehr Laute als die Standardformen haben:

(1.02) Raffe, schaffe, Häusle baue, Kinder kriege, sterbe.

Dieser Ausspruch interessiert hier nicht wegen seiner (fragwürdigen) Beurteilung der schwäbischen Mentalität, sondern wegen der sprachlichen Charakterisierung der Schwaben, nämlich (volkstümlich ausgedrückt): "Die lassen immer das *n* am Ende weg." Ähnlich weiß der Norddeutsche vom Bayern, daß er *gesagt* gewöhnlich *g'sagt* [ksɑ:kt] ausspricht, also ebenfalls Verkürzungen gegenüber der Standardform vornimmt.

- Umgekehrt wird wohl jeder Sprecher des Deutschen die Form *kommet* in (1.03) als "altmodisch" empfinden, "weil da noch ein *e* vorkommt, das man heute nicht mehr spricht"[1].

(1.03) Ihr Kinderlein, kommet, o kommet doch all.

Und der Nicht–Rheinländer wird ebenso deutlich merken, daß der Rheinländer in Wörtern wie *Milch* und *elf* "was einschiebt", wenn er sie *Millich* und *ellef* ausspricht.

- Besonders aufschlußreich sind für den Psycholinguisten Versprecher[2]. Falsche Einschübe wie in (1.04) und (1.05) deuten auf die Existenz von Lautsegmenten in der menschlichen Psyche hin:

(1.04) Als Büblein klein an der Musterbrust

---

[1] Natürlich spricht man in dem Wort nicht [e], sondern [ə].

[2] Interessante Versprecher führt WIESE (1983:59ff.) an, jedoch als Beispiele für die einzelnen Planungsstufen bei der Sprachproduktion.

Dieser Versprecher – aus der Ansage eines Rundfunksprechers – ist ein Antizipationsfehler; der Sprecher hat sich schon auf die Folge /st/ in /brust/ eingestellt und nimmt sie fälschlich bei der ähnlichen Lautfolge /mʊt/ (in *Mutter)* vorweg.

(1.05) nocht nich

Dies ist ein oft vorkommender Fehler im Deutschen, der auf "Hyperkorrektheit" beruht: Der Sprecher weiß, daß er gewöhnlich t in *nicht* wegläßt und daß dies als umgangssprachlich gilt. Im Bemühen, möglichst gutes Hochdeutsch zu sprechen, nimmt er das *t* vorweg und hängt es an *noch.*

Es läßt sich festhalten, daß der Phonologe es grundsätzlich mit Lauten als Segmenten zu tun hat, der Phonetiker dagegen primär mit Lauten als Kontinuum. Natürlich untersucht auch der Phonetiker diskontinuierliche Laute, aber die Voraussetzung zur Unterscheidung solcher Diskontinuitäten liefert nicht so sehr der Artikulationsprozeß oder die akustische Analyse von Schallwellen, sondern eher die funktionale Analyse des Phonologen[3]. Genau wie der Phonologe auf den Phonetiker angewiesen ist, wenn es um die Feststellung von artikulatorischen oder akustischen Lauteigenschaften geht, ist der Phonetiker auf den Phonologen angewiesen, wenn es um Lautsegmentierung geht. Für eine ausführlichere Diskussion dieser Problematik sei auf SCHANE (1973) und VENNEMANN (1986) verwiesen.

1.1.3 Lautsegmente als Invarianten

Jeder deutsche Satz – mag er noch so kurz und einfach sein – kann auf unendlich viele verschiedene Arten realisiert werden. Man wird kaum zwei Sprecher des Deutschen finden, die einen Satz wie (1.06) völlig gleich aussprechen.

(1.06) Dieser Tag dauert ewig.

Besonders deutlich wird das, wenn es sich um Sprecher verschiedener Regionen handelt. Hier sind die Unterschiede in der Aussprache der einzelnen Laute klar erkennbar. Der Berliner wird etwas sagen wie *Diesa Tack dauat*

---

[3] KOHLER (1977:21) weist jedoch darauf hin, daß eine Segmentation des artikulatorischen Ablaufs und des akustischen Signals "nach rein signalimmanenten Kriterien möglich und sinnvoll" ist, vor allem, "wenn mehrere artikulatorische Parameter gleichzeitig registriert werden, u.a. in Abschnitte mit bzw. ohne Signalpräsenz ..."

ewich[4], der Rheinländer etwas wie *Dieser Tach dauert ewisch* etc. Aber auch zwei Sprecher aus der gleichen Region, ja vom gleichen Ort, aus der gleichen Straße, aus der gleichen Familie, werden den Satz nicht völlig gleich aussprechen, wenn die Unterschiede auch so fein sind, daß sie nicht mit den Ohren, sondern nur mit besonderen Apparaturen wahrgenommen werden können.

Nicht nur der Einfluß des heimischen Dialekts spielt bei der Aussprache eine Rolle, sondern auch die Stimmlage, der Gemütszustand, das körperliche Befinden usw. Insofern kann man sogar sagen, daß nicht einmal ein und derselbe Sprecher den gleichen Satz in zwei verschiedenen Situationen völlig gleich aussprechen wird (z.B. wenn er das eine Mal gesund, das andere Mal stark erkältet ist, das eine Mal freudig erregt, das andere Mal in gedämpfter Stimmung usw.). Bekannt ist zudem, daß Stimmlage und Klangfärbung (vor allem der Vokale) von Person zu Person verschieden ist. Die spezielle Intention, die ein Sprecher verfolgt, ob er z.B. eine Aussage macht, ein Versprechen gibt, einen Befehl erteilt – d.h. die mit einer sprachlichen Äußerung verbundene Illokution – hat ebenfalls Einfluß auf die Aussprache, in erster Linie auf die prosodischen Eigenschaften wie Intonation, Akzentuierung und Längung einzelner Bestandteile (vor allem der Vokale). Man kann dies an kurzen Sätzen wie *du gehst* leicht erproben. Bei der Äußerung des Satzes als Aussage wird die Stimme bei *gehst* gesenkt, bei der Frage wird sie gehoben. Beim Befehl wird Starkton auf *gehst* gelegt, der bei einem insistierenden Befehl eine beträchtliche Längung des Vokals /e/ mit sich führen kann. Bei Hervorhebung des *du* (z.B. zur Kontrastierung mit anderen potentiellen Befehlausführenden) kann wiederum das /u/ gelängt werden.

Nun sind die letztgenannten Aussprachevariationen funktional relevant: Fragen und Befehlen, insistierende oder sachlich–neutrale Haltung sind Intentionen und Sprechereinstellungen, die (zum größten Teil) durch sprachliche Mittel ausgedrückt werden; Intonation, Akzent und Längung sind solche Mittel. Andrerseits sind persönliche Stimmlage, Müdigkeit und Heiserkeit des Sprechers ganz und gar irrelevant für die linguistische Analyse, aber auch sie beeinflussen, wie gesagt, die Aussprache nicht unwesentlich.

Relevant sind diese persönlichen Merkmale für den Kriminologen, der Tonbandäußerungen eines Entführers untersucht, um dessen Identität festzustellen (wobei oft Linguisten hinzugezogen werden). Relevant können diese Merkmale auch werden, wenn es dem Hörer darum geht, die Gemütslage des Sprechers aus dessen Rede zu erschließen.

Doch all die feinen lautlichen Unterschiede, die durch Sonagramme und Röntgenaufnahmen zutage treten, wenn ein und dieselbe Äußerung untersucht wird, ändern nichts daran, daß diese Äußerungen von den Hörern als gleich empfunden werden. Hörer sind gewöhnt, alle für das Funktionieren von Spra-

---

[4] Hier wird - da noch nicht die phonetische Transkription eingeführt wurde - sogenannte "literarische Umschrift", das ist "die Form, in der die Mundarten in der populären Literatur wiedergegeben werden" (EHLICH/SWITALLA 1976:80), verwendet.

che unwesentlichen Merkmale zu vernachlässigen und nur die linguistisch signifikanten zu hören; dazu gehört z.B., daß *rot* und *Lot* im Deutschen als unterschiedlich empfunden werden, aber *rot* einmal mit Zungenspitzen–R, einmal mit Zäpfchen–R gesprochen, als gleich. SCHANE (1973:5) bemerkt:

> "In fact, we could 'do' no linguistics (nor would language even be possible) if we were never able to assert that two utterances are identical."

Er schließt daraus: "Its's what you 'think' that counts". Unsere Wahrnehmung ist für die sprachliche Kommunikation – und für die linguistische Analyse – entscheidend, nicht die objektiv–physikalische Messung.

Charakteristisch für Sprache in allen Ebenen (Phonologie, Morphologie, Syntax, Semantik) ist das Wechselspiel zwischen System und Variation. Die Phonologie hat es in erster Linie mit Analyse und Beschreibung des Systems der Laute in einer bestimmten Sprache zu tun, mit den systematischen Eigenschaften von Lautsegmenten (genauer: Phonemen, vgl. 2.1). Sie beschäftigt sich aber auch mit Lautvariation, sofern diese in einer Sprache systematisch bzw. voraussagbar ist. So läßt sich im Deutschen voraussagen, daß die Lauteinheit, die durch die Buchstabenfolge *ch* wiedergegeben wird, je nach der lautlichen Umgebung verschieden realisiert wird: nach Vordervokalen wie /i/ und /e/ als sogenannter Ichlaut, [ç]; nach Hintervokalen wie /a/ und /o/ als "Achlaut", [x] (vgl. 1.1.1 und 2.2)[5]. Trotz der erheblichen artikulatorischen und akustischen Unterschiede werden [ç] und [x] als in gewissem Sinne gleich empfunden, der gleichen abstrakten Einheit zugeordnet, denn sie funktionieren gleich: Es gibt im Deutschen kein Wortpaar, das nur dadurch unterschieden ist, daß das eine Wort [ç] hat, wo das andere [x] hat. Ebensowenig kann man im Deutschen zwei Wörter dadurch unterscheiden, daß das eine Zungenspitzen–R in einer Position hat, wo das andere Zäpfchen–R hat, obwohl hier die artikulatorischen Unterschiede noch weit größer sind als bei [ç] und [x], denn das eine wird weiter vorn im Mund artikuliert, das andere ganz hinten. Deutsche Sprecher nehmen wohl einen Unterschied wahr und sagen von einem Zungenspitzen–R–Sprecher "er rollt das r" – was in Wirklichkeit nicht distinktiv ist, denn auch das Zäpfchen–R kann gerollt werden –, aber sie erkennen andrerseits die systematische Gleichheit an: Beide werden als "r" ("als eine Art r") empfunden.

---

[5] Hier und im folgenden werden Lauteinheiten des Systems (Phoneme) in / / gesetzt, ihre Varianten (Allophone) - vgl. 2.1 - in [ ].

1.1.4 Sequenzen von Lautsegmenten

Die Phonologie beschäftigt sich auch damit, welche Lauteinheiten mit welchen anderen verbunden werden können und welchen Einfluß die verbundenen Laute aufeinander ausüben können. Man kann im Deutschen – wie auch in anderen Sprachen – nicht beliebige Sequenzen von Lauten bilden, d.h. beliebige Laute miteinander verbinden:

(1.07) a [blɪk] [blak] c [kalp] [alm]
b * [lbɪk] [lbak] d * [kapl] [aml][6]

Die Sequenzen in (1.07)a sind im Deutschen möglich; die erste bildet im Deutschen ein Wort (geschrieben *Blick),* die zweite nicht, wäre aber jederzeit als Wort *(black)* möglich; rein zufällig ist diese Lautsequenz nicht im Deutschen als Wort genutzt (d.h. mit einer Bedeutung verbunden). Die Sequenzen in b sind nicht möglich; es gibt im Anlaut nicht Verbindungen wie [lb], [rb], [lp], [rp]. Die Sequenzen in c sind möglich, beide werden als Wörter genutzt, *Kalb*[7] und *Alm*. Die Sequenzen in d sind nicht möglich, zum mindesten nicht innerhalb einer Silbe. Auf zwei Silben verteilt – wobei das /l/ silbisch würde – wären sie möglich, wie die Wörter *Pappel* und *Hammel* bezeugen, wenn der "Murmelvokal" vor /l/ wegfällt (was häufig vorkommt) und /l/ silbisch wird.

Wie schon der Hinweis auf die fließenden Übergänge in Sonagrammen gezeigt hat, sind Laute im Redestrom nicht isoliert, sondern beeinflussen einander und gehen ineinander über. Wenn auch viele dieser speziellen Ausprägungen von Lauten in einer Sequenz nicht hörbar sind, so gibt es doch welche, die deutlich wahrgenommen werden können und so systematisch sind, daß der Phonologe ihnen Rechnung tragen muß. Um nur zwei Beispiele zu nennen:

– Kein Deutscher spricht /n/ vor /k/, sondern einen anderen Nasalkonsonant, der dem /k/ in seiner Position angepaßt ist, nämlich /ŋ/ (wie auch in Wörtern, die mit *ng* geschrieben werden, vgl. *eng*). Man kann dies leicht überprüfen,

---

[6] [ɪ] ist das Transkriptionszeichen für ungespanntes, kurzes i (vgl. *nicht, Milch, Birke* etc.); man braucht ein Zeichen für diesen Vokal, weil er nicht nur quantitativ, sondern in erster Linie qualitativ verschieden ist von /i/ in *mir, Tier, ihn, Biene* usw. (vgl. 1.3). "*" vor einer Lautsequenz bedeutet "ungrammatisch" (genauer: unzulässige Verkettung). Hier und im folgenden werden Lautsequenzen in [ ] gesetzt. Die Silbischkeit eines Konsonanten wird durch senkrechten untergesetzten Strich bezeichnet: [haml̩] für *Hammel* in oben angegebener Aussprache.

[7] Im Auslaut von Kalb wird nicht /b/, sondern /p/ gesprochen, wie noch im folgenden dargelegt werden soll. Es handelt sich um den gleichen Prozeß, in dem stimmhafte Obstruenten vor stimmlosen selbst stimmlos werden. Vgl. die Definition von "Obstruent" in 2.3.2.

indem man zuerst das Wort *Bann* ausspricht und dann versucht, /k/ anzuhängen; was dabei herauskommt, ist nicht die normale Aussprache von *Bank,* [baŋk], sondern eine recht fremdartige, [bank].

– Kein Deutscher spricht einen stimmhaften Obstruenten vor einem stimmlosen, obwohl die Schreibung von Wörtern wie *Abt*, *Leids*, *sagt*, *längs* das suggeriert. Im Deutschen sind – von wenigen Ausnahmen abgesehen – nur Verbindungen aus stimmlosen Obstruenten zulässig, oder anders ausgedrückt: Ein stimmhafter Obstruent wird vor stimmlosem ebenfalls stimmlos. Man spricht also [apt], nicht [abt]; [lajts], nicht [lajds].

1.1.5 Die Phonologie im Gesamtsystem der Sprache

Ein wichtiges Merkmal menschlicher Sprache – im Gegensatz zu Kommunikationssystemen der Tiere – ist ihre Gliederung in Ebenen. Tierische kommunikative Äußerungen, wie das Summen der Biene oder das Bellen des Hundes, sind nicht segmentierbar in dem Sinne, daß etwa *w* in *wauwauwau* eine Lauteinheit (ein Phonem) bildet, *wau* ein Wort, *wauwauwau* einen Satz.

Menschliche Sprache kommt mit einem kleinen Inventar von Minimaleinheiten, **Phonemen**, aus. Diese Phoneme verbinden sich nach bestimmten Gesetzmäßigkeiten zu Phonemsequenzen. Nur eine Teilmenge all dieser Sequenzen wird auf einer höheren Ebene dazu benutzt, **Morpheme** zu bilden, aus denen **Wörter** zusammengesetzt werden. Wörter wiederum werden – ebenfalls nach bestimmten Gesetzmäßigkeiten – zu **Phrasen** und **Sätzen** verbunden.

Mit der Aufstellung und Analyse des Phoneminventars einer Sprache und mit den zulässigen Phonemsequenzen befaßt sich die Phonologie. Mit dem Aufbau von Wörtern aus Morphemen (den kleinsten Bausteinen) beschäftigt sich die **Morphologie**, mit dem Aufbau von Phrasen und Sätzen aus Wörtern die **Syntax**. Diese drei Ebenen haben es ganz oder überwiegend mit den sprachlichen Ausdrucksmitteln zu tun, während eine vierte Ebene, die **Semantik**, sich mit der inhaltlichen Seite von Sprache beschäftigt, mit der Bedeutung von Morphemen, Wörtern und Sätzen. Phoneme – das wird noch eingehender zu erläutern sein – haben keine Bedeutung.

Wie praktisch der Aufbau menschlicher Sprache ist, soll an einem kleinen Beispiel demonstriert werden, einer Art "Minimaldeutsch". Angenommen, das Deutsche hätte nur 5 Phoneme, nämlich /p/, /t/, /k/, /a/ und /ɪ/ und eine Regularität, der zufolge jedes Wort – wir vernachlässigen das Morphem – aus drei Phonemen besteht, derart, daß immer einem Konsonanten im Anlaut ein Vokal, diesem wieder ein Konsonant folgt. Es gilt also Regel (1.08):

(1.08) WORT = K+V+K

Dann lassen sich damit schon 18 Wörter bilden, nämlich:

(1.09)	pap	pat	pak	pɪp	pɪt	pɪk
	tap	tat	tak	tɪp	tɪt	tɪk
	kap	kat	kak	kɪp	kɪt	kɪk

Der mathematisch Geschulte wird schnell ausrechnen können, wie die Zahl der Verbindungsmöglichkeiten bei 6 oder 10 oder gar 30 Phonemen steigt. So praktisch dieser Aufbau ist, so viel Redundanz birgt er, jedenfalls bei einem System mit ungefähr 30 Phonemen als Grundeinheiten, wie das im Deutschen der Fall ist: Nur eine kleine Menge aller möglichen Verbindungen wird in einer Sprache wie dem Deutschen tatsächlich genutzt. Man braucht nur Verbindungen mit /kl/ im Anlaut, Vokal im Inlaut und /t/ im Auslaut herauszugreifen, um zu sehen, daß von allen 17 möglichen Verbindungen[8] nur drei genutzt werden, nämlich in den Wörtern *Klett(verschluß)*, *Kleid* und *klaut*.

Zur Abgrenzung von Phonologie und Phonetik sei hier – nachdem in 1.1.1 – 1.1.4 schon einige Gemeinsamkeiten und Unterschiede sichtbar geworden sein dürften – noch vermerkt, daß das Verhältnis zwischen diesen beiden Disziplinen – je nachdem, ob das Gemeinsame oder das Unterscheidende in den Vordergrund gerückt wird – sehr unterschiedlich gesehen wurde. TRUBETZKOY (1939:7) hebt den Unterschied hervor, wenn er sagt:

> "Entsprechend ihrem verschiedenen Gegenstand müssen die beiden Lautlehren ganz verschiedene Arbeitsmethoden anwenden: die Sprechaktlautlehre, die mit konkreten physikalischen Erscheinungen zu tun hat, muß naturwissenschaftliche, die Sprachgebildelautlehre dagegen rein sprach– (bzw. geistes– oder sozial–)wissenschaftliche Methoden gebrauchen. Wir bezeichnen die Sprechaktlautlehre mit dem Namen *Phonetik*, die Sprachgebildelautlehre mit dem Namen *Phonologie*."[9]

Demgegenüber sieht KOHLER (1977:25) als Gegenstand der Phonetik

> "das Schallereignis der sprachlichen Kommunikation in allen seinen Aspekten, d.h. die Produktion, die Transmission und die Rezeption von Sprachschall einschließlich der psychologischen und soziologischen Voraussetzungen in der Kommunikationssituation zwischen Sprecher und Hörer, wobei sowohl symbol– als auch meßphonetische Betrachtungsweisen dieses Objekt prägen".

---

[8] Diese Zahl ergibt sich, wenn man (in betonter Silbe) von 14 Monophthongen und drei Diphthongen, also insgesamt 17 Vokalphonemen, ausgeht.

[9] "Sprechakt" ist hier als Übersetzung von "parole", nicht i.S. der modernen **Sprechakttheorie** zu verstehen.

Er verwirft die Charakterisierung einer Disziplin nach den in ihr verwendeten Methoden, da "sich die Methoden innerhalb einer Wissenschaft vielfältig durchdringen" (ebd., S.26) und spricht sich gegen die Scheidung in Natur- und Geisteswissenschaften aus, da "eine simple Zweiteilung die wissenschaftliche Wirklichkeit verfälscht" (ebd., S.26).

Man kann Kohler sicher im wesentlichen zustimmen, vor allem, was die Methodenvielfalt betrifft. Trotzdem ist festzuhalten, daß die jeweilige Zielsetzung nicht ohne Einfluß auf die zu verwendende Methodik ist, und die Zielsetzung der Phonologie unterscheidet sich doch wesentlich von der der Phonetik, was in den folgenden Kapiteln noch eingehend zu erläutern ist. So gesehen läßt sich die Phonologie wohl nicht der Phonetik subsumieren, wie KOHLER (1977:26) annimmt. Vgl. dazu auch VENNEMANN (1986:69).

Der Zusammenhang der einzelnen Ebenen konnte in diesem Rahmen nur sehr knapp und oberflächlich beschrieben werden. Für eine gründliche Einführung in die Morphologie (speziell Wortbildung) sei auf HOLST (1978), OLSEN (1986) und BHATT (1990) verwiesen, für eine intensive Einarbeitung in neuere Syntax FANSELOW/FELIX (1987). Als leicht faßliche Einführung in alle Ebenen der Sprache (einschließlich Semantik) sei FROMKIN/RODMAN (1974) empfohlen.

1.2 Exkurs zur Phonetik

1.2.0 Vorbemerkungen

Phonologische Analyse kann man nur sinnvoll betreiben, wenn man sich Elementarkenntnisse in Phonetik angeeignet hat. Deshalb erscheint ein knapper Exkurs zur Phonetik als unerläßlich.

Phonetik ist das Studium sprachlicher Lautsubstanz in ihren meßbaren physiologischen und physikalischen Eigenschaften. Je nach dem Aspekt, unter dem Laute untersucht werden, lassen sich drei Bereiche der Phonetik unterscheiden:

- **Artikulatorische Phonetik** befaßt sich mit der Erzeugung von Sprachlauten durch menschliche Sprechorgane.
- **Akustische Phonetik** untersucht die physikalischen Eigenschaften von Lauten während des Übertragungsprozesses.
- **Auditive Phonetik** befaßt sich mit dem Empfang und Verstehen von Sprachlauten.

Im folgenden werden artikulatorische und akustische Phonetik in ihren Grundlagen knapp beschrieben. Die auditive Phonetik – als eine bisher weniger erforschte Disziplin – wird aus der Beschreibung ausgeklammert.

1.2.1 Artikulatorische Phonetik

Die artikulatorische Phonetik kann hier nur ganz grob in ihren wesentlichen Zügen umrissen werden. Für eine genauere Orientierung sei auf die einschlägigen Phonetik–Einführungen verwiesen, insbesondere auf LADEFOGED (1971 & 1975) und MALMBERG (1963) sowie auf die am Deutschen orientierte Einführung von KOHLER (1977). Als weiterführende Darstellung sei HEFFNER (1950) und CATFORD (1988) empfohlen.

Andererseits läßt es sich nicht umgehen, schon hier, bei der Beschreibung der Artikulation der einzelnen Lauttypen, Transkriptionssymbole einzuführen, da die orthographischen Symbole zur Kennzeichnung artikulatorischer Distinktionen nicht geeignet sind. Eine ausführliche Beschreibung phonetischer Transkription wird in 1.3 geliefert.

1.2.1.1 Die Sprechwerkzeuge

Der Mensch besitzt an sich keine spezifischen Sprechwerkzeuge. Alle zum Sprechen verwendeten Organe haben primär andere Funktionen; sie dienen der Atmung, dem Kauen und Schmecken usw. Sprachproduktion ist ganz entscheidend an den Atmungsvorgang gebunden; ohne Atmen gibt es kein Sprechen. Es ist im wesentlichen die ausgeatmete Luft, die zum Artikulieren benutzt wird. Prinzipiell ist Lautproduktion jedoch auch beim Einatmen möglich, wovon in einigen Sprachen auch Gebrauch gemacht wird (im Dt. kaum, doch kann z.B. *ja* mit Einatmungsluft gesprochen – oder besser gehaucht – werden; KOHLER (1977:58) nennt es das "inhalatorische *ja*").

Entscheidend beim Atmungsvorgang sind die Lungen. Sie weiten sich aus, wenn das Zwerchfell gesenkt wird und die Rippen sich heben. Diese Volumensvergrößerung der Lungen führt zu einer Druckabnahme der dort befindlichen Luft, was Luftzufuhr (durch Mund– oder Nasenhöhle über die Luftröhre) in die Lungen bewirkt. Hebung des Zwerchfells und Senkung der Rippen erhöhen den Druck auf die Lunge, was zu einer Volumenverkleinerung und zum Ausstoß der in den Lungen enthaltenen Luft führt. Von den Lungen gelangt die ausgeatmete Luft durch die Luftröhre in den Kehlkopf, an dem die Stimmbänder (auch "Stimmlippen" genannt) befestigt sind. Die verschiedenen Positionen der Stimmbänder (vgl. Abb.2) spielen eine entscheidende Rolle bei der Lautproduktion.

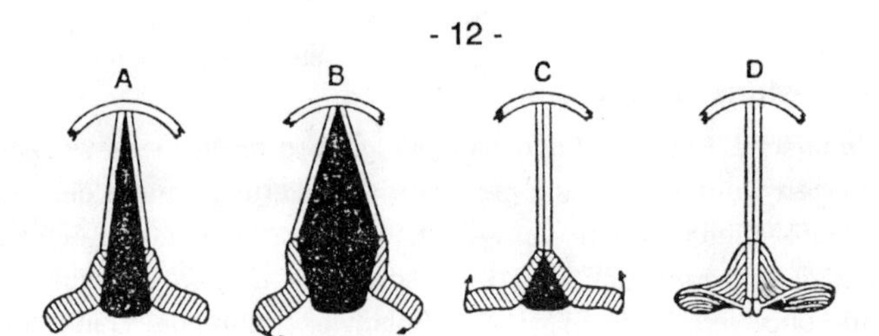

FIG. 20. Position of the glottis during: (A) normal respiration; (B) heavy breathing; (C) whispering; (D) phonation. *Above*, the thyroid; *below*, the arytenoids.

Abb.2 Positionen der Stimmbänder (nach MALMBERG 1963:23)

Position A ist typisch für normale Ausatmung: Die Luft fließt durch die geöffneten Stimmbänder. In dieser Position werden stimmlose Laute (Verschlußlaute wie /p/, /t/, /k/, Frikative wie /f/, /s/ etc.) erzeugt. Position B, nach MALMBERG (1963:23) die Position für heftiges Atmen ("heavy breathing"), ist fürs Sprechen irrelevant. Position C, wo die Stimmbänder nur am hinteren Ende (zwischen den Stellknorpeln) geöffnet sind, ist charakteristisch für Flüstern. Position D schließlich, wo die Stimmbänder vibrieren (d.h. sich periodisch öffnen und schließen) ist die Stellung, in der stimmhafte Laute erzeugt werden, also alle Vokale und Konsonanten wie /b/, /d/, /g/, /v/, /z/, /m/, /n/, /l/ und /r/.[10] Eine fünfte Position ist hier nicht abgebildet (sie ist auch, wie die Stimmhaftigkeits–Position, in ihrem Bewegungsablauf eigentlich nicht graphisch darstellbar); es handelt sich darum, daß die Stimmbänder geschlossen sind und sich abrupt öffnen, wobei der sogenannte "glottal stop" oder "Knacklaut" entsteht.[11] "Glottis" nennt man den Zwischenraum zwischen den Stimmbändern.

Die eigentliche Lautartikulation spielt sich in erster Linie in der Mundhöhle sowie – in geringerem Ausmaß – in der Nasenhöhle und im Rachen ab. Während bei der Vokalartikulation der Luftstrom außer in der Glottis nicht weiter behindert wird – die spezifischen Klangfarben der einzelnen Vokale kommen durch jeweils verschiedene Formung der Mund– und Rachenhöhle zustande –, wird bei Konsonanten der Luftstrom im Mundraum, seltener im Nasen– oder

[10] /v/ ist das Symbol für den stimmhaften labialen Frikativ wie in dt. *wo* oder *Vase*, frz. *vache*, engl. *veal*. /z/ symbolisiert den stimmhaften alveolaren Frikativ wie in *sie* und *Sonne* (frz./eng. *zone*), der im Dt. orthographisch nicht vom entsprechenden stimmlosen Frikativ /s/ (wie in *das* oder *Essig)* unterschieden wird. Die anderen hier verwendeten Transkriptionszeichen entsprechen alle den für die betreffenden Laute verwendeten Buchstaben des Alphabets.

[11] Dieser Laut, der auch "harter Einsatz" genannt wird, gehört zur Gruppe der Verschluß- oder Explosivlaute und wird /ʔ/ symbolisiert.

Rachenraum, mehr oder weniger stark behindert. Je nach Art der Behinderung unterscheidet man bei den Konsonanten verschiedene **Artikulationsarten**:

- **Verschlußlaute** (Plosive, Explosivlaute; engl. stops) kommen durch völlige Blockierung des Luftstroms und seine darauf folgende Freilassung durch plötzliche Öffnung der betreffenden Sprechorgane zustande.
- **Frikative** (Reibelaute, Spiranten; engl. fricatives) werden artikuliert, indem zwei Sprechorgane so angenähert werden, daß der Luftstrom durch eine Verengung fließt, wobei ein Reibegeräusch (engl. "friction") entsteht.
- **Nasalkonsonanten** entstehen – wie Verschlußlaute – durch Blockade und plötzliche Freilassung des Luftstroms an einer Stelle der Mundhöhle, während gleichzeitig die Luft frei durch die Nase entweicht (dadurch, daß das Gaumensegel gesenkt ist und die Luft durch die Nasenhöhle fließen läßt).
- **Laterale** sind unvollkommene Verschlußlaute: in der Mundmitte wird ein Verschluß gebildet, während an den Seiten Luft entweicht.
- **Vibranten** (oder r–Laute) entstehen entweder durch einen sehr kurzen Kontakt zweier Sprechorgane oder durch wiederholte kurze Kontakte. Im ersten Fall spricht man von "flaps", im zweiten von "trills". Im Deutschen kommen beide Arten von r–Lauten vor. Beim trill – speziell, wenn er vorn, an den Alveolen, produziert wird – spricht man im Volksmund von einem "gerollten r".

Die Konstellationen der jeweils beteiligten Sprechwerkzeuge (Zunge, Lippen, Zähne, Gaumen) werden Artikulationsorte genannt. Abb. 3 gibt eine Übersicht. Mit "Alveolen" bezeichnet man den Zahndamm, der sich unmittelbar hinter den Schneidezähnen befindet und in das Palatum übergeht. Das Palatum wird auch als "harter Gaumen", das Velum als "weicher Gaumen" bezeichnet. Für "Uvula" gibt es den deutschen Ausdruck "Zäpfchen".

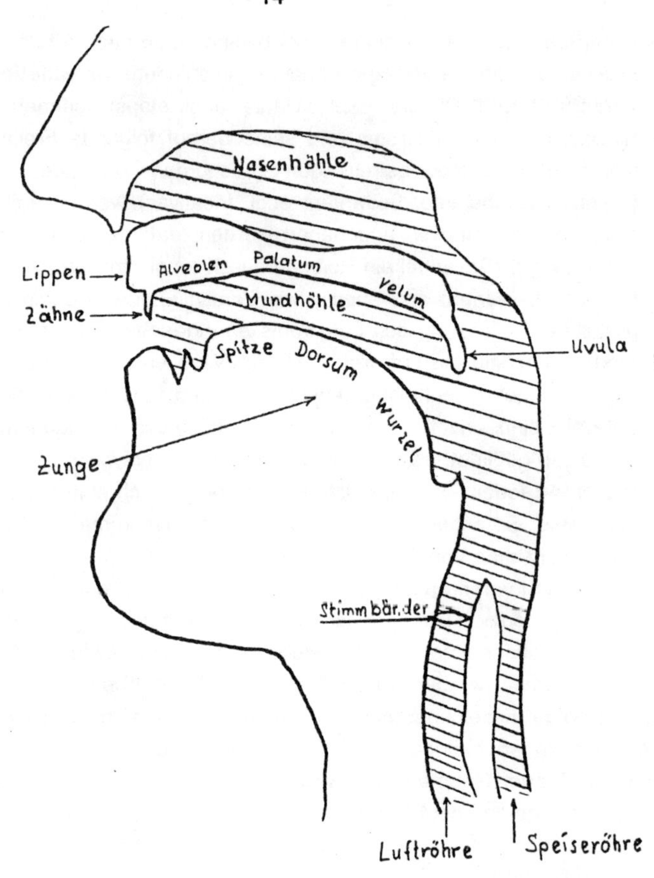

Abb. 3: Übersicht über Artikulationsorte (nach MOULTON 1962: 8)

Labiale – d.h. an den Lippen gebildete – Verschlußlaute sind /p/ (stimmlos) und /b/ (stimmhaft); labiale Frikative sind /f/ und /v/; /m/ ist ein labialer Nasalkonsonant. Alveolare Verschlußlaute sind /t/ und /d/, alveolare Frikative /s/ (stimmlos) und /z/ (stimmhaft); /n/ ist ein alveolarer Nasalkonsonant, /l/ ein alveolarer Lateral, /r/ ein alveolarer flap oder trill. Eine vollständige Übersicht der Artikulationsarten und –orte deutscher Konsonanten wird in 1.3 gegeben.

Für die Artikulation der Vokale sind im wesentlichen Grade der Mundöffnung, Zungen– und Lippenpositionen als differenzierende Faktoren verantwortlich, die eine jeweils verschiedene Formung der Mund– und Rachenhöhle (die als Resonanzräume wirken (vgl. 1.2.2)) bewirken. Da die Vokale in ihren spezifischen Artikulationen durch die Buchstaben des Alphabets nur zum Teil wiedergegeben werden können. (hier stehen weniger Buchstaben zur Verfügung als bei den Konsonanten), werden sie erst im Zusammenhang mit den phonetischen Transkriptionszeichen in 1.3 besprochen.

1.2.2 Akustische Phonetik

Auch die akustische Phonetik kann hier nur kurz skizziert werden. Neben MALMBERG (1963) seien hier vor allem LADEFOGED (1962) und DENES/-PINSON (1963) für eine ausführliche Einführung empfohlen. Physikalisch gesehen bestehen Laute aus **Schallwellen**, die sich mit einer Geschwindigkeit von 340 m/sec. fortpflanzen (in anderen Medien mit anderen Geschwindigkeiten). Schallwellen werden durch Vibration (Schwingung) eines Körpers erzeugt. Sie können einfach oder komplex, periodisch oder aperiodisch sein. In Abb. 4 ist eine einfache, periodische Welle abgebildet.

Abb.4:

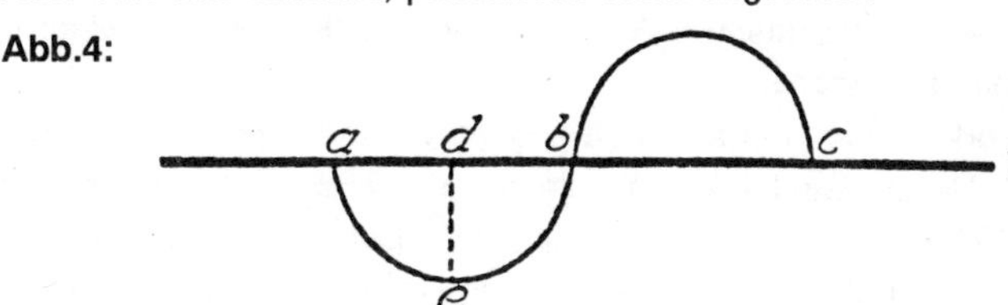

(MALMBERG 1963:6)

Die Bewegung von a bis c bildet einen **Zyklus**. Der Abstand d bis e bildet eine **Amplitude**, t ist die Zeitachse. Jeder vibrierende Körper hat seine spezifische **Frequenz**. Ein schwererer Körper schwingt langsamer als ein leichterer. Die Frequenz ist für die Tonhöhe verantwortlich: Je größer die Frequenz (gemessen in Hz; 1 Hz = 1 Schwingung pro Sekunde), desto höher der Ton. Die Amplitude ist für die Lautstärke verantwortlich: Je größer die Amplitude (der Wellenausschlag), desto lauter ist der erzeugte Schall. Die Amplitude wird in decibel gemessen (vgl. hierzu MALMBERG 1963:8, zur decibel–Skala DENES/PINSON 1963:33ff.).

Einfache Laute kommen nur selten vor. Die meisten beobachtbaren Laute sind komplex. Wenn ein Körper schwingt, dann schwingt jeder seiner Teile mit einer ihm eigenen Geschwindigkeit: Die Hälfte schwingt mit einer doppelt so hohen Geschwindigkeit wie der Gesamtkörper, ein Drittel mit einer dreifach so hohen Geschwindigkeit etc. Eine Saite schwingt in ihrer Gesamtheit mit dem sogenannten **Grundton**, während gleichzeitig die Teile in **Obertönen** schwingen, deren Schwingungsgeschwindigkeit in einem ganzzahligen Verhältnis zu der des Grundtons steht. Die Grundtonfrequenz bestimmt dabei die Tonhöhe des erzeugten Schalls. Bei komplexen Schallwellen der geschilderten Art, wo die Obertöne in ganzzahligem Verhältnis zum Grundton stehen, spricht man von periodischen komplexen Wellen; sie ergeben **Klänge**, im Gegensatz zu aperiodischen komplexen Wellen, die **Geräusche** ergeben.

Nach LINDNER (1981:151) sind Töne Produkte einfacher periodischer Wellen, Klänge ergeben sich bei komplexen periodischen, Geräusche bei komplexen aperiodischen Wellen. "Schall" oder "Laut" scheinen gleichermaßen als Oberbegriff für das Produkt akustischer Wellen verwendet zu werden, wobei "Schall" eher für ein Kontinuum, "Laut" für ein Segment gebraucht wird.

Vokale sind Klänge (mit Geräuschbeimengungen), Konsonanten Geräusche (reine Geräusche im Fall stimmloser Konsonanten, Geräusche mit Klangbeimischung im Fall stimmhafter Konsonanten, vgl. MALMBERG 1963:17).

Schwingungen setzen elastische Körper (Saiten, Hohlräume etc.) in Bewegung. Wenn die Frequenz des solcherart "angestoßenen" Körpers (annähernd) die gleiche ist wie die des ursprünglich schwingenden Körpers, schwingt er mit; das nennt man **Resonanz**.

Einen Körper oder Raum, der eine Schwingung verstärkt, nennt man **Resonator**. Mund–, Nasen– und Rachenhöhle fungieren als Resonatoren, vor allem bei der Artikulation von Vokalen (vgl.1.2.1). Durch Resonanz werden bestimmte Frequenzen eines schwingenden Körpers verstärkt. Wenn die hohen Obertöne verstärkt werden, entstehen Laute von hellem Timbre, werden Grundton oder niedrige Obertöne verstärkt, ergeben sich Laute mit dunklerem Timbre. Die Frequenzen, die das Timbre eines Lauts kennzeichnen, nennt man **Formanten**. Vokale haben mindestens zwei Formanten, die zusammen für das spezifische Timbre des Vokals (bzw. Vokaltyps) verantwortlich sind. Diese zwei Formanten werden nach MALMBERG (1963:11) im allgemeinen der Wirkung der beiden Hauptresonatoren, Rachen und Mundhöhle, zugeschrieben.

Die Formantenstruktur eines Vokals zeigt sich in der graphischen Wiedergabe, dem **Sonagramm**, sehr deutlich. Abb. 1 in 1.1.2 zeigt die Hauptformanten des Vokals /a/, einen tiefen und einen mittleren, dazu zwei weitere höhere Formanten, in Form von Schwärzungen an den betreffenden Stellen des Sonagramms. Bei /i/ sind erster und zweiter Formant auf dem Sonagramm weiter auseinander als bei /a/, bei /u/ dagegen sind beide eng zusammen und ziemlich tief (vgl. MALMBERG 1963:18 fürs Englische und WÄNGLER 1967: Abb. 8 fürs Deutsche).

1.3 Phonetische Transkription

Die für die einzelnen Sprachen der Welt entwickelten Verschriftungssysteme (Orthographien) sind im allgemeinen nicht in der Lage, die phonematischen (oder gar phonetischen) Einheiten der betreffenden Sprache genau wiedergeben. Das gilt auch für alphabetische Schriftsysteme, wo – im Gegensatz zu Silbenschriften und ideographischen Schriften – eine Wiedergabe einzelner Lauteinheiten angestrebt wird. Obwohl die geltende deutsche Orthographie nicht so "lautfern" ist wie die englische und französische, ist sie jedoch weit von einer getreuen Wiedergabe der phonologischen Einheiten entfernt.

Neben dem "phonetischen Prinzip" gibt es in der geltenden deutschen Orthographie konkurrierende Prinzipien, wie das "morphologische Prinzip", das "ästhetische Prinzip" etc. Vgl. dazu AUGST (1974), NERIUS/SCHARNHORST (1980) und PIIRAINEN (1981).

Die Diskrepanzen zwischen Lautung und Schrift sind sehr groß: Für die Wiedergabe einer Lauteinheit (eines Phonems, vgl. 2.1) werden oft verschiedene graphische Zeichen oder Zeichenkombinationen verwendet, und umgekehrt: Einem orthographischen Zeichen entsprechen oft verschiedene "Aussprachen", d.h. Lautwerte. So kann das Phonem /k/ auf acht verschiedene Weisen wiedergegeben werden.

(1.10) Orthographische Wiedergabe von /k/ im Deutschen

a. durch **k**: *Kohl, Pakt, Flak*;
b. durch **ck**: *Acker, packt, Rock*;
c. durch **g**: *Tag, sagt, Wegs*;
d. durch **gg**: *Brigg, flaggt*;
e. durch **c**: *Camping, chic*;
f. durch **ch**: *Christ, Achse, Fuchs*;
g. durch **q**: *Quelle, Äquator*;
h. durch **x**: *Xanten, Hexe, fix.*

Die Kombination *chs* entspricht im Dt. stets /ks/, wenn es sich um eine Phonemfolge innerhalb eines Morphems handelt, aber /xs/ bzw. /çs/, wenn vor dem /s/ eine Morphemgrenze liegt: *Buch–s*; *lach–st.*

Der Buchstabe *x* gibt im Dt. immer die Phonemfolge /ks/ wieder. Umgekehrt steht *ch* im Deutschen für die verschiedensten Phoneme (bzw. Allophone, vgl a. und b.) und Phonemkombinationen.

(1.11) Lautwerte von *ch* im Deutschen

a. [x] in *Dach, Docht, Buche*;
b. [ç] in *China, ich, echt, Lerche*;
c. [k] in *Christ, Achse, Fuchs*
d. [š] in *Charme, Gouache*;
e. [tš] in *Chip.*

Dadurch kommt es auch zu Homographen (Wörtern, die bei verschiedener Aussprache gleich geschrieben werden) wie *wachst,* das als zweite Person des Verbs *wachen* mit /x/, aber als zweite oder dritte Person des Verbs *wachsen* (= "einwachsen") mit /k/ gesprochen wird.

Solange man nur über die Lautwerte von Buchstaben oder Buchstabenkombinationen spricht (z.B. im Fremdsprachenunterricht), sind die orthographischen Unzulänglichkeiten zwar störend, aber kein absolutes Hindernis: Man kann die verschiedenen Lautungen vorsprechen. Bei der schriftlichen Kommunikation ist man jedoch auf eindeutige Wiedergabe von Lautwerten angewiesen. In phonologischen Abhandlungen, Lehrbüchern und Aussprachewörterbüchern kommt man daher ohne phonologisch–phonetische Transkription nicht aus. Im folgenden wird die international verwendete IPA–Transkription – mit einigen kleinen Modifikationen – vorgestellt. Diese Modifikationen betreffen vor allem die beiden Vokalzeichen /ɪ/ und /ʊ/, die die Vokale in *ist* und *Hund* wiedergeben und die früher üblichen /ι/ und /ω/ ersetzen, sowie die Konsonantenzeichen /š/ und /ž/, die sich für die Anlaute von *Schale* und *Genie* – neben /ʃ/ und /ʒ/ – eingebürgert haben. Tabelle 1 bringt eine Übersicht über die hier für das Deutsche verwendeten IPA–Zeichen[12].

Tabelle 1: **IPA–Transkriptionszeichen (Konsonanten)**

	Artikulationsorte						
Artikula–tionsarten	labial	dental/ alveol.	palato– alveol.	palatal	velar	uvular	glottal
Plosive	p b	t d			k g		ʔ
Frikative	f v	θ ð s z	š ž	ç j	x	ʁ	h
Nasale	m	n			ŋ		
Laterale		l					
Vibranten		r				R	
Halbvokale (Glides)	w			j			

[12] Nach *The Principles of the International Phonetic Association* (IPA) , London 1949 (reprinted 1963):10. Hier wurden auch die Zeichen für den anlautenden Konsonanten in engl. *thick*, /θ/, und den anlautenden Konsonanten in engl. *the*, /ð/, aufgenommen, da sie im Deutschen auch in einigen Entlehnungen vorkommen.

Artikulationsarten und –orte der Konsonanten wurden bereits in 1.2.1 besprochen. Hier wurden nur Konsonantenphoneme und die wichtigsten Allophone (z.B. [ç] und [x] als Allophone von /x/, [r] und [R] als Allophone von /r/, vgl. 2.1) verzeichnet. Zusätzliche Allophone und ihre Transkriptionen werden an geeigneter Stelle eingeführt.

Für die Differenzierung der Artikulationsorte bei den Vokalen ist in erster Linie die Zunge verantwortlich: Vordervokale wie /i/ und /e/ werden mit nach vorn gewölbter Zunge gesprochen, Hintervokale wie /u/ und /o/ mit nach hinten gewölbter (und zurückgezogener) Zunge, Zentralvokale wie /a/ mit in der Mitte gewölbter Zunge. Hohe Vokale wie /i/ und /u/ werden mit angehobener Zunge artikuliert, tiefe wie /a/ in *Bann* und /ɑ/ in *Bahn* mit gesenkter Zunge, Mittelvokale wie /e/ und /o/ mit der Zunge in Normalstellung. Zusätzlich spielt die Lippenstellung eine Rolle: während die ungerundeten Vokale /i/, /e/ etc. mit gespreizten Lippen artikuliert werden, sind die Lippen bei den gerundeten Vokalen /u/, /y/, /o/, /ø/ etc. nach vorn gestülpt und gespitzt bzw. "gerundet".

Eine weitere wichtige Opposition betrifft den Unterschied zwischen bereits erwähntem /a/ und /ɑ/ oder /ɪ/ und /i/ *(bitte* vs. *biete):* Bei /a/ und /ɪ/ sind die Muskeln relativ ungespannt, bei /ɑ und /i/ relativ gespannt, so daß man hier von einer Gespanntheits–Opposition spricht. MOULTON (1962:62) weist darauf hin, daß die ungespannten Vokale gleichzeitig zentralisiert sind, d.h. mehr im Zentrum des Mundes artikuliert werden, während die gespannten dezentralisiert sind. Vom Verhältnis zwischen Gespanntheit und Länge wird später ausführlich die Rede sein. Doch sei jetzt schon darauf verwiesen, daß gespannte Vokale nicht immer lang sind, sondern nur, wenn sie betont sind: In *Vokal* und *wohne* wird beide Male ein gespanntes /o/ gesprochen, im Unterschied zum ungespannten /ɔ/ in *Wonne*; aber nur in *wohne* ist /o/ lang, in *Vokal* ist es kurz, da unbetont.

Abb.5 zeigt das sogenannte "Vokaltrapez" mit den Positionen der Vokalphoneme in ihren Transkriptionen. Tabelle 2 gibt eine Übersicht über die bisher verwendeten Transkriptionszeichen mit Wortbeispielen, die die Lautwerte verdeutlichen.

Abb. 5: Vokale und ihre Transkriptionen

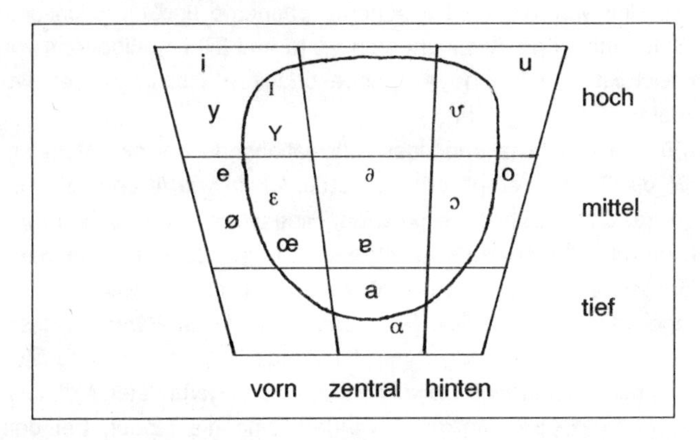

Der Ring im Vokaltrapez schließt die ungespannten Vokale ein, die insgesamt deutlich zentralisierter sind als die gespannten (vgl. MOULTON 1962:62). Das sogenannte "Schwa" (transkribiert [ə]) steht für sich: Es ist ein zentraler mittlerer ungespannter Vokal und hat keine gespannte Entsprechung. Ebenso für sich steht der "r–Vokal" (das vokalisierte /r/), der gewöhnlich wegen seiner Nähe zu /a/ als auf dem Kopf stehendes a, also [ɐ] transkribiert wird; er wird als zentraler, mittlerer Vokal realisiert, tiefer als [ɔ], aber höher als [a]. Der Artikulationsort variiert nach Region und lautlicher Umgebung; im Berlinischen ist er so tief, daß er von Nicht–Berlinern mit [a] verwechselt wird. Man vergleiche dazu folgenden unreinen Reim:

(1.12) Und die Tuba bläst der Huber (Titel eines Fernsehprogramms)

Länge eines Lauts (gewöhnlich eines Vokals) wird durch folgenden Doppelpunkt angezeigt: [mi:nə] *Miene,* [akurɑ:t] *akkurat,* Akzent durch (nicht–gekrümmten) Apostroph vor der betonten Silbe: ['mo:nɑt], [gə'naw].

Tabelle 2: Lautwerte der Transkriptionszeichen

Zeichen	Artikulationsbeschreibung	Beispiele[13]
p	stl. labialer Plosiv	Pol, Opa, Lob, Tip, neppen
b	sth. labialer Plosiv	Ball, aber, Ebbe
t	stl. alveolarer Plosiv	Ton, Rate, Rat, Rad, Ratte, Theo
d	sth. alveolarer Plosiv	Damm, Laden, Kladde
k	stl. velarer Plosiv	Kind, Café, Chrom, Tag, Ecke,sechs
g	sth. velarer Plosiv	Gras, Wagen, egal, Egge, Guerilla
ʔ	stl. glottaler Plosiv	[vor betontem Vokal in] aber, Verein
f	stl. labialer Frikativ	fein, Strafe, Schaf, Affe, von, Phon
v	sth. labialer Frikativ	Wein, ewig, Vase, Inventar
θ	stl. alveolarer Frikativ	Thriller, Thatcher, Cadiz
ð	sth. alveolarer Frikativ	the
s	stl. alveolarer Sibilant[14]	Messe, Ast, aus, muß, außen
z	sth. alveolarer Sibilant	See, Rose, Asyl, zéro
š	stl. palatoalveol.Sibilant	Schnee, Asche, rasch, Chef, Stein
ž	sth. palatoalveol.Sibilant	Genie, Gage, Ingenieur, Journalist
ç	stl. palataler Frikativ	Chemie, echt, Märchen, ewig (Burg)
j	sth. palataler Frikativ	ja, Anja, ew'ge (ganz, grade)
x	stl. velarer Frikativ	ach, machen, Docht
ɣ	sth. velarer Frikativ	(sagen)
ɹ	sth. alveol.vibr.Frikativ	Ranch, Remake
ʁ	sth. uvularer Frikativ	Garten, Schürze, starr
h	stl. glottaler Frikativ[15]	Haus, Uhu, aha
m	sth. labialer Nasal	Mal, amen, lahm, Amme
n	sth. alveolarer Nasal	Neid, einig, dein, Tanne
η	sth. velarer Nasal	bang, singen, Bank, Anker (Bassin)
l	sth. alveolarer Lateral	laut, also, Beil, alle
r	sth. alveolarer Vibrant[16]	rein, Ehre, irr[17]
R	sth. uvularer Vibrant[16]	rein, Ehre, irr[17]

[13] Beispiele in Klammern sind umgangssprachlich, z. B. *Pferd* mit anl. [f].

[14] Als Sibilanten bezeichnet MOULTON (1962:10) eine Subklasse der Frikative, bei denen der Luftstrom durch eine gewölbte Öffnung gepreßt wird.

[15] [h] ist schwer einzuordnen. Es wird neuerdings auch als Glide, als "frictionless continuant" oder als "voiceless counterpart of the following sound" (LADEFOGED 1975:62) bezeichnet. Der Buchstabe *h* wird nicht gesprochen in *ehe, nah,* Naht usw.

[16] Kann einschlägig (als flap) oder mehrschlägig (als trill) realisiert werden.

[17] Wird in postvokalischer Position meist vokalisch realisiert.

Zeichen	Artikulationsbeschreibung	Beispiele
w	labialer Glide[18]	waterproof, Quiz, Haus
j	palataler Glide[19]	Ei, heiß
i	hoher unger. gesp. Vordervokal	ihn, Bier, mir, Idee, Genie
ɪ	hoher ungerd.ungesp.Vordervokal	ist, Mitte, Wirt, Pille
y	hoher gerd.gesp. Vordervokal	Bühne, Gemüt, uni, Zypern
ʏ	hoher gerd.ungesp. Vordervokal	Hündin, Gerüst, Küsse
u	hoher gerd.gesp. Hintervokal	Ufer, Tabu, Ulan, Filou
U	hoher gerd.ungesp. Hintervokal	uns, Mutter, muß, Genuß
e	mittl. unger. gesp. Vordervokal	den, Mehl, Esel, Idee, See, legal
ɛ	mittl. ungerd. ungesp.Vordervokal	denn, es, Äste, Ecke, läßt
ø	mittl. gerd. gesp. Vordervokal	Öfen, schön, Friseur, Ödem
œ	mittl. gerd.ungesp.Vordervokal	möchte, können, Gehöft
ə	mittl.ungerd.ungesp.Zentralvokal	genau, Liebe, allemal
o	mittl.gerd.gesp. Hintervokal	oben, Moos, groß, famos, oval
ɔ	mittl.gerd.ungesp.Hintervokal	offen, ob, oft, Horst, normal
ɐ	mittel–tiefer ungerd.Zentralvokal	ihr, irr, Uhr, Lehrer[20]
ɑ	tiefer gespannter Zentralvokal	Aas, Kahn, Rate, lag, Kanal
a	tiefer ungesp. Zentralvokal	Ast, kann, Ratte, Lack, Fantast

---

[18] Auch: als [u̯], [ʊ̯] oder [o̯] transkribiert.

[19] Auch als [i̯], [ɪ̯] oder [e̯] transkribiert.

[20] Das vokalische r̲ ist silbisch im Auslaut von *Lehrer*, *Meister* usw., aber stets unsilbisch nach anderem Vokal (wie in *ihr*, *irr*, *Uhr*). Nicht-silbisches Vorkommen eines Vokals wird durch "‿" angezeigt, also [u ɐ̯]. Umgekehrt wird silbisches Vorkommen von Konsonanten durch senkrechten daruntergesetzten Strich bezeichnet: [re:dn̩].

1.4 Aufgaben

1.4.1 Aufgaben mit Lösungsangabe

A.1–1 In wieviele Lauteinheiten lassen sich folgende Wörter segmentieren?

(a) oh (b) roh (c) Stroh (d) Schoß (e) schossen (f) schnoddrig

Lösung: (a) 1 (b) 2 (c) 4 (d) 3 (e) 5 (f) 7

A.1–2 Welche der folgenden Gebilde sind mögliche Wörter im Deutschen?

(a) schnups (b) kleppen (c)mpans (d) strutsch (e) krt
(f) meurbe (g) stnafe (h) plopsch (i) mli (j) atk
(k) otzt (l) tlon

Lösung: (a), (b), (d), (h), (k).

A.1–3 Welche der in (a) –(d) genannten Vorgänge treten bei der Artikulation der im folgenden genannten Laute auf?

[p], [d], [i], [f], [z], [h], [x], [g], [ç], [m]

(a) Schwingen der Stimmbänder
(b) Verengung des Luftstroms im Mund
(c) Blockade des Luftstroms im Mund
(d) Luft fließt durch die Nase.

Lösung: (a) bei [d], [i], [z], [g], [m].
(b) bei [f], [z], [x], [ç].
(c) bei [p], [d], [g], [m].
(d) bei [m].

A.1–4 Transkribieren Sie folgende Wörter in IPA:

Sack sacht Schlacht satt Stadt statt an dann ab halt hallt Schwanz kam Rate Ratte Rahmen rammen Ire ihre irre Niere diese Liebe liebst wen wenn denen dehnen Dänen Held hält denkt zu zum dumm duzen Dutzend oft hofft hob ob üben üppig Hüte Hütte Höfe Zöpfe Hefe hätte

Lösung:

[zak] [zaxt] [šlaxt] [zat] [štat] [štat] [an] [dan] [ap] [halt] [halt] [švants] [kɑ:m] [rɑ:tə] [ratə] [rɑ:mən] [ramən] [i:rə] [i:rə] [ɪrə] [ni:rə] [di:zə] [li:bə] [li:pst] [ve:n] [vɛn] [de:nən] [de:nən] [dɛ:nən] [hɛlt] [hɛlt] [dɛŋkt] [tsu:] [tsʊm] [dʊm] [du:tsən] [dʊtsənt] [ɔft] [hɔft] [ho:p] [ɔp] [y:bən] [ʏpɪç] [hy:tə] [hʏtə] [hø:fə] [tsœpfə] [he:fə] [hɛtə].

1.4.2 Aufgaben ohne Lösungsangabe

A.1–5 In wieviele Lauteinheiten lassen sich folgende Wörter segmentieren?

(a) nie (b) Vieh (c) Ida (d) Idee (e) Iren (f) ihren (g) irren
(h) C (i) Zeh (j) Schnee (k) schwach (l) Quatsch (m) Sahne
(n) Waage (o) Vase (p) christlich (q) Schiedsrichter (r) Hexe.

A.1–6 Welche der folgenden Gebilde sind mögliche Wörter des Deutschen? Kommentieren Sie Ihre Entscheidungen.

(a) [knaspigə] (b) [mki] (c) [açt] (d) [trɔxt] (e) [dlajç]
(f) [šprawmst] (g) [šɬɔ̰kt] (h) [bzi:mlıç] (i) [rgo:z] (j) [tsve:nə].

A.1–7 Transkribieren Sie alle Wörter aus A.1–1.

A.1–8 Transkribieren Sie folgende Wörter in IPA:

(a) Wrack (b) Schatz (c) Patts (d) Bann (e) Bahn (f) ab
(g) Schwamm (h) Kamm (i) Papst (j) sagt (zk) sackt (l) Vase
(m) lieblich (n) Lippe (o) mißt (p) Mist (r) hängt (s) Feld (t) fällt
(u) Ofen (v) offen (w) Lok (x) log (y) heute (z) scheußlich

A.1–9 Transkribieren Sie in IPA

(a) Hülle (b) Höhle (c) Hölle (d) hole (e) hehle (f) helle
(g) heile (h) heule (i) Halle (j) Holle (k) kühl (l) Kiel

A.1–10 Beschreiben Sie genau die in den folgenden Versen auftretenden Reimarten (welche Lautsequenzen sind gleich oder ähnlich? – was passiert sonst noch?)

(a) Winterstürme wichen dem Wonnemond
(b) Schwesterlein – Lästerschwein
(c) Hänschen klein ging allein in die weite Welt hinein
(d) Ich gäb was drum, wenn ich nur wüßt, wer heut' der Herr gewesen ist.
(e) Dornröschen war ein schönes Kind, schönes Kind, schönes Kind
(f) Hieß Ami und war ein Dobermann vom Scheitel bis zum Schwanz und gehörte einem Oberlehrer. (An der Türe stand's)
(g) Freundlich bist erst gewest mit mir aufs allerbest
(h) Fetter grüne, du Laub, am Rebengeländer, hier mein Fenster herauf!
(i) Du hast ein dunkles Lied mit meinem Blut geschrieben.

A.1–11 Welche der in (a) –(c) genannten Vorgänge treten bei der Artikulation jedes der folgenden Laute auf? (Ankreuzen!)

(a) Lippenrundung
(b) Luftstromverengung
(c) Luftstromblockade

[t] (a) (b) (c)
[n] (a) (b) (c)
[ç] (a) (b) (c)
[o] (a) (b) (c)
[y] (a) (b) (c)
[m] (a) (b) (c)
[s] (a) (b) (c)
[b] (a) (b) (c)

2. Phonologische Grundbegriffe

2.0 Vorbemerkungen

Die Phonologie ist eine relativ junge Disziplin. Sie hat sich Ende der zwanziger, Anfang der dreißiger Jahre im Rahmen der Prager Schule herausgebildet[21] und hat besonders in den letzten zwei Jahrzehnten – seit CHOMSKY/HALLE (1968) – eine rasche und intensive Weiterentwicklung durchgemacht. Es ist nicht möglich, in diesem Rahmen auf alle neueren und neuesten Strömungen und Ansätze einzugehen. Das muß weiterführenden Lehrwerken und spezielleren Arbeiten vorbehalten bleiben. Hier soll im wesentlichen die "klassische" Phonologie dargestellt werden, wie sie vom Strukturalismus konzipiert und der Generativen Transformationsgrammatik (GTG) – vor allem im Rahmen der Standardtheorie (für die im Bereich der Phonologie CHOMSKY/HALLE (1968) das maßgebliche Werk ist) – weiterentwickelt wurde. Für eine Darstellung des neuesten Standes sei auf VENNEMANN (1986) und WIESE (1988) verwiesen. Selbstverständlich soll der neuere Forschungsstand nicht völlig außer acht gelassen werden, sondern da, wo er für die Beschreibung relevant ist, Berücksichtigung finden.

2.1 Das Phonem

2.1.1 Phon und Phonem

In 1.1 wurde bereits dargelegt, daß der umgangssprachliche Lautbegriff zu undifferenziert ist, als daß er für eine Beschreibung des Gegenstands der Phonologie verwendbar wäre. Im Zusammenhang mit der Differenzierung von Phonetik und Phonologie hat sich auch eine terminologische Differenzierung in bezug auf die Beschreibungseinheiten herausgebildet, nämlich **Phon** als Ein-

---

[21] E. FISCHER-JØRGENSEN (1975) verweist (in Kapitel 2) auf "forerunners of phonological theory", wozu sie u.a. SWEET (1877), JESPERSEN (1897:99) und BAUDOUIN DE COURTENAY (1895) rechnet. Der Terminus "Phonem" hat eine lange, abenteuerliche Geschichte durchgemacht: "The word 'phoneme' was coined by the French linguist Dufriche-Desgenettes in 1873 as a translation of the German word 'Sprachlaut'. It was taken over by Louis Havet in 1874, and in 1878 by F. de Saussure in his 'Mémoire sur le système primitif des voyelles dans les langues indo-européennes'. Saussure used it mainly to designate a common prototype in a parent language which is reflected by different sounds in the languages derived from this parent language. Baudouin de Courtenay and Kruszewski adopted the term as a designation of a linguistic unit which underlies an alternation between sounds in etymologically related forms, both in cognate languages and in the same language."

heit der phonetischen Beschreibung und **Phonem** als Einheit der phonologischen Beschreibung (vgl. HYMAN 1975:8). "Laut" wird ebenfalls weiter verwendet, meist synonym mit "Phon".

"Phon" läßt sich negativ (und recht provisorisch) definieren als Lauteinheit, die (noch) nicht im Hinblick auf ihre Funktion im System einer bestimmten Sprache analysiert worden ist. Das Phonem kann – vorläufig – definiert werden als (funktional) distinktive Lauteinheit in einem Sprachsystem. Das ist natürlich im folgenden genauer zu erklären.

2.1.2 Zur Definition des Phonems

Der Terminus "Phonem" taucht schon Ende des 19. Jahrhunderts – also lange vor der Herausbildung der Phonologie – auf. Der polnische Linguist BAUDOUIN DE COURTENAY definiert 1895 das Phonem als "psychisches Äquivalent des Sprachlautes". Seitdem ist das Phonem zahlreiche Male, von den verschiedensten Ansätzen aus, neu definiert worden, darunter mehrmals von Vertretern der Prager Schule, die dem Phonembegriff besondere Beachtung schenkten und Kriterien für die Phonemanalyse ausarbeiteten.

FUDGE (1970:79ff.) teilt die Phonemdefinitionen je nach verwendetem Ansatz in vier Gruppen, die im folgenden kurz charakterisiert werden.

2.1.2.1 Der mentalistische oder psychologische Ansatz

Das Phonem wird als idealer Laut angesehen, dessen Realisierung der Sprecher anstrebt. Er weicht von diesem Ideallaut ab, weil es einerseits schwierig ist, identische Wiederholungen eines Lauts zu produzieren und weil andrerseits die Umgebung des Lauts eine Rolle spielt. Hauptvertreter sind BAUDOUIN DE COURTENAY (1895) und SAPIR (1933).

2.1.2.2 Der physiologische Ansatz

Das Phonem wird als eine Familie von Lauten gesehen, die einander ähnlich sind und in komplementärer Distribution (vgl. 2.2.1) zueinander stehen. Hauptvertreter ist Daniel JONES (1950).

2.1.2.3 Der funktionale Ansatz

Das Phonem wird als minimale Lauteinheit gesehen, durch die Bedeutungen differenziert werden können. So sind /r/ und /l/ im Deutschen Phoneme, weil sie in Minimalpaaren wie [rant]/[lant] zur Bedeutungsdifferenzierung zweier Wörter benutzt werden; [r] ("Zungenspitzen–R") und [R] ("Zäpfchen–R") sind dagegen trotz ihrer großen phonetischen Verschiedenheit keine Phoneme des

Deutschen, sondern Varianten eines Phonems, weil durch ihren Austausch keine Bedeutungsdifferenzierung bewirkt werden kann.

2.1.2.4 Der abstrakte Ansatz

Das Phonem wird nicht abhängig von phonetischen Eigenschaften gesehen, sondern nach nicht–phonetischen Kriterien wie Distributionseigenschaften, Anteil an morphologischen Alternationen usw. ermittelt. So alterniert [ɫ] in *feel* mit [l] in *feeling;* da beide Lautvorkommen nie kontrastieren, kann man sie einem Phonem zuschreiben. Der abstrakte Ansatz ist charakteristisch für die Kopenhagener Schule (Glossematik) mit L. HJELMSLEV (1943) als ihrem Hauptvertreter.

2.1.2.5 Kurze Einschätzung der Ansätze zur Phonemdefinition

FUDGE (1970:79) vermerkt, daß der psychologische Ansatz zur Phonemdefinition sich schon bald als nicht handhabbar erwies, da man keine operationalen Tests zur Gewinnung solcher "Ideallaute" entwerfen konnte. Zudem können die meisten Typen von lautlicher Variation, die den Spielraum eines Phonems ausmachen (vgl. 2.2), durch den psychologischen Ansatz nicht erfaßt werden.

Auch der physiologische Ansatz kann einige Arten von Lautvariation nicht erfassen (vor allem Variation von Sprecher zu Sprecher, vgl. FUDGE 1970:78). Vor allem kann er nicht erklären, warum ähnliche Laute oft nicht als Varianten eines Phonems aufgefaßt werden können (z.B. Zungenspitzen–/r/ und /l/ oder /ç/ und /š/ im Deutschen), während unähnliche (z.B. [r] und [R] im Deutschen) aufgrund ihrer Variations–Eigenschaften unbedingt als Phonem–Varianten angesehen werden müssen.

Der abstrakte Ansatz wiederum ist gänzlich außerstande, brauchbare Phoneminventare zu liefern, da die Distribution als einziges oder hauptsächliches Kriterium zu recht willkürlichen Ergebnissen führt. So müßten /h/ und /ŋ/ im Deutschen aufgrund ihrer komplementären Distribution (vgl. 2.2.1) nach dem abstrakten Ansatz als Varianten eines Phonems aufzufassen sein, denn sie kontrastieren niemals (komplementäre Verteilung schließt Kontrast aus). Will man sie als verschiedene Phoneme betrachten, dann müßte man zusätzlich zur Distribution phonetische Eigenschaften heranziehen – aber das ist ja gerade beim abstrakten Ansatz ausgeschlossen. Die Glossematiker waren denn auch dauernd zu Inkonsequenzen gezwungen, indem sie zusätzlich zum Distributions– und Morphemalternanz–Kriterium auch auf phonetische Kriterien (gleiche Aussprache in spezifischen Kontexten) zurückgriffen, was FUDGE (1970:88) zu Recht als Verletzung des Abstraktheitsprinzips rügt.

Durchgesetzt hat sich (mit gewissen Modifikationen) der funktionale Ansatz. Er ist weit genug, um phonetische wie auch distributionelle Eigenschaften als Kriterien zur Postulierung von Phonemen zuzulassen. Da aber die (morphemdifferenzierende bzw. bedeutungsdifferenzierende) Funktion von Lauten ausschlaggebend ist für ihre Zuordnung zu Phonemen, muß man sich weder auf phonetische Ähnlichkeit festlegen (was ja z.B. bei den Varianten des Phonems /r/ zu Problemen führt, s. oben), noch muß man auf die Berücksichtigung phonetischer Ähnlichkeiten verzichten, was im Fall von /h/ – /η/ zu unerwünschten Ergebnissen führt. Entscheidend ist, daß Phoneme immer kontrastieren, d.h. Oppositionen bilden (vgl. 2.1.3) und daß sie Variationsspielraum erlauben (vgl. 2.2).

Der funktionale Ansatz umfaßt eine ganze Bandbreite (stufenweise entwikkelter) Phonemdefinitionen, wobei die Funktionalität am Anfang noch eine eher untergeordnete Rolle spielte.

In den Thesen der Prager Schule, die 1928 auf dem Linguistenkongreß in Den Haag vorgetragen wurden, findet sich erstmalig eine scharfe Trennung zwischen Phonologie (als Lautlehre der "langue" im Sinne von SAUSSURE 1916) und Phonetik (als Lautlehre der "parole" im saussureschen Sinne). Aufgabe einer phonologischen Theorie sollte dabei die Beschreibung der signifikanten Unterschiede zwischen Lautbildern ("les différences significatives entre les images acoustico–motrices") sein. Drei Jahre später, im "Projèt d'une terminologie phonologique standardisée" (1931 in TCLP IV) wird das Phonem definiert als minimale phonologische Einheit, die nicht in kleinere oder einfachere phonologische Einheiten zerlegt werden kann ("unité phonologique non susceptible d'être dissociée en unités plus petites et plus simples".) Dies geht auf eine Definition von Roman JAKOBSON (1929) zurück. Diese Definition wurde verfeinert durch VACHEK (1936), wonach Phoneme nicht in kleinere aufeinanderfolgende Einheiten zerlegt werden können. TRUBETZKOY (1939: 34) berücksichtigt dies in seiner berühmt gewordenen Phonemdefinition:

> "Phonologische Einheiten, die sich vom Standpunkt der betreffenden Sprache nicht in noch kürzere aufeinanderfolgende phonologische Einheiten zerlegen lassen, nennen wir P h o n e m e."

Gleichzeitig erkennt TRUBETZKOY (1939:35) jedoch, daß

> "jedes Lautgebilde mehrere akustisch–artikulatorische Eigenschaften enthält und sich von jedem anderen Lautgebilde nicht durch alle, sondern nur durch einige von diesen Eigenschaften unterscheidet."

Kraft dieser relevanten Eigenschaften – heute nennt man sie distinktive Merkmale – nehmen die Phoneme an Oppositionen teil. So unterscheiden sich im Deutschen /p/ und /b/ – z.B. in *Pein* vs. *Bein* – im distinktiven Merkmal

"Stimmhaftigkeit" (/p/ ist stimmlos, /b/ stimmhaft) und /b/ und /v/ – z.B. in *Bein* vs. *Wein* – durch Verschlußbildung bei /b/ gegenüber Nicht–Verschluß (sondern Engebildung) bei /v/.

Folgerichtig modifiziert TRUBETZKOY (1939:35) seine Phonemdefinition, indem er das Phonem als "die Gesamtheit der phonologisch relevanten Eigenschaften" bezeichnet.

Diese Charakterisierung des Phonems durch Bezug auf distinktive Merkmale geht auf Roman JAKOBSON zurück[22] und hat sich im wesentlichen in der Fachwelt durchgesetzt in der Formulierung, die JAKOBSON/HALLE (1956:20) gebrauchen: "The distinctive features are aligned into simultaneous bundles called phonemes".

Die bedeutungsunterscheidende Funktion des Phonems wird offenbar erstmals von BLOOMFIELD (1933:136) erwähnt, der Phoneme charakterisiert als "the smallest units which make a difference in meaning". BLOOMFIELD (1933) beschreibt Phoneme auch schon als Merkmalbündel (vgl. Anm. 21), verbindet diese beiden Charakteristika jedoch noch nicht.

2.1.3 Phonologische Oppositionen

Die Definition des Phonems ist besonders in der Prager Schule eng mit dem Begriff "Opposition" verbunden. Dieser Begriff geht auf SAUSSURE (1916:167) zurück, der annimmt, daß die Zeichen einer Sprache distinkt sind, in Opposition zueinander stehen. Auch von den Phonemen sagt SAUSSURE (1916:164):

> "Les phonèmes sont avant tout des entités oppositives, relatives et négatives."

Hierzu kommt bei den Prager Linguisten der wichtige Gedanke der Funktion, die jede sprachliche Einheit in bezug auf das Gesamtsystem hat. TRUBETZKOY (1939:39) formuliert das im Zusammenhang mit seiner Phonemdefinition (s. oben) folgendermaßen:

> "Das Phonem kann weder von seiner psychologischen Natur aus noch von seiner Beziehung zu den phonetischen Varianten befriedigend definiert wer-

---

[22] FISCHER-JØRGENSEN (1975:145) vermerkt, daß JAKOBSON (1932) (in einem tschechisch geschriebenen Aufsatz, der sich in englischer Übersetzung in seinen *Selected Writings I* (1962:231-233) findet, bereits das Phonem als "a set of those concurrent sound properties which are used in a given language to distinguish word meanings" definiert. Sie weist darauf hin, daß Jakobson den zunächst benutzten Terminus "property" (frz. "propriété", dt. "Eigenschaft") später unter dem Einfluß von BLOOMFIELD (1933) durch "feature" ersetzt. BLOOMFIELD (1933:79) konstatiert: "These distinctive features occur in lumps or bundles, each one of which we call a phoneme".

den, sondern einzig und allein von seiner Funktion im Sprachgebilde. Ob man es nun als kleinste Einheit (L. Bloomfield) oder als Lautmerkmal am Wortkörper (K.Bühler) bezeichnet – alles das kommt auf eines hinaus: nämlich darauf, daß jede Sprache distinktive ('phonologische') Oppositionen voraussetzt, und daß das Phonem ein in noch kleinere distinktive ('phonologische') Einheiten nicht weiter zerlegbares Glied einer solchen Opposition ist."

Nun ist zwar der letzte Teil dieses Zitats im Widerspruch zu den von TRUBETZKOY (1939:35) festgestellten akustisch–artikulatorischen Eigenschaften (sprich: Merkmalen), die jedem Phonem anhaften und durch die es sich von anderen Phonemen unterscheidet. Man braucht jedoch keineswegs anzunehmen, daß sich "Opposition" und "distinktives Merkmal" gegenseitig ausschließen. Im Gegenteil: Gerade kraft ihrer distinktiven Merkmale nehmen Phoneme an Oppositionen teil und TRUBETZKOY (1939:35) hat selbst genügend Beispiele dafür erbracht. So besteht zwischen *ich*– und *ach*–Laut im Deutschen keine Opposition, wohl aber zwischen *ach*–Laut und /k/, wie das Minimalpaar *stechen* vs. *stecken* zeigt:

"An phonologischen (distinktiven) Oppositionen nehmen die Lautgebilde nur durch ihre phonologisch relevanten Eigenschaften teil. Und da jedes Phonem ein Glied einer phonologischen Opposition sein muß, so folgt daraus, daß sich das Phonem nicht mit einem konkreten Lautgebilde, sondern nur mit seinen phonologisch relevanten Eigenschaften deckt."

Trubetzkoys Einteilung der Oppositionen in ein– und mehrdimensionale, isolierte und proportionale, privative, graduelle und äquipollente hat die folgende Forschung nicht so nachhaltig beeinflußt wie seine konkreten Phonemanalysen oder seine Vorschläge für mono– und polyphonematische Wertung. Wir begnügen uns daher hier mit dem Hinweis auf die Unterscheidung zwischen distinktiven und nicht–distinktiven Oppositionen, wie sie oben anhand von Beispielen wie *stechen* vs. *stecken, ich* vs. *ach* demonstriert wurden.

Auch der Unterschied zwischen "Opposition" und "Kontrast" – dem JAKOBSON/ HALLE (1956) einen Abschnitt widmen (1.3), ohne daß es ihnen jedoch gelingt, den Unterschied klar herauszuarbeiten – kann hier vernachlässigt werden. Er hat ebenfalls in der Folgezeit kaum eine Rolle gespielt; die beiden Termini werden weitgehend synonym gebraucht. Es hat sich eingebürgert, als Verb mit der Bedeutung "in Opposition zueinander stehen" eher *kontrastieren* als *opponieren* zu gebrauchen (also: /x/ kontrastiert mit /k/).

Wichtiger im Zusammenhang mit Oppositionen ist die Verwendung von sog. "Minimalpaaren" (engl. "minimal pairs") zur Ermittlung phonematischer Oppositionen. *Bein:Pein* ist ein Minimalpaar, da die jeweils anlautenden Segmente im Merkmal "Stimmhaftigkeit" kontrastieren; /b/ – /p/ sind daher als verschiedene Phoneme anzusehen. Das gleiche gilt für *Bein:Wein* oder *Bein:mein*, wo die

Anlaute ebenfalls kontrastieren (im einen Fall im Merkmal "Dauer", vgl. 2.3, im andern im Merkmal "Nasalität"). In *Kiel:kühl* kontrastieren die Vokale (im Merkmal "Lippenrundung"), in *Ruth:Ruß* die auslautenden Konsonanten (im Merkmal "Dauer").

Es stehen jedoch keineswegs immer Minimalpaare zur Verfügung. Man versuche einmal, einen Partner in einem Minimalpaar zu *hübsch* zu finden, oder zu *Mensch.* Das anscheinend jahrhundertelange vergebliche Suchen nach einem Reim auf *Mensch* beweist, daß es zum mindesten keinen entsprechenden "Anlautpartner" gibt, also so etwas wie *Kensch* oder *Wänsch.* Aber auch im In– und Auslaut dürfte es schwer sein, kontrastierende Elemente zu finden.

Jetzt kann auch das Prinzip des Endreims erklärt werden: Es besteht darin, daß der Vokal (als Silbenkern) und die ihm folgende Sequenz bei Reimwörtern gleich sind, während die dem Silbenkern vorangehenden Elemente kontrastieren. Die Anlautsequenz kann beliebig lang sein: In *Bein:Pein* umfaßt sie nur genau ein Segment, in *Kleid:Streit* oder *Herz:Schmerz* jedoch mehrere. Bei sogenannten unreinen Reimen können in dem reimenden Teil (Silbenkern + Auslautsequenz) statt gleicher Elemente ähnliche auftreten. So reimt SCHILLER in der Ode "An die Freude" *Brüder* auf *wieder* und *Bösen* auf *Wesen,* im "Handschuh" *hinein* auf *Leun* und im Gedicht "Die schlimmen Monarchen" *Größe* auf *Getöse* und *Stümper* auf *Geklimper.*

Der Stabreim andrerseits besteht nun gerade in der Gleichheit der Anlautsequenz (bzw. des Anlautsegments): *Haus und Hof, Kind und Kegel* sind Beispiele aus alten stabreimenden Redewendungen, *Woge, du Welle, walle zur Wiege! Wallala, weiala, weia!* Beispiele aus der Oper "Das Rheingold" von Richard WAGNER.

Das Fehlen geeigneter Minimalpaare setzt nicht die bedeutungsdifferenzierende Funktion (vgl. die Phonemdefinition von BLOOMFIELD 1933 in 2.1.2) außer Kraft.

Nicht alle Phonemsequenzen einer Sprache werden genutzt, um daraus Morpheme (die kleinsten morphologischen Einheiten, aus denen Wörter zusammengesetzt sind) zu bilden. So kommt es, daß im Deutschen zwar [fi:] *Vieh* und [vi:] *wie* vorkommen, nicht aber [bi:] oder [ki:]. Wenn nun dem [vi:] kein geeigneter "Minimalpartner" [bi:] zur Verfügung steht, kann man gleichwohl Kontrast zwischen anlautendem /v/ und /b/ postulieren, denn

– es stehen andere Minimalpaare dafür zur Verfügung (vgl. *Wein* vs. *Bein),*
– es ist voraussagbar, daß bei Einsetzung von /b/ für /v/ notwendig der Spielraum des Phonems /v/ überschritten wird: /b/ kann nicht als Variante von /v/ aufgefaßt werden, so wie das etwa bei [r] und [R] der Fall ist.

Das heißt: Die Bedeutungsdifferenzierung mit Hilfe von Phonemen ist potentiell. Wegen der oben erwähnten Lücken (nicht alle Phonemsequenzen einer Sprache ergeben Morpheme) wird sie nicht immer genutzt. Phoneme kontrastieren auch, wenn nicht Minimalpaare in Form von Morphemen (oder Wörtern) zur Verfügung stehen.

Sehr wichtig war die Erkenntnis von TRUBETZKOY (1939: 206ff.), daß Oppositionen nicht unbedingt stabil sind, sondern in gewissen Positionen aufgehoben (neutralisiert) werden können. Ein bekanntes Beispiel dafür bietet die sogenannte "Auslautverhärtung" im Deutschen, die bewirkt, daß stimmhafte Verschluß- und Reibelaute im Auslaut stimmlos realisiert werden, wodurch in Auslautposition die Stimmhaftigkeitsopposition aufgehoben wird: *Bund* und *bunt* werden beide gleich realisiert: [bʊnt]. Hier geht TRUBETZKOY (1939) über die strukturelle Phonologie hinaus, über das reine Segmentieren und Klassifizieren mit Hilfe von Oppositionen; hier werden phonologische Prozesse beschrieben; Prozesse und ihre Formulierung als phonologische Regeln sind erst später, in der generativen Phonologie, in den Mittelpunkt der Betrachtung gerückt.

2.2 Allophone und Variationsarten

Allophone sind Phonemvarianten. Wie in 2.1 dargelegt, läßt ein Phonem gewöhnlich eine gewisse Bandbreite von einzelnen Realisierungen zu, die teilweise an bestimmte Bedingungen geknüpft sind. Der zusammenfassende Ausdruck für nicht-kontrastierende Relationen ist Variation. Je nach den auftretenden Variationsarten lassen sich verschiedene Arten von Allophonen unterscheiden.

2.2.1 Komplementäre Distribution

Komplementäre Distribution ist sicher die wichtigste und am häufigsten beschriebene Variationsart. Komplementär distribuiert sind Laute, wenn sie in verschiedenen Umgebungen vorkommen und daher nie miteinander kontrastieren können. Kontrast setzt Vorkommen in gleicher Umgebung voraus. Diese Feststellung genügt jedoch noch nicht: Wie erwähnt, sind [h] und [ŋ] im Deutschen komplementär distribuiert: [h] kommt nur im Silbenanlaut vor, [ŋ] nur im Silbenauslaut. Deshalb wird phonetische Ähnlichkeit (explizit oder implizit, vgl. FISCHER-JØRGENSEN 1975) gewöhnlich mit herangezogen, wenn es um die Feststellung komplementärer Distribution geht.

Hier zeigt sich ein Problem der strukturalistischen Forschung, deren Analyse sich im wesentlichen auf die Segmentierung von Äußerungen in Elemente und die Beschreibung der Distribution dieser Elemente beschränkt: Bei strenger Anwendung des Kriteriums der komplementären Distribution müßte man Fälle wie [h] vs. [ŋ] einbeziehen; man braucht zusätzliche Annahmen wie phonetische Ähnlichkeit, die sich aber in anderen Fällen wieder als störend erweisen könnte (z.B. bei konsonantischem und vokalischem /r/ oder bei [ç] und [x], die an sich nicht ähnlicher sind als [ç] und [š] etc.). Die generative Phonologie ist hier sicher theoretisch besser fundiert, wenn sie voraussagbare Realisierungen mit Hilfe von Regeln aus zugrundeliegenden Segmenten ableitet, wobei sie sich Alternation in morphologischen Paradigmen (vgl. *Buch/Bücher, Tag/Tage, leben/lebendig*) zunutze macht. Eine solche Alternation läßt sich im Deutschen für [h]/[ŋ] nicht belegen. Welches Segment allerdings als zugrundeliegend anzusehen ist, muß durch zusätzliche Erwägungen (auch unter Berücksichtigung anderer phonologischer Phänomene und Prozesse) geklärt werden[23] Im übrigen betreffen phonologische Regeln nicht nur Fälle von komplementärer Distribution, sondern auch Fälle wie die "Auslautverhärtung" im Deutschen, wo der Kontrast zwischen zwei Phonemen neutralisiert wird (vgl. 2.1.3).

Um nicht eine große theoretische Diskussion zu provozieren, die an dieser Stelle der Einführung sicher verfrüht wäre, scheint es geraten, typische Fälle komplementärer Distribution im Deutschen vorzuführen, wobei auch problematische Punkte nicht umgangen werden sollen.

2.2.1.1 Aspiration vs. Nicht–Aspiration bei stimmlosen Verschlußlauten

Stimmlose Verschlußlaute werden (zum mindesten im Nord– und Mitteldeutschen) im absoluten Anlaut normalerweise aspiriert (behaucht), nach anlautendem Frikativ (/š/ oder /s/) jedoch nicht (vgl. KLOEKE 1982:33):

(2.01)	a	[pʰɛç]	*Pech*	a'	[špɛçt]	*Specht*
	b	[tʰɑ:l]	*Tal*	b'	[štɑ:l]	*Stahl*
	c	[kʰɑ:tə]	*Kate*	c'	[skɑ:t]	*Skat*

Hier liegt ein klarer, vorhersagbarer Fall komplementärer Distribution vor: Stimmlose Verschlußlaute treten in zwei komplementär verteilten Allophonen auf, die sich allerdings im Merkmal [+behaucht] unterscheiden. Behauchung ist im Deutschen grundsätzlich nicht distinktiv, d.h. nicht–phonemunterscheidend,

[23] So leitet Wurzel (1970:234ff.) palatales [ç] unter anderem deshalb aus zugrundeliegendem [x] ab, weil [ç] daneben noch eine andere Quelle hat, nämlich [g] (vgl. *Könige, ewige* mit [g] vs. *König,* ewig mit [ç]). Ähnlich verfährt KLOEKE (1982: 208), der den umgekehrten Ableitungsweg - Ach-Laut wird aus zugrundeliegendem Ich-Laut abgeleitet - (S.209) durchspielt, aber verwirft, weil dabei mehr Merkmalspezifizierungen in die Regel aufgenommen werden müßten.

im Gegensatz z.B. zu kaukasischen Sprachen wie Georgisch, wo Behauchung (Aspiration) ein distinktives Merkmal bei Verschlußlauten ist, und Altgriechisch, wo behauchte und nicht–behauchte Vokale unterschieden werden (vgl. ἕξ [hεks] 'sechs' vs. ἐξ [εks] 'aus').

Im süddeutschen Bereich findet weitgehend keine Behauchung statt, allerdings auch keine Opposition stimmhaft:stimmlos; die Verschlußlaute sind alle stimmlos und unterscheiden sich durch stärkere bzw. gespanntere Artikulation (Fortis) bei /p/, /t/, /k/ vs. schwächere, weniger gespannte Artikulation (Lenis) bei /b/, /d/, /g/ (vgl. dazu MOULTON 1962:13 und KLOEKE 1982:30ff.). Im Auslaut kommen behauchte und nicht–behauchte Allophone in freier Variation vor: *Lob* kann [lo:p^h] und [lo:p] artikuliert werden (vgl. KLOEKE 1982:33).

2.2.1.2 Palatale vs. velare Realisierung

Da im Deutschen – anders als in den slawischen Sprachen – palatale vs. velare Artikulation nicht phonematisiert ist, kann sie zur Alternation genutzt werden. Am auffälligsten ist dabei die komplementäre Verteilung von sog. *ich*– und *ach*–Laut (vgl. Anm. 22): Morphemintern wird nach Hinter– und Zentralvokalen [x] realisiert wie in *ach, doch* und *Buch,* nach Vordervokalen [ç] (vgl. *ich, echt, nüchtern, möchte,* ebenso wie nach Konsonanten (jedenfalls in nord– und mitteldeutscher Standardsprache, vgl. *manch, Milch* und *horch)* und im Morphemanlaut *(Chemie, China, –chen*). Das ist eine Verteilung, die fremdsprachige Ausländer, aber auch Dialektsprecher sich aneignen müssen.

Eine andere palatal–velare Distribution erfolgt bei Sprechern des Deutschen im allgemeinen spontan: /k/ wird in *Kiel, kühl, Kehle* – also vor palatalem Vokal (Vordervokal) palatal artikuliert, in *kahl* und *kalt* (also vor Zentralvokal) im palato–velaren Grenzgebiet, in *Kohle* und *Kuh* (vor Hintervokal) dagegen rein velar. Entsprechendes gilt für /g/ (vgl. *gießen, Gasse, Gosse).* Die Zunge paßt sich automatisch dem folgenden Vokal an. Zu den oben erwähnten Zusatzbedingungen für die Annahme einer komplementären Distribution gehört also unter anderem die Nichtausnutzung verschiedener Artikulationspositionen zur phonematischen Unterscheidung – eine Bedingung, die von Sprache zu Sprache neu entschieden werden muß, da sie Bezug auf das gesamte phonologische System einer Sprache impliziert.

2.2.1.3 Komplementäre Distribution von Vokalen im Deutschen

Auch bei Vokalen gibt es im Deutschen offenbar komplementäre Distribution; sie ist jedoch schwerer nachzuweisen als bei Konsonanten und daher Gegenstand langandauernder Kontroversen zwischen Phonologen. Zwei Fälle sind hier wichtig:

– Von einer Mehrheit der Phonologen wird angenommen, daß gespannte Vokale jeweils in zwei Allophonen vorkommen, nämlich lang und kurz: [i:da] vs. [ide:], [re:gə] vs. [regɑ:l], [o:fən] vs. [ovɑ:l]. Die Verteilung ist vom Akzent abhängig: Betont sind gespannte Vokale lang, unbetont kurz. In Wörtern wie *Kritik* und *banal* kommt jeweils der gleiche Vokal kurz (in der ersten Silbe) und lang (in der zweiten) vor.
– Das sogenannte "Schwa" (der Murmelvokal [ə]) wird von vielen Phonologen des Deutschen nicht als Phonem, sondern als Allophon betrachtet, weil seine Distribution weitgehend vorhersagbar ist (z.B. nur in unbetonter Silbe). UNGEHEUER (1969:32) zieht in Erwägung, [ə] als Allophon des /ɛ/ anzusehen, entscheidet sich aber dann – mit einer etwas merkwürdigen Begründung[24] –, es als Phonem anzusehen. WURZEL (1970) leitet Schwa aus ungespanntem kurzem /e/ ab. KLOEKE (1982: 21) weist auf Alternation von Schwa nicht nur mit [e], sondern auch mit anderen gespannten Vokalen hin (vgl. *Omen* vs. *ominös, Formel* vs. *formulieren* etc.).

Da es sich hier, wie gesagt, um komplexe und kontrovers behandelte Phänomene handelt, muß eine sorgfältigere Darstellung bis zur Analyse des deutschen Vokalismus in 4.3 aufgeschoben werden.

2.2.2 Freie Variation

"Freie Variation" wird von FUDGE (1970:77) gekennzeichnet als

> "variation tolerated from one repetition of an utterance to another; in other words, variation tolerated within the norm of pronunciation of a given sound in a given position within one variety of speech."

Freie Varianten werden auch als "fakultative Varianten" bezeichnet (z.B. von Vertretern der Prager Schule). In seiner "Anleitung zu phonologischen Beschreibungen" von 1935 (wiederabgedruckt in TRUBETZKOY 1939:41ff.) sagt TRUBETZKOY (hier zitiert nach 1939:42):

> "Wenn zwei Laute derselben Sprache genau in derselben Umgebung vorkommen und miteinander vertauscht werden dürfen, ohne dabei einen Unterschied in der intellektuellen Wortbedeutung hervorzurufen, so sind diese zwei Laute nur fakultative phonetische Varianten eines einzigen Phonems."

---

[24] "Die komplementäre Distribution ist weder mit [e] noch mit [ɛ] völlig gewahrt. ... Allerdings gibt es für relevante Gegenüberstellungen in ähnlicher Lautumgebung für [ɛ] weitaus weniger Beispiele als für [e]. Dieser Tatbestand könnte die Interpretation rechtfertigen, welche [ə] als Allophon des /ɛ/ ansieht. ... Da diese Regeln bis jetzt nur teilweise bekannt sind und außerdem das [ə] im Vokalismus der unbetonten Silbe ein so hervorstechendes Merkmal ist, sei es als selbständiges Phonem angenommen" (UNGEHEUER 1969:32).

Die beiden Definitionen ergänzen sich (wenn man in der Definition von FUDGE den zweifellos geeigneteren Terminus "phoneme" für "given sound" einsetzt)

– Freie Variation betrifft Laute in gleicher Umgebung;
– sie betrifft Realisationen des gleichen Phonems;
– sie findet sich bei ein und demselben Sprecher;
– sie ist nicht in der Lage, die Bedeutung des Worts, in dem der betreffende Laut vorkommt, zu ändern.

Trubetzkoys Einschränkung "intellektuelle Wortbedeutung" soll wohl zum Ausdruck bringen, daß konnotative Bedeutungsbestandteile sehr wohl durch freie Variation geändert werden können (z.B. kann ein gedehntes [o] in *so?* – schriftlich manchmal als *soo?* oder *sooo?* wiedergegeben – Erstaunen oder Unwillen zum Ausdruck bringen).

Ein Beispiel ist die (bereits erwähnte) freie Variation von behauchten und unbehauchten Verschlußlauten im Auslaut:

(2.02)	a	[lo:pʰ]	a'	[lo:p]	*Lob*
	b	[bɑ:tʰ]	b'	[bɑ:t]	*bat*
	c	[zakʰ]	b'	[zak]	*Sack*

2.2.3 Regionale und soziale Variation

Unter der Bezeichnung "regionale und soziale Variation" ist hier das zusammengefaßt, was FUDGE (1970:78) "variation of pronunciation from speaker to speaker" nennt. Oft wird diese Variation der freien Variation subsumiert. Sie ist tatsächlich insofern frei, als das Auftreten der Varianten nicht an die lautliche Umgebung gebunden ist. Andrerseits ist der Sprecher im allgemeinen nicht frei in der Wahl der einen oder anderen Variante: Die (regional oder sozial geprägte) Gewohnheit, konventionell gebundene Gebrauchsweise, bewirkt, daß sich der Sprecher (bewußt oder unbewußt) auf eine bestimmte Variante festlegt. So ist die Variation zwischen (konsonantischen) r–Allophonen im Deutschen weitgehend regional distribuiert: Im größten Teil des deutschen Sprachbereichs wird (ungerolltes) Zäpfchen–R gesprochen, in einigen Gebieten des Nordens (in Mecklenburg, im östlichen Holstein) und des Südostens (Bayern, Österreich) wird (gerolltes oder ungerolltes) Zungenspitzen–R realisiert; daneben finden sich frikatives Zäpfchen–R (z. B. im Rheinland), frikatives Zungenspitzen–R – dem Standard–R des Englischen ähnlich – (im Siegerland) und andere Varianten.

Doch können die r–Allophone auch nach Soziolekten differenziert sein: Im östlichen Mitteldeutschland konnte man früher einen Landbewohner am Zungenspitzen–R unterscheiden, in den Städten des gleichen Gebiets wurde bereits Zäpfchen–R gesprochen. Das Zäpfchen–R hat sich im Lauf der letzten Jahrhunderte immer mehr durchgesetzt und das Zungenspitzen–R in Randgebiete zurückgedrängt. Auch auf der Bühne ist heute das Zäpfchen–R die meist akzeptierte Form – noch vor relativ kurzer Zeit war das Zungenspitzen–R (in allen Wortpositionen) auf der Bühne die einzig akzeptierte /r/–Variante!

Eine andere regionale Variation betrifft die Verschlußlaute (vgl. 2.2.1.1): Im oberdeutschen Bereich (der das Süddeutsche, Schweizerische und Österreichische umfaßt) werden /b/, /d/, /g/ nicht stimmhaft, sondern als stimmlose Lenis gesprochen, also ohne vibrierende Stimmbänder, mit weniger Muskelenergie als /p/, /t/, /k/.

Auffällig ist auch das Fehlen des sogenannten "harten Einsatzes" (des "Knacklauts" oder "glottal stops", vgl. 1.4) in weiten Bereichen des Oberdeutschen (z. B. im Schweizerdeutschen). Dadurch werden in Anlaut–Position die Vokale anders realisiert als im Standarddeutschen, also [am α:bn̩t] statt [?am?α:bn̩t] oder [ʋmdijεkə] in Brechts eigener Wiedergabe seines Haifischsongs. Regionale Variation betrifft auch die Aussprache der Vokale: So wird /o/ in einigen Gegenden Norddeutschlands als Diphthong [o͜u] realisiert, ähnlich wie im Englischen (vgl. *though* und *loan*). Auch die Diphthonge /aj /, /aw/ und /ɔj / sind Gegenstand regionaler (und sozialer) Aussprachevariation.

2.3 Phonetisch–phonologische Merkmale

2.3.0 Vorbemerkungen

Zunächst ist terminologisch etwas zu klären. JAKOBSON/HALLE (1956) sprechen nur von "distinctive features" (vgl. 2.1.2.5). Später, vor allem seit CHOMSKY (1965), wurden solche distinktiven Merkmale auch in anderen Bereichen der Grammatik verwendet, in der Syntax und Semantik. Dadurch war man gezwungen, lautunterscheidende Merkmale in ihrer Spezifik zu benennen. CHOMSKY/HALLE (1968[25]) unterscheiden in diesem Bereich nun "phonetic features" und "phonological features" (so z.B. S.297).

Die phonetischen Merkmale sind nicht notwendig binär, sie erlauben mehr als zwei Werte auf einer Skala. Andrerseits wird "phonetisches Merkmal" in einem weiteren Sinne verwendet, so z.B. wenn von universalen phonetischen Merkmalen die Rede ist (vgl. SPE 170) oder wenn unter der Überschrift "The phonetic features" (SPE 298) Merkmale wie "high–nonhigh, voiced–nonvoiced"

---

[25] Im folgenden wird für dieses Werk die übliche Abkürzung "SPE" (für *Sound Pattern of English)* verwendet.

(SPE 299) abgehandelt werden, die schon durch ihre Binarität als phonologische (oder "klassifikatorische") Merkmale gekennzeichnet sind[26].

Eine Durchsicht neuerer phonologischer Werke ergibt eine gewisse Vagheit bzw. Verwirrung in der Benennung der fraglichen Merkmale: Die gleichen Merkmale werden einmal "phonetisch", einmal "phonologisch" genannt. Wir haben uns hier entschieden, sie "phonetisch–phonologische Merkmale" zu nennen, da die gleichen Merkmale sowohl zur Charakterisierung der phonologischen (zugrundeliegenden) als auch Zur Charakterisierung der phonetischen (oberflächennahen) Struktur verwendet werden.

2.3.1 Akustische Merkmale

JAKOBSON/HALLE (1956) nehmen an, daß es neben den distinktiven Merkmalen, die Morpheme voneinander differenzieren (S.4) noch andere Merkmalgruppen gibt, so "konfigurationale Merkmale" (ebd. 9), die die Einteilung einer Äußerung in grammatische Einheiten signalisieren, "expressive Merkmale" (ebd. 9), die emotionale Einstellungen der Sprecher ausdrücken (durch Emphase auf bestimmten Äußerungsteilen) und "redundante Merkmale" (ebd., 9), die eine unterstützende Funktion haben, z.B. in Positionen, wo der Kontrast zwischen distinktiven Merkmalen abgeschwächt ist: So wird der Fortis–Lenis–Unterschied im Englischen wichtig im Auslaut, um /s/ von /z/ in Endposition zu unterscheiden, da in dieser Position das (an sich distinktive) Merkmal "Stimmhaftigkeit" zur Unterscheidung nicht ausreicht. Im folgenden konzentrieren sie sich dann auf die Beschreibung der distinktiven Merkmale.

Diese werden wiederum unterteilt in **prosodische (suprasegmentale) Merkmale**, die die relative Tonhöhe, Lautstärke und Dauer betreffen, und **inhärente (segmentale) Merkmale**, die Eigenschaften von Lautsegmenten wie Stimmton, Artikulationsstelle und –art betreffen. Diese inhärenten Merkmale – die in der Folgezeit die wichtigste Rolle in der phonetisch–phonologischen Analyse spielten – werden (S.29ff.) eingehend beschrieben und klassifiziert.

Alle diese Merkmale werden sowohl akustisch als auch artikulatorisch charakterisiert. Hier einige Beispiele:

- Das Merkmal "vocalic/non–vocalic" ist akustisch gekennzeichnet durch Anwesenheit vs. Abwesenheit einer scharf umrissenen Formantenstruktur, artikulatorisch durch Erregung der Glottis und freie Luftströmung oberhalb der Glottis vs. Fehlen dieser Charakteristika.

---

[26] Die Binarität - Kennzeichen der phonologischen Merkmale - wird sogar explizit angegeben: "Each feature is a physical scale defined by two points, which are designated by antonymous adjectives: high-nonhigh, voiced-nonvoiced..." (SPE 299).

– Das Merkmal "consonantal/non–consonantal" ist akustisch gekennzeichnet durch geringe (vs. hohe) Gesamtenergie; artikulatorisch durch Anwesenheit (vs. Abwesenheit) einer Behinderung des Luftstroms im Artikulationskanal.
– Das Merkmal "compact/diffuse" ist akustisch gekennzeichnet durch höhere (vs. niedrigere) Konzentration von Energie in einem relativ engen Zentralbereich des Spektrums, artikulatorisch durch verschiedene Formung des Resonanzraums (vgl. 1.2.2): Bei kompakten Lauten ist der vordere Teil des Resonanzraums (der Raum vor der Verengung) größer, bei diffusen der hintere Teil.

Mit Hilfe der Merkmale [+vocalic] und [+consonantal] lassen sich vier Oberklassen bilden:
– **Vokale**: vocalic, non–consonantal;
– **Konsonanten**: non–vocalic, consonantal;
– **Liquiden**: vocalic, consonantal;
– **Glides**: non–vocalic, non–consonantal.

Später wurde die doppelte Charakterisierung durch akustische und artikulatorische Eigenschaften aufgegeben und man begnügte sich mit der artikulatorischen Definition der Merkmale.

2.3.2 Artikulatorische Merkmale

Hier sollen die seit SPE üblicherweise angenommenen artikulatorischen distinktiven Merkmale kurz erläutert werden[27]. Die Definitionen sind CHOMSKY/HALLE (1968) (SPE) und darauf aufbauenden Werken (WURZEL 1970, SCHANE 1973, MAYERTHALER 1974) entnommen.

(2.03) Merkmaldefinitionen

(a) Consonantal [+cons] Konsonantisch [+kons]

The feature [consonantal] refers to a narrowed constriction in the oral cavity – either total occlusion or friction. Stops, fricatives, affricates, nasals, and liquids are [+consonantal]. Vowels and semivowels, without this degree of narrowing, are [-consonantal].

(SCHANE 1973:26)

(b) Syllabic [+syll] Silbisch [+silb]

The feature syllabic characterizes the role a segment plays in the structure of a syllable. In general, vowels are [+syllabic], whereas conso-

[27] Das Merkmal [±syll], das in SPE anstelle des Merkmals [+voc] eingeführt wird, ist neuerdings umstritten, worauf im folgenden eingegangen werden soll.

nants are [–syllabic]. This feature is also necessary for differentiating syllabic nasals and liquids ... from their nonsyllabic counterparts.

(SCHANE 1973:26)

(c) Sonorant [+son] Sonorantisch

The feature sonorant refers to the resonant quality of a sound. Vowels are always [+sonorant], as are nasals, liquids, and semi–vowels. The obstruents – stops, fricatives, affricates, and laryngeal glides – are, of course, [-sonorant]. (SCHANE 1973:26)

(d) Continuant [+cont] Dauernd [+kont] [+dnd]

Among the obstruents are those with continuous friction throughout ([+continuant]) – the fricatives – and those beginning with total occlusion ([–continuant]) – the stops and affricates.

(SCHANE 1973:28)

Dauernde Laute werden gebildet, ohne daß der Phonationsstrom vollständig blockiert wird, während er bei nicht–dauernden Lauten blockiert wird. (WURZEL 1970:197)

(e) Nasal [+nas] Nasal

Phonetisch gesehen sind nasale Laute solche Segmente, bei deren Bildung aufgrund einer Senkung des Velums die Luft (wenigstens partiell) durch die Nase entweichen kann. (WURZEL 1970:196)

(f) Lateral [+lat] Lateral

Laute sind lateral, wenn der mittlere Teil der Zunge so nach unten gedrückt wird, daß der Luftstrom links oder rechts (oder auf beiden Seiten zugleich) von der Zunge entweichen kann. Der einzige Lateral, der häufig vorkommt, ist [l]. (MAYERTHALER 1974:12)

(g) Anterior [+ant] Anterior

Die anterioren Laute sind dadurch charakterisiert, daß bei ihrer Bildung ein Hindernis zu überwinden ist, das vor der palato–alveolaren ... Artikulationsstelle liegt. (WURZEL 1970:196)
(vgl. dazu unten die weiteren Ausführungen)

(h) Coronal [+cor] Koronal [+kor]

Koronale Laute werden gebildet, indem die Zungenspitze aus ihrer neutralen Position gehoben wird. Alle Laute, bei denen das nicht der Fall ist, sind nichtkoronal. (WURZEL 1970:196)

(i) High [+high] Hoch [+hoch]

High sounds are produced by raising the body of the tongue above the level it occupies in the neutral position; nonhigh sounds are produced without such a raising of the tongue body. (SPE 304)

(j) Low [+low] Tief [+tief]

Low sounds are produced by lowering the body of the tongue below the level that it occupies in the neutral position; nonlow sounds are produced without such a lowering of the body of the tongue.

(SPE 305)

(k) Back [+back] Hinten [+hint]

Back sounds are produced by retracting the body of the tongue from the neutral position; nonback sounds are produced without such a retraction from the neutral position. (SPE 395)

(l) Round [+round] Rund [+rnd]

... for i the lips are spread or unrounded, whereas for u they are rounded. In the case of a, the tongue is relatively flat or low in the back part of the mouth, with no lip rounding. (SCHANE 1973:10)

(Vgl. dazu unten die weiteren Ausführungen)

(m) Tense [+tense] Gespannt [+gesp]

Gespannte Segmente werden mittels einer artikulatorischen Haltung produziert, die eine Anspannung der supraglottalen Muskulatur involviert. (MAYERTHALER 1974:15)

The voicing contrast in consonants is often accompanied by a difference in tenseness. This happens in most of the European languages where voiceless consonants are tense and voiced ones lax. ... In other languages, the tenseness of consonants may be an independent parameter. Korean has voiceless stops which contrast in tenseness.

(SCHANE 1973:21)

Vgl. auch hierzu die weiteren Ausführungen)

(n) Voice [+voice] Stimmhaftigkeit ([+sth])

Segmente sind [+sth], wenn bei ihrer Artikulation die Stimmbänder schwingen, andernfalls [–sth]. (MAYERTHALER 1974:16)

Im folgenden werden die deutschen Merkmalkennzeichnungen benutzt.

Alle diese Merkmale sind binär. In einigen Fällen ist die Binaritätsentscheidung durch eine gewisse Künstlichkeit erkauft, so beim Merkmal [+ant], wo als Grenze der palato–alveolare Raum (die Stelle, wo /š/ artikuliert wird) gesetzt wird, offenbar nur, um so die Palatale mit Hilfe der Merkmale [–ant, –hint] von den Velaren (die [–ant, +hint] haben) abgrenzen zu können[28]. Auch sind zur Charakterisierung der Artikulationsstelle mehr binäre Merkmale notwendig als nicht–binäre (vgl. Tab.1 in 1.3); statt des nicht–binären Merkmals "labial" braucht man z.B. zwei: [+ant, –kor], statt des Merkmals "velar" sogar drei: [–ant, –kor, +hint]. Allerdings läßt sich diese Übercharakterisierung durch Markiertheitskennzeichnungen wieder mildern, wie noch zu zeigen ist.

Durch die Einführung des Merkmals [+silb] verändert sich die Einteilung in Oberklassen: Während JAKOBSON/HALLE (1956) die Liquiden grundsätzlich als [+voc, +cons] kennzeichnen, kann jetzt danach unterschieden werden, ob sie nicht–silbisch verwendet werden (was "normalerweise" der Fall ist, z.B. in *Land, Elle, Rand, Ehre)* oder silbisch (was im Deutschen nur nach Schwa–Ausfall vorkommt, vgl. HÖHLE/VATER 1978 und KLOEKE 1982), also z.B. in Himmel [hɪml̩], *handeln* [handl̩n], *Wetter* [vɛtr̩] (silbisches /r/ wird allerdings gleichzeitig vokalisch, vgl. 3.2 u. 4.1.3.2).Gleiches gilt für die Nasale; in *mal* [mɑ:l], *nein* [naɪn] und *Ring* [rɪŋ] haben wir (normal erwartbare) nichtsilbische Nasalkonsonanten, in *Lippen* [lɪpm̩], *reden* [re:dn̩], *trocken* [trɔkŋ̍] – also wieder nach Schwa–Ausfall – silbische.

Das Merkmal [+son] dient zur Unterscheidung von Obstruenten und Sonoranten. Obstruenten sind alle Laute, die stimmhaft oder stimmlos realisiert werden können, also paarig auftreten; das sind Verschluß– und Reibelaute (Frikative, Spiranten) sowie Affrikaten. Eine Affrikata ist eine Verbindung aus Verschlußlaut und homorganem (an gleicher Stelle gebildetem) Frikativ, also $/p^f/$, $/t^s/$ im Deutschen, nicht aber $/p^s/$ oder $/k^s/$.

Die Frage, ob fürs Deutsche Affrikaten anzusetzen seien, soll noch erörtert werden. Sonoranten sind alle Laute mit spontaner Stimmhaftigkeit, also Vokale, Glides, Liquide und Nasalkonsonanten. Nasale und Liquide werden auch als "Sonanten" bezeichnet.

Nasalität – d.h. Entweichen des Luftstroms durch die Nase – betrifft im Deutschen nur die Nasalkonsonanten /m/, /n/ und /ŋ/, die gleichzeitig mit Blockade des Luftstroms in der Mundhöhle (an den Lippen, Zähnen und am Velum) artikuliert werden. Daneben gibt es auch bei Vokalen die Möglichkeit, bei ihrer Artikulation Luft durch die Nase entweichen zu lassen; es entstehen dann die Nasalvokale, die es z.B. im Französischen, Portugiesischen und Polnischen gibt. Im Deutschen finden sie sich nur sehr selten, bei der Wiedergabe

---

[28] Überhaupt haftet diesem Merkmal etwas Künstliches an, da Artikulation im vorderen Artikulationskanal bereits durch [-hint] angezeigt wird und Behinderung des Luftstroms oberhalb der Glottis durch [+kons]. Vgl. dazu Ladefoged (1971:48).

französischer Nasalvokale (die im allgemeinen aber, auch im Standarddeutschen, ihre Nasalität verlieren) oder in Dialekten.

Koronal sind Dentale, Alveolare und Palato–Alveolare. Sie werden – im Gegensatz zu Labialen, Palatalen und Velaren – mit gehobener Zungenspitze artikuliert. Dentale und Alveolare kontrastieren im Deutschen nicht, so daß man hier kein zusätzliches Merkmal braucht. Bei Verschlußlauten (also /t/ /d/) scheint die alveolare Aussprache die typische zu sein (im Gegensatz zur dentalen Realisierung im Französischen); die Liquiden /l/ und /r/ (wenn es mit der Zungenspitze realisiert wird) werden wohl überwiegend alveolar ausgesprochen, während der Nasal /n/ alveolar und dental vorkommt.

Das Merkmal [–kont] wird in der neueren phonologischen Literatur im allgemeinen auch für Nasale angenommen, die wegen der Verschlußbildung in der Mundhöhle (bei gleichzeitigem Entweichen des Luftstroms durch die Nase) als Untergruppe der Verschlußlaute (im weiteren Sinne) angesehen werden können. Die Blockade des oralen Luftstroms macht Nasale nicht–dauernd.

Die Zungenstellungsmerkmale [+hoch] und [+tief] wurden ursprünglich nur für Vokale verwendet, wo sie auch wirklich distinktiv sind (vgl. 1.3). Sie sind nunmehr relevant bei der Kennzeichnung von [i], [j] als [+hoch, –hint] vs. [u], [w] als [+hoch, +hint].

Das Merkmal [+hint] ist auch für Konsonanten relevant (s. oben), im Deutschen allerdings nur zur Charakterisierung der zwei komplementären Alternanten [x] und [ç] (ersteres ist als Velarlaut [+hint], letzteres als Palatallaut [–hint]).

Das Merkmal Gespanntheit als differenzierendes Merkmal bei Vokalen wird in der Literatur kontrovers behandelt. Darauf wird im Zusammenhang mit der Beschreibung des deutschen Vokalsystems näher einzugehen sein.

Stimmhaft sind alle Vokale und Sonanten. Obstruenten treten, wie oben beschrieben, paarig auf, stimmhaft vs. stimmlos. Dem [x] entspricht im Standarddeutschen kein stimmhaftes Gegenstück, doch kommt dieses – als [ɣ] transkribiert – in nord– und mitteldeutscher Umgangssprache vor, z.B. in sagen [zɑ:ɣn̩]. Glides sind im allgemeinen stimmhaft; gelegentlich werden auch stimmlose Glides angenommen (so z.B., wenn man /h/ als Glide rechnet).

Aus der vorangehenden Darstellung dürfte hervorgehen, daß das Arbeiten mit Merkmalen in der Phonologie unerläßlich ist zur Beschreibung der Phoneme und ihrer distinktiven Eigenschaften wie auch zur Beschreibung von Prozessen (die als Merkmalsänderungen aufgefaßt werden können, vgl. 3.), daß die Annahme bestimmter Merkmale jedoch mit Problemen verbunden ist.

2.3.3 Merkmale als universales Inventar

Bis jetzt wurden die phonetisch–phonologischen Merkmale fast ausschließlich aufs Deutsche bezogen. Von Anfang an wurde jedoch von den Phonologen, die mit solchen Merkmalen arbeiteten, angenommen, daß sie universal sind, d.h. im Prinzip für alle Sprachen der Welt gelten. So sagen JAKOBSON/-FANT/HALLE (1951:40), daß es 12 Merkmalpaare gibt,[29] die sie aufgrund ihrer Analysen der verschiedensten Sprachen als universal annehmen, wobei keine Sprache alle diese zwölf Merkmale enthält, daß es aber in ;.bezug auf An– oder Abwesenheit einzelner Merkmale eine klar erkennbare universale Hierarchie gäbe: Bestimmte Merkmale implizieren die Anwesenheit und/oder Abwesenheit anderer Merkmale. JAKOBSON (1962) geht noch einen Schritt weiter, indem er feststellt, daß die Sprachentwicklung des Kindes universalen Gesetzmäßigkeiten unterliegt, die ihre Parallele im Vorkommen bzw. Nichtvorkommen bestimmter lautlicher Gegensätze in den Sprachen der Welt haben. So sind der Vokal /a/ und die Konsonanten /p/ und /m/ gewöhnlich die ersten Phoneme, die von Kindern realisiert (und zu Sequenzen wie *papa*, *mama* usw. verbunden) werden. Das sind aber auch gleichzeitig Laute, die im Phonembestand aller Sprachen vorkommen. Demgegenüber sind vom Kind später erworbene lautliche Realisierungen (hintere Konsonanten, Liquiden usw.) gleichzeitig dadurch gekennzeichnet, daß sie im Phoneminventar vieler Sprachen fehlen. Genau wie Kinder die Opposition zwischen vorderen und hinteren Konsonanten erst nach der Opposition zwischen labialen und dentalen Konsonanten erwerben, gilt auch, daß Sprachen, die hintere (velare) Konsonanten haben, immer auch Labiale und Dentale haben, aber nicht umgekehrt. Das Merkmal [+hint] scheint also das Merkmal [+kor] (in der SPE–Terminologie) vorauszusetzen.

In der GTG wurde die Universalien–Theorie weiter ausgebaut. CHOMSKY (1965) unterscheidet "formale Universalien" – die z.B. die Art von Regeln betreffen, die grammatischen Strukturen zugrundeliegen – und "substantielle Universalien", zu denen bestimmte syntaktische Kategorien wie Substantiv und Verb gehören. CHOMSKY (1965:28) nimmt hier ausdrücklich Bezug auf Jakobsons distinktive Merkmale, die er zu den phonologischen substantiellen Universalien rechnet. Auch in SPE:4 wird eine feste Menge phonetisch–phonologischer Merkmale ("a fixed set of phonetic features") zu den

---

[29] Zu den zwölf universalen Merkmalen, die von JAKOBSON/FANT/HALLE (1951:40) aufgeführt werden, gehören: "1) vocalic/non-vocalic, 2) consonantal/non-cons., 3) interrupted/continuant, ... 6) voiced /unvoiced, 7) compact/diffuse, 8) grave/acute, ... 12) nasal/ oral".

substantiellen Universalien gerechnet. Mit Hilfe dieser universalen Merkmale und der Bedingungen zu ihrer Kombination werden mögliche phonetische Repräsentationen in einer universalen Phonetik bestimmt.

2.4 Phonem und zugrundeliegendes Segment

Wie der Strukturalismus in seinen Prinzipien und seiner auf Segmentierung und Klassifizierung konzentrierten Methodik insgesamt, so wurde auch das Phonem als zentrale Struktureinheit der Phonologie von der GTG angegriffen und weitgehend abgelehnt. CHOMSKY (1965) geht davon aus, daß nicht die Sprachfakten als solche, sondern die menschliche Kompetenz im Umgang mit diesen Fakten Gegenstand linguistischer Beschreibung sei. Diese Kompetenz ist etwas Mentales, das nur indirekt – über die Distribution der Fakten, Sprecherurteile, vor allem aber über die Beobachtung des sprachlichen Verhaltens der Sprecher einer Sprache erschließbar ist[30].

Die Kritik am strukturalistischen Phonembegriff sei an einem Beispiel aus dem Deutschen erläutert. In der strukturellen Phonemanalyse muß /ŋ/ aufgrund seiner Opposition zu /m/ und /n/ z.B.: *rammen* vs. *rannen* vs. *Rangen* – als Phonem aufgefaßt werden. Genauere Beobachtung der Fakten (vgl. dazu ISAČENKO 1963:470ff.) ergibt jedoch, daß der velare Nasal im Deutschen starken Vorkommensbeschränkungen unterliegt; er steht nie im Anlaut, nie nach anlautenden Verschlußlauten oder [š] nie nach Langvokalen.

In der generativen Analyse (vgl. WURZEL 1970:209ff. und 1981:95, KLOEKE 1982:116ff. – die im wesentlichen auf ISAČENKO 1963:475 aufbauen) – wird nun [ŋ] aus zugrundeliegendem /n/ vor Velaren (/k/ oder /g/) abgeleitet, also durch Assimilation erklärt, weil [n] und [ŋ] morphemintern komplementär verteilt sind. Zugrundeliegendes /g/ muß dann nach dieser Assimilation getilgt werden, so daß sich *Bank* in einem Schritt, *lang* in zwei Schritten ergibt:

(2.04)	a. bank		b. lang
	baŋk	(Assimilation)	laŋg
		(g–Tilgung)	laŋ

Grundsätzlich wird in der GTG davon ausgegangen, daß phonetisch–phonologische Oberflächenerscheinungen Reflexe der zugrundeliegenden phonologischen Struktur sind (vgl. 3.3) und daß sie durch phonologische Regeln – ähnlich den syntaktischen Transformationsregeln – aus zugrundelie-

---

[30] Vgl. zur Kompetenz als Gegenstand linguistischer Untersuchungen vor allem CHOMSKY (1965:3ff.), VATER (1982:63ff.), BARTSCH/LENERZ/ULLMER-EHRICH (1977:110ff.), RADFORD (1981:2ff.), zur Kritik am strukturalistischen Konzept BIERWISCH (1966:100ff.).

genden Strukturen abgeleitet sind. Im Fall von [ŋ] ist dadurch systematisch erklärbar, warum es einerseits mit den anderen Nasalkonsonanten kontrastiert, während es andrerseits – wie seine sehr beschränkte Distribution beweist – durch die Umgebung (folgende Velarkonsonanten) bedingt ist.

Auch die sogenannte "Auslautverhärtung" – wo die Stimmhaftigkeits–Opposition aufgehoben ist und die Obstruenten einheitlich stimmlos realisiert werden – kann durch ein solches Zweischichten–Modell am besten erklärt werden (vgl. 3.2).

Ein wichtiges Kennzeichen der generativen Phonologie – und der GTG allgemein –ist der Umstand, daß alle voraussagbaren Eigenschaften sprachlicher Elemente durch Regeln (mit bestimmten Restriktionsangaben) abgeleitet werden. Das vermindert nicht nur die Zahl der zugrundeliegenden Einheiten, sondern erklärt auch gleichzeitig die Kompetenz des Sprechers, sein Wissen um die zwischen den Einheiten bzw. zwischen den Strukturen bestehenden Beziehungen, worauf HYMAN (1975:80) hinweist:

> "The view is expressed in generative phonology that native speakers of a language tacitly know (that is, the knowledge is not necessarily conscious) that certain forms are related and that this relatedness must be captured somehow in the grammar. ... By postulating one underlying form at the systematic phonemic level, from which surface alternants are derived, the tacit knowledge speakers have of general or systematic relationships ... in the phonological structure is accounted for."

Als zugrundeliegende Einheit wird in der GTG das "systematische Phonem" bzw. "zugrundeliegende Segment" angenommen (vgl. 3.3).

2.5 Aufgaben

2.5.1 Aufgaben mit Lösungsangabe

A.2–1 Merkmale

Wie läßt sich dt. [ç] ohne das umstrittene Merkmal [–ant] charakterisieren?

Lösung: Mithilfe der Merkmale [–hint], [–kor] und [+hoch]. Es ist dann von [š] ([–hint, +kor]), [s] ([–hint, –hoch]) und [x] ([+hint, –kor]) hinreichend unterschieden.

A.2–2 Natürliche Klassen

Phoneme lassen sich mit Hilfe von Merkmalen in natürliche Klassen einteilen. Geben Sie für a) – d) an, ob es sich jeweils um eine natürliche Klasse handelt und, wenn ja, durch welche Merkmale sie konstituiert wird.

(a) /j, k, l, m, n, o/ (c) /k, l, m, n/
(b) /j, k, l, m, n/ (d) /l, m, n, r/

Lösung: a) nein; b) nein; c) nein; d) ja: Sonoranten (gemeinsame Merkmale: [+kons, +son].

A.2–3 Natürliche Klassen

Geben Sie jeweils die Merkmale an, die die natürliche Klasse kennzeichnen (es wird vorausgesetzt, daß a) – d) jeweils eine natürliche Klasse bildet).

(a) /p,b,f,v,m/ (c) /m,n,n/
(b) /p,b,t,d,k,g/ (d) /i,y,e,ø/

Lösung: (a) [+kons, –hint, –hoch, –kor] (Labiale)
(b) [–son, –kont] (Verschlußlaute)
(c) [+son, +nas] (Nasalkonsonanten)
(d) [–kons, +son, –tief, –hint, +gesp] (gespannte, nicht–tiefe Vordervokale)

A.2–4 Minimalpaare

Geben Sie bei jedem Paar (für jeden der beiden Partner) das distinktive Merkmal an.

(a) Bier/wir (d) Hefe/Höfe (g) Bier/Pier
(b) mein/nein (e) nackt/Nacht (h) wohne/Wonne
(c) leise/Reise (f) sie/See (i) Masse/Matte

Lösung:

(a) [–kont]/[+kont]	(d) [–rnd]/[+rnd]	(g) [+sth]/[–sth]
(b) [–kor]/[+kor]	(e) [–kont]/[+kont]	(h) [+gesp]/[–gesp]
(c) [+lat]/[–lat]	(f) [+hoch]/[–hoch]	(i) [+kont]/[–kont]

A.2–5 Variation im Kalaba

Das folgende Datenmaterial (Kalaba Dialekt DK, PIKE 1947:126) enthält freie Variation zwischen Lautsegmenten. Stellen Sie fest, ob diese freie Variation zwischen Phonemen oder Allophonen bestimmter Phoneme auftritt. Wenn letzteres der Fall ist, beschreiben Sie die Umgebung, in der die Allophone auftreten.

[simba]	'Brief'	[samdi]	'Kind'
[numzi]/[numsi]	'mittlere'	[panfa]/[panva]	'Bär'
[fakpi]	'falsch'	[kafpu]	'entsetzt'
[tiznu]/[tisnu]	'neu'	[safma]/[savma]	'retten'
[simgu]	'Fluß'	[sana]	'sauber'

Lösung: [s]/[z] und [f]/[v] sind offenbar Allophone, nicht Phoneme, da nirgendwo Kontrast zwischen ihnen vorkommt. Die freie Variation zwischen ihnen beschränkt sich auf Inlaut–Positionen, und zwar vor und nach Nasalkonsonant. Im Anlaut treten nur die stimmlosen Allophone auf.

A.2–6 Komplementäre Distribution im Suaheli (nach GLEASON 1955:58)

[ɔ] und [o] sind komplementäre Allophone eines Phonems. Bestimmen Sie ihre Distribution.

1	[ŋjɔma]	'Trommel'	7	[ɔna]	'sehen'
2	[watoto]	'Kinder'	8	[šoka]	'Axt'
3	[bɔma]	'Festung'	9	[okota]	'aufsammeln'
4	[bɔmba]	'Pfeife'	10	[pɔña]	'heilen'
5	[mboga]	'Gemüse'	11	[ɔŋgeza]	'vergrößern'
6	[ndogo]	'klein'	12	[karɔŋgo]	'auswaschen'

Lösung: [ɔ] kommt nur vor Nasalkonsonanten, [o] in allen anderen Umgebungen vor.

2.5.2 Aufgaben ohne Lösungsangabe

A.2–8 Distinktive Merkmale

Angenommen, es gäbe im Deutschen nicht den palatalen Frikativ [ç]; welche Merkmale wären dann ausreichend zur Kennzeichnung folgender Konsonantengruppen?

(a) Labiale (b) dentoalveolare Obstruenten (c) Velare

A.2–9 Homophone im Deutschen

In (a), (b) und (c) werden jeweils zwei deutsche Wörter lautgleich realisiert. Würden Sie diese Formen auf zugrundeliegende Formen mit /b,d,g/ oder mit /p,t,k/ zurückführen? Geben Sie Argumente für und gegen jede dieser beiden Annahmen.

(a) [hu:p] Hub/hup! (b) [bʊnt] Bund/bunt (c) [vɛrk] Werg/Werk

A.2–10 Doppeldeutigkeit

Transkribieren Sie die folgenden englischen und deutschen Wörter und zeigen Sie, daß die phonematischen Oppositionen des Englischen im Deutschen keine Parallele haben – obwohl die Orthographie das suggeriert. Was ist der Grund dafür? Welchen Schwierigkeiten begegnet ein Deutscher, der Englisch lernt?

a.	Englisch	b.	Deutsch
a1	*rib* : *rip*	b1	*Alb* : *Alp*
a2	*sad* : *sat*	b2	*Grad* : *Grat*
a3	*dog* : *dock*	b3	*Krieg* : *Kriek*

Zusatzfrage: In gewöhnlicher deutscher Umgangssprache hört man oft Sätze wie [das vɑ:r aın gɛk]. Der Satz ist (ohne Kontext) doppeldeutig, da das letzte Wort zwei verschiedene orthographische Wörter wiedergibt, von denen eins aus dem Englischen stammt. Wie kommt das? Bei dem Wort englischer Herkunft würde man eine andere Aussprache erwarten.

A.2–11 Schwa – Phonem oder Allophon? (PIKE 1947:133)

Bestimmen Sie aufgrund der folgenden phonetischen Daten, ob [ə] im Kalaba ein eigenes Phonem oder (durch eine Regel) voraussagbar ist. Falls letzteres zutrifft, wie heißt die Regel? Wie lautet die zugrundeliegende Form für 1.?

1.	[abəda]	'Mann'	5.	[opti]	'Vetter'
2.	[omənu]	'Vater'	6.	[ifto]	'Neffe'
3.	[ibəgu]	'Mutter'	7.	[upsu]	'Bruder'
4.	[isfa]	'Mädchen'	8.	[afso]	'Schwester'

A.2–12 Stimmhafte Obstruenten im Spanischen (LANGACKER 1972:253)

Bestimmen Sie die phonologische Relation zwischen stimmhaften Verschlußlauten [b,d,g] und stimmhaften Frikativen [ß,ð,γ] im Spanischen. [ß] ist ein bilabialer, [ð] ein dentaler, [γ] ein velarer sth. Frikativ.

1.	*usted*	[usteð]	'ihr'	9.	*miga*	[miγa]	'beißen'
2.	*libertad*	[lißertað]	'Freiheit'	10.	*boga*	[boγa]	'Welle'
3.	*gobernar*	[goßernar]	'regieren'	11.	*gato*	[gato]	'Katze'
4.	*ambos*	[ambos]	'beide'	12.	*hago*	[aγo]	'ich tue'
5.	*lobo*	[loßo]	'Wolf'	13.	*cubo*	[kußo]	'Würfel'
6.	*dado*	[daðo]	'gegeben'	14.	*boda*	[boða]	'Hochzeit'
7.	*falda*	[falda]	'Hemd'	15.	*donde*	[donde]	'wo'
8.	*dormido*	[dormiðo]	'schlief'				

A.2–13 Lange Konsonanten im Karok (GLEASON 1955:59)

Der Unterschied zwischen langen und kurzen Konsonanten in der kalifornischen Indianersprache Karok ist nicht phonemisch. Bestimmen Sie die Distribution langer und kurzer Konsonanten. ":" = Längezeichen (nach Vokalen oder Konsonanten).

1.	[θúk:in]	'Galle'	6.	[čaná:kat]	'Mücke'
2.	[?íp:at]	'Ricke'	7.	[?á:pun]	'auf der Erde'
3.	[?ác:akič]	'Welpe'	8.	[?á:čip]	'mittlere'
4.	[júf:i]	'Nase'	9.	[pú:fič]	'Reh'
5.	[?ás:ar]	'naß'	10.	[?á:si]	'Höhle'

A.2–14 Sangbarkeit von Konsonanten

Versuchen Sie, die Melodie eines Liedes (z.B. "Fuchs, du hast die Gans gestohlen") jeweils mit einem bestimmten Konsonanten zu summen. Sicher wird das bei einigen Konsonanten leichter, bei anderen schwerer sein, bei manchen ganz unmöglich. Welche der in diesem Kapitel behandelten Merkmale sind wohl verantwortlich für die Sangbarkeit von Konsonanten?

3. Phonologische Regeln

3.1 Phonologische Sequenzen

Der Sprecher einer Sprache verfügt nicht nur über Wissen um Phoneme seiner Sprache, sondern auch über ein Wissen um die Verknüpfung dieser Phoneme zu möglichen Sequenzen, vgl. 1.1.4 und Beispiel (3.01):

(3.01) a. [prɪŋk] [prɛŋk] [praŋk] [prɔŋk] [prʊŋk]
b. * [rpɪŋk] * [rpɛŋk] * [rpaŋk] * [rpɔŋk] * [rpʊŋk]

An dieser Beispielkette läßt sich folgendes zeigen:

- Jeder Sprecher des Deutschen wird keine Mühe haben, die Sequenzen der a–Reihe auszusprechen und sie als Phonemsequenzen des Deutschen zu akzeptieren, obwohl nur eine dieser Sequenzen als Morphem – und gleichzeitig als Wort – realisiert ist, nämlich *Prunk*.
- Jeder Sprecher des Deutschen wird die Sequenzen der b–Reihe – obwohl aus Phonemen des Deutschen gebildet – als "nicht–deutsch", d.h. als im Deutschen nicht mögliche Phonemsequenzen qualifizieren.
- Jeder Sprecher des Deutschen wird bei der Aussprache dieser Sequenzen bestimmte Regularitäten respektieren, z.B. daß vor dem Konsonanten [k] der Nasal [ŋ] – nicht [n]! – realisiert wird, auch wenn ihm die betreffenden Folgen schriftlich präsentiert werden (als *prink, prenk* usw.).

Damit erschöpfen sich die aus der Kontrastierung der beiden Reihen von Phonemsequenzen ableitbaren Beobachtungen keineswegs. Zur Feststellung weiterer Regularitäten wäre es allerdings ratsam, weitere Sequenzen – z.B. [knarp], *[kŋarp], *[ŋkapr] usw. – hinzuzuziehen. Dann ließe sich beobachten, daß unsere vorläufige Einordnung von [pr] und [ŋk] als zulässige Phonemverbindungen des Deutschen weiter eingeschränkt werden muß: [pr] kommt im Silbenanlaut vor, aber nicht im Silbenauslaut; [ŋk] kommt im Silbenauslaut vor, aber nicht im Anlaut; [kn], aber nicht [kŋ] kommt im Silbenanlaut vor, usw. Doch dazu müßte man die Ebene der segmentalen Phonologie verlassen und sich in die prosodische oder suprasegmentale Phonologie begeben, ein Gebiet, das hier ausgeklammert und einer gesondert erscheinenden Einführung überlassen werden muß (s. Vorwort).[31]

---

[31] Zur Einarbeitung in die prosodische Phonologie, speziell in die Bereiche Silbenstruktur und Akzentuierung seien HOOPER (1972), LIBERMAN/PRINCE (1977), VENNEMANN (1972), (1986) und (1988) genannt. Zum Ansatz der metrischen Phonologie (die auch bei KLOEKE (1982) und VENNEMANN (1986) diskutiert wird) vgl. vor allem VAN DER HULST/SMITH (1982), GIEGERICH (1985) und GREWENDORF/HAMM/STERNE-

Feststellungen wie die, daß /n/ vor /k/ als [ŋ] realisiert wird, gehören in den Bereich der Prozeßphonologie, der in der GTG eine zentrale Rolle spielt (vgl. 2.4) und der im folgenden näher erläutert werden soll.

3.2 Phonologische Prozesse

3.2.0 Vorbemerkungen

Der Terminus "phonologischer Prozeß" ist mehrdeutig (vgl. LASS 1984:196ff.). Er ist hier nicht zeitlich–dynamisch zu verstehen (obwohl SCHANE 1973 phonologische Prozesse im Teil II, "Dynamic Phonology" behandelt, der auf Teil I, "Segmental Phonology", folgt), sondern in einem abstrakteren Sinne: als bezogen auf Veränderungen, denen die distinktiven Einheiten im phonologischen System einer Sprache – die Phoneme bzw. Segmente – unterworfen sind bei ihrer Verknüpfung zu Phonemsequenzen (s. 3.1). Diese Veränderungen sind regelhaft und können als (formalisierte) phonologische Regeln notiert werden, ähnlich wie syntaktische Phrasenstruktur– und Transformationsregeln. Wenn ein Phonologe feststellt "[n] wird zu [ŋ] vor velaren Konsonanten", dann meint er natürlich nicht, daß der Sprecher zuerst ein /n/ aus seinem Phoneminventar holt und es dann bei der Verbindung mit /g/ oder /k/ zu [ŋ] abwandelt, sondern daß er in der betreffenden Umgebung spontan [ŋ] und nicht [n] realisiert. Der Prozeß vollzieht sich nicht jedesmal im Sprecher beim Aussprechen einer Phonemsequenz.

Das heißt jedoch nicht, daß phonologische Regeln und die ihnen zugrundeliegenden Prozesse keinerlei psychologische Realität hätten. HYMAN (1975:21) weist anhand von Versprechern und Interferenzen mit anderen Sprachen die psychologische Realität phonologischer Beschreibungen (einschließlich phonologischer Regeln) nach. Wenn jemand *pick slimp* statt *pink slip* sagt, dann hat nicht einfach nur ein Nasal seinen Platz gewechselt, sondern gleichzeitig seine Aussprache: aus dem velaren Nasal in *pink* [pɪŋk] ist ein labialer in *slimp* geworden. Die Beibehaltung der velaren Aussprache hätte die im Englischen (und auch im Deutschen) nicht wohlgeformte Sequenz *[slɪŋp] ergeben. Der Sprecher weiß also intuitiv, daß vor velaren Konsonanten ein velarer Nasal und vor labialen ein labialer realisiert wird und führt den entsprechenden "Prozeß" durch, der – trotz des Versprechers – eine wohlgeformte Sequenz ergibt.

FELD (1987) (Kap.3.2). Zur Behandlung von Silbenstruktur und Akzent im Deutschen vgl. neben GIEGERICH (1985) vor allem KLOEKE (1982) (Kap. 5), VENNEMANN (1982), FERY (1986) und WIESE (1988).

Bis jetzt war nur von einem Prozeßtyp die Rede, von der Ersetzung eines Segments durch ein anderes (in diesem Fall, wo es sich um eine Anpassung an die Umgebung handelt, spricht man von "Assimilation"). Es sind aber vier Haupttypen zu unterscheiden:

- Tilgung von Segmenten,
- Hinzufügung von Segmenten,
- Veränderung von Segmenten in ihren Merkmalen (Assimilation u.a.),
- Umstellung von Segmenten (Metathese).

3.2.1 Tilgung von Segmenten (Elision)

In bestimmten Umgebungen bzw. unter bestimmten Bedingungen können Segmente, die von der morphologischen Struktur des Wortes oder von seiner zugrundeliegenden Form (vgl. 3.3) her erwartbar sind, getilgt werden. Diese Tilgung kann obligatorisch oder fakultativ sein.

Obligatorisch wird z.B. im Französischen ein Nasalkonsonant nach Nasalvokal getilgt; so wird in *un*, nach Nasalvokal, das [n] nicht realisiert, das in der femininen Form, *une* (nach nicht–nasalem Vokal), erhalten ist und daher in der dem Wort zugrundeliegenden Form angenommen werden muß.

Typisch fürs Deutsche sind fakultative Segment–Tilgungen. So wird die Infinitivendung *-en* gewöhnlich gekürzt. Im Alemannischen fällt das auslautende [n] weg (vgl. *raffe, schaffe* usw.), im übrigen deutschen Sprachgebiet dagegen der – gewöhnlich als "Schwa" bezeichnete – Vokal [ə]. Diese Schwa–Tilgung vor /n/ ist ein Sonderfall der Schwa–Tilgung vor Nasalen, ja vor Sonoranten allgemein, wobei die vorangehende Umgebung weitgehend irrelevant ist, wie (3.02) zeigt. In dieser Aufstellung sind die Formen der linken Spalte typisch für die Bühnensprache (einschließlich Sprache des Rundfunks und Fernsehens) – obwohl sie auch dort bei weitem nicht immer realisiert werden, wie neuere Untersuchungen zeigen –, die Formen der rechten Spalte typisch für die Umgangssprache (außer in Südwestdeutschland, s.oben) sowie schnelleres Sprechen (Allegroformen):

(3.02)

	Bühnensprache			Umgangssprache	
a.	*gehen*	[ge:ən]	a'.	*gehn*	[ge:n]
b.	*hauen*	[hawən]	b'.	*haun*	[hawn]
c.	*holen*	[ho:lən]	c'.	*holn*	[ho:ln]
d.	*fahren*	[fɑ:rən]	d'.	*fahrn*	[fɑ:rn]
e.	*rennen*	[rɛnən]	e'.	*renn'n*	[rɛnn̩]/[rɛn:]
f.	*laufen*	[lawfən]	f'.	*lauf'n*	[lawfɱ̩]
g.	*leben*	[le:bən]	g'.	*leb'm*	[le:bɱ̩]
h.	*reden*	[re:dən]	h'.	*red'n*	[re:dn̩]
i.	*Haken*	[hɑ:kən]	i'.	*Hak'n*	[hɑ:kŋ̩]
j.	*Atem*	[ɑ:təm]	j'.	*At'm*	[ɑ:tm̩]
k.	*Hammel*	[haməl]	k'.	*Hamm'l*	[haml̩]

Die orthographischen Formen in der rechten Spalte – die oft in der Literatur zur Kennzeichnung von Umgangssprache benutzt werden – geben natürlich die Aussprache nur sehr mangelhaft wieder; erst die transkribierten Formen der rechten Spalte zeigen, was alles passiert. Der Schwa–Ausfall zieht nämlich meist noch andere phonologische bzw. phonetische Veränderungen nach sich. Nach Vokal (vgl. a.), Glide (b.), Lateral (c.) und Vibrant (d.) wird bei Schwa–Ausfall das Wort einsilbig. Allerdings sind bei Schwa–Ausfall auch die zweisilbigen Realisierungen [ge:n̩], [hawn̩], [ho:ln̩] und [fɑ:rn̩] möglich, wobei das normalerweise unsilbische /n/ silbisch realisiert wird. In e. treffen nach dem Schwa–Ausfall zwei Nasale aufeinander (Gleiches gilt für *komm'n* und *sing'n).* Hier wird entweder der letzte Nasal silbisch oder er verschmilzt mit dem vorangehenden (in diesem Fall zu [n:], im Fall eines vorausgehenden [m] entsteht – durch Assimilation – [m:], bei vorausgehendem [ŋ] – ebenfalls durch Assimilation – [ŋ:]).

Besonders viele Veränderungen zieht der Schwa-Ausfall nach Obstruenten nach sich. Nach Frikativ (vgl. f.) wird auf jeden Fall der auslautende Nasal silbisch; dazu kann noch eine Assimilation an den nun unmittelbar vorangehenden Frikativ kommen (in diesem Fall würde das /n/ zu labiodentalem [ɱ] werden, also [lawfɱ̩]). Besonders typisch ist die Assimilation des auslautenden /n/ zu [m] oder [ŋ] nach Verschlußlaut (vgl. g. und i.); während in *reden* das [n] nach Schwa-Ausfall unmittelbar nach dem homorganen Verschlußlaut /d/ steht, folgt es in *leben* und *Haken* einem Labial bzw. Velar und wird dann fast immer an diesen assimiliert. In allen drei Fällen wird natürlich gleichzeitig der auslautende Nasal silbisch. Zusätzlich kann nach stimmhaftem Verschlußlaut auch noch der Verschlußlaut ausfallen, so daß die in lässiger Umgangssprache zu hörenden Formen [le:m] *leben,* [hɑ:m] *haben,* [re:ŋ] *Regen* usw. entstehen. Gelegentlich hört man einsilbige Aussprache (mit Ausfall des stimmhaften Verschlußlauts) auch in Fällen wie [re:n] (aus *reden)*, doch ist der Ausfall von /d/ wohl bedeutend seltener als der von /b/ und /g/ – wahrscheinlich, weil diese ihre Spur durch Assimilierung des folgenden /n/ hinterlassen.

Schwa–Ausfall kommt umgangssprachlich (regional beschränkt) auch im absoluten Auslaut vor (vgl. Aufgabe A.3–1 in 3.5).

Auch Konsonanten können im Deutschen elidiert werden. So wird auslautendes /t/ in der Aussprache vieler nord– und mitteldeutscher Sprecher in häufigen Wörtern wie *nicht, vielleicht* und *sonst* getilgt.

3.2.2 Hinzufügung von Segmenten (Epenthese)

Die Hinzufügung von Segmenten scheint in der Phonologie des Deutschen eine geringere Rolle zu spielen als die Segment–Tilgung, wenn man von der abstrakt–generativen Darstellung in WURZEL (1970) absieht, wo angenommen wird, daß native Morpheme in der zugrundeliegenden Struktur einsilbig sind (also z.B. /re:gn/ und /fo:gl/) und Zweisilbigkeit in diesen Fällen erst durch e–Epenthese (Einfügung eines /e/) entsteht. Dieses /e/ macht dann verschiedene Veränderungen durch; es wird zum Schwa oder – vor Konsonanten mit dem Merkmal [+hoch] – zu [ɪ] (vgl. *–isch)* oder es wird getilgt (z.B. in den in 3.2.1 behandelten Fällen, wo es zwischen einem Segment und auslautendem Nasal steht). Zum Auftreten von Sproßvokalen – das sind epenthetische Vokale zwischen zwei Konsonanten – vgl. 3.4.2.

Epenthese von Konsonanten ist seltener. In der historischen Entwicklung des Deutschen findet sich Hinzufügung eines /t/ an Nasale (vgl. Formen wie *wesentlich, hoffentlich, wöchentlich,* wo /t/ zwischen Auslaut–*n* und Suffix *–lich* insertiert wird), aber auch als umgangssprachliche Tendenz im heutigen Deutsch, wo vor allem das Wort *eben* mit auslautendem /t/ (geschrieben als –d) versehen wird. Doch handelt es sich hier um Einzelerscheinungen; so ist *neben,* obwohl Reimwort auf *eben,* kaum als [ne:bn̩t] zu hören. Gleiches gilt für *Ofen, offen, oben* und die Infinitivendung –en.

Gelegentlich wird ein stimmloser Verschlußlaut nach homorganem Nasal vor /s/ oder /t/ eingefügt. Die Formen in der linken Spalte von (3.03) hört man – neben der Standard–Aussprache a'–c' – oft in der umgangssprachlichen Aussprache a"–c".

(3.03)				
	a	*kommt, kommst*	a' [kɔmt] [kɔmst]	a" [kɔmpt] [kɔmpst]
	b	*rennst*	b' [rɛnst]	b" [rɛntst]
	c	*singt, singst*	c' [zɪŋt] [zɪŋst]	c" [zɪŋkt] [zɪŋkst]

Dabei wird die Verwechslung von *singt* und *sinkt, Gans* und *ganz* in Kauf genommen (und manchmal in Witzen ausgenutzt!). Natürlich ist bei *rennt* ein solcher Einschub nicht möglich, da Doppelkonsonanten im Deutschen im allgemeinen nicht realisiert werden.

3.2.3 Veränderung von Segmenten

3.2.3.1 Assimilation

Weitaus die meisten phonologischen Prozesse des Deutschen betreffen Veränderungen von Segmenten in ihren Merkmalen. Dabei handelt es sich meist um Assimilation, d.h. Angleichung (wörtlich "Anähnlichung") eines Segments an andere Segmente in der Sequenz. Assimilationen dienen im allgemeinen der Sprecherleichterung: Laute werden in einem Merkmal (oder in mehreren Merkmalen) an die sie umgebenden Laute angeglichen:

> "Assimilation rules in languages reflect what phoneticians often call coarticulation – the spreading of phonetic features either in anticipation of sounds or the perseveration of articulatory processes. This tendency to "sloppiness" may become regularized as rules of the language.
>
> (FROMKIN/RODMAN 1988[4]:99)

Gewöhnlich wird ein Laut an einen (vorangehenden oder folgenden) Nachbarlaut angeglichen; man spricht dann von Kontaktassimilation. Doch gibt es im Deutschen auch Beispiele von Fernassimilation, d.h. Angleichung an einen nicht–benachbarten Laut. Historisch gesehen ist z.B. der Umlaut die Angleichung eines Zentral– oder Hintervokals an ein / i / oder / j / der Folgesilbe. Bereits in spätalthochdeutscher Zeit wurde auf diese Weise *gasti* zu /gɛsti / (später wurde auslautendes / i / zu Schwa, und durch Schreibung des Stammvokals als *ä* entstand *Gäste).* Im Laufe der mittelhochdeutschen Periode wurden dann die restlichen Vokale umgelautet – außer den hohen und mittleren Vordervokalen; da es sich beim Umlaut um eine partielle Assimilation handelt, konnten / i / und /e/, /ɪ/ und /ɛ/ nicht weiter verändert werden. Andernfalls wäre eine ungeheure Menge von *i*–Vokalen entstanden, was zwar im Prinzip möglich ist, aber im allgemeinen nicht realisiert wird, da sprachliche Veränderungen die Erhaltung oder Erreichung eines gewissen Gleichgewichts implizieren (vgl. VENNEMANN 1986:33, der am Beispiel der Silbenstruktur klarmacht, daß es immer die "schlechtesten" Strukturen sind, die zur Veränderung drängen, wobei dann Verschlechterungen in einem anderen Bereich entstehen können, die wiederum zur Änderung drängen).[32]

[32] Eine ausführliche Beschreibung des Umlauts im Deutschen bietet WURZEL (1970).

Natürlich gibt es auch vollständige Assimilation, wo ein Laut einem andern Laut nicht nur ähnlich, sondern gleichgemacht wird. Im Deutschen ist dieser Fall selten, jedoch in Fällen wie [ajmmal] (bzw. [ajm:al] mit gelängtem Nasal) für *einmal* belegt.

Nach der Richtung der Assimilation unterscheidet man progressive und regressive Assimilation. Bei der progressiven Assimilation wird ein Segment einem vorangehenden, bei der regressiven Assimilation einem folgenden Segment angeglichen. Beide Fälle kommen im Deutschen vor, wobei besonders Nasalkonsonanten betroffen sind. Da die regressive Nasalassimilation ausführlich in 4.1.3.1 besprochen wird, soll hier vor allem auf die progressive Nasalassimilation eingegangen werden.

Wie einige der Beispiele in (3.02) zeigen, wird ein auslautendes /n/ an einen unmittelbar vorangehenden Obstruenten angeglichen – wobei solche Konsonantenfolgen im Deutschen durch Schwa–Ausfall entstehen. In (3.04) werden weitere Beispiele angeführt:

(3.04)	**Orthogaphie**	**Bühnensprache**	**Umgangssprache**
a.	*leben*	[le:bən]	[le:bm̩]
b.	*hupen*	[hu:pən]	[hu:pm̩]
c.	*reden*	[re:dən]	[re:dn̩]
d.	*bieten*	[bi:tən]	[bi:tn̩]
e.	*Regen*	[re:gən]	[re:gŋ̍]
f.	*Hacken*	[hakən]	[hakŋ̍]
g.	*Möwen*	[mø:vən]	[mø:vɱ̩]
h.	*liefen*	[li:fən]	[li:fɱ̩]

Die Gegenüberstellung zeigt deutlich, daß /n/ an den unmittelbar vorangehenden Obstruenten in seinem Artikulationsstellen–Merkmal angeglichen wird: Es wird labial nach labialem Obstruent (vgl. a/b), velar nach velarem Konsonant (vgl. e/f) und labiodental nach labiodentalem Obstruent (vgl. g/h). Natürlich ändert sich nichts nach dentalem Obstruenten.

Diese Assimilation findet übrigens nicht nur im unmittelbaren Auslaut statt, wie die folgenden Beispiele zeigen: *Lebens* [le:bm̩s] (vgl. auch *lebensmüde,* wo im allgemeinen deutlich /m/ zwischen /b/ und /s/ ausgesprochen wird), *Regens* [re:gŋ̍s]. Allerdings "siegt" in solchen Fällen häufig der folgende Dental über den vorangehenden Labial oder Velar. Ganz besonders scheint ein Folge–/t/ über ein Vorgänger–/k/ zu dominieren: *hockend* läßt sich offenbar leichter [hɔkn̩t] als [hɔkŋ̍t] aussprechen!

Daneben kommen im Deutschen auch Assimilationen vor, die über Morphemgrenzen hinaus wirken und die nicht nur Nasalkonsonanten betreffen.[33] Hierher gehören Fälle wie [aŋgəne:m] *angenehm,* [ʊɱfal] *Unfall* (das dann wie *Umfall* ausgesprochen wird), [ajmmal] *einmal* und [ajššraŋk] *Eisschrank.* In all diesen Fällen wird das Artikulationsstellenmerkmal des Morphemanlauts übertragen auf den vorangehenden Morphemauslaut. In den beiden letzten Fällen handelt es sich dabei um vollständige Assimilation, da jeweils zwei Konsonanten mit gleicher Artikulationsart (Nasal im einen Fall, Frikativ im andern) nun auch im Artikulationsort gleich werden.

Assimilationen betreffen nicht nur die Artikulationsstelle, sondern auch die Artikulationsart und das Stimmhaftigkeitsmerkmal. Assimilationen in der Artikulationsart – wie sie z.B. im Lateinischen vorkommen – finden sich im heutigen Deutsch kaum.

Umso typischer sind fürs Deutsche Stimmhaftigkeitsassimilationen. Hier gibt es zwei Möglichkeiten: Ein stimmhafter Laut kann in stimmloser Umgebung stimmlos werden, und ein stimmloser Laut kann in stimmhafter Umgebung stimmhaft werden. Das Stimmloswerden ist dabei im Deutschen weit häufiger anzutreffen als der zweite Fall (vgl. 4.1.2.2): Stimmhafte Obstruenten werden stimmlos vor stimmlosen Obstruenten und im Auslaut. Man spricht hier von der sogenannten *Auslautverhärtung.* Diese Entstimmlichung ist ein rekursiver Prozeß, wie man gut am Wort *Magd* demonstrieren kann. Wie die heutige Schreibung noch zeigt, wurde das Wort ursprünglich mit stimmhaften Verschlußlauten gesprochen (ahd. magad). Im Mhd. wurde das auslautende /d/ durch die "Auslautverhärtung" (die beim Übergang vom Ahd. zum Mhd. einsetzte) zu /t/. Dann wurde das /a/ der zweiten Silbe zu Schwa (mhd. *maget)* und schwand später, wobei dann das /g/ durch das nachfolgende /t/ ebenfalls entstimmlicht wurde. Im übrigen spiegelt die mhd. Orthographie die phonetischen Verhältnisse genauer wider als die heutige: Auslautverhärtung wurde orthographisch angezeigt.

Daß die Auslautverhärtung eine produktive Regularität ist, zeigt die Aussprache englischer Wörter wie *Gag* (das von den meisten Deutschen genauso wie *Geck* ausgesprochen wird, wobei auch der Vokal eingedeutscht wird). Auch bei deutschen Wörtern ist die Entstimmlichung produktiv. Sobald ein

---

[33] Offenbar besteht ein Unterschied zwischen schwachen und starken Morphemgrenzen. Zu ersteren zählen Grenzen vor Flexions- und einigen Derivationsmorphemen, zu letzteren Grenzen zwischen Wurzelmorphemen oder zwischen Wurzel- und Ableitungsmorphemen. In der auf SPE aufbauenden generativen Phonologie macht man einen Unterschied zwischen diesen beiden Grenz-Typen. Im ersten Fall markiert man mit "+", im zweiten (hier relevanten) Fall - der sogenannten "einfachen Wortgrenze" - mit "#".

Schwa ausfällt (z.B. in Formen wie *bliebest* oder *Waldes)* bewirken stimmlose Obstruenten Entstimmlichung des vorangehenden Obstruenten: [bli:pst], [valts]. Dieser Vorgang ist rekursiv, d.h. wird so lange fortgesetzt, wie nach links Obstruenten vorhanden sind. Sonoranten können nicht entstimmlicht werden, da sie nur stimmhaft vorkommen.

3.2.3.2 Dissimilation

Die Dissimilation ist das Gegenteil der Assimilation: die Veränderung eines Lauts, die ihn den umgebenden Lauten in einem Merkmal unähnlich macht. Wie die Assimilation ist sie phonetisch begründet:

> "Whereas the phenomena of assimilation result from the anticipation of some portion of movement required for a subsequent sound in the complex, or from the continuation of some feature of one sound into the articulation of a subsequent one, dissimilation is due to the avoidance of the difficulty of execution of two identical or closely similar movements within a very brief period of time." (HEFFNER 1950:198f.)

Jede Muskelbewegung hat eine Minimalperiode, innerhalb derer sie nicht erfolgreich wiederholt werden kann. Wenn neue Nervenimpulse eine Wiederholung der Bewegung vor dieser Minimalzeit initiieren, blockiert das betreffende Organ. Eine solche Blockade kann verhindert werden durch kleine Veränderungen im Bewegungsablauf. Ein Beispiel für eine solche Dissimilation ist das Grassmannsche Gesetz der Hauchdissimilation im Indischen und Griechischen: Wenn zwei Silben mit aspiriertem Verschlußlaut beginnen, wird der erste davon entaspiriert: altind. **dhadhadami* wird zu *dadhami*, griech. τιθημι [tit^{h}emi] ist der Reflex eines früheren *θιθημι [t^{h}it^{h}emi].

Eine Reihe von Wörtern im heutigen Deutsch ist das Ergebnis von Dissimilationsprozessen. So zeigt der Vergleich von dt. *Himmel* mit engl. *heaven,* daß beide Dissimilationsvorgängen unterworfen waren – beiden liegt germ. *himin* zugrunde: Im Deutschen wurde /n/ nach /m/ – also nach einem anderen Nasal – zum Lateral /l/; im Englischen wurde der erste Nasal zum Frikativ. In beiden Fällen wurde die Artikulationsstelle beibehalten (geändert hat sich die Artikulationsart).

Im heutigen Standarddeutschen spielt Dissimilation nur eine untergeordnete Rolle. Sie kommt nicht als Regularität vor, sondern nur in gelegentlichen Versprechern. Fürs Bayrische jedoch – genauer für den Münchener Stadtdialekt – hat KUFNER (1962) Dissimilation belegt und zwar in der Lautdauer: Vor kurzen (stimmhaften) Obstruenten ist der Vokal lang, vor langen (stimmlosen) Obstruenten kurz:

(3.05)	a.	[ve:gə]	*wegen*	[vek:n]	*wecken*
	b.	[š ɔ:d]	*schade*	[šɔt:]	*schadet*

3.2.3.3 Prosodische Veränderungen

Prosodische (suprasegmentale) Veränderungen betreffen nicht so sehr Segmente als vielmehr die Strukturierung phonologischer Ketten: die Silben– und Akzentstruktur, die relative Länge von Vokalen und Konsonanten, die Intonation. Die sehr komplexen Prozesse, die im Deutschen z.B. das Silbischwerden von Konsonanten (vgl. die umgangssprachlichen Formen in (3.02) und (3.04)), die Längung von Vokalen (und – unter besonderen Bedingungen – von Konsonanten), Akzentschwächungen und –verstärkungen usw. betreffen, können an dieser Stelle noch nicht behandelt werden. Es sei hier auf die einschlägigen Stellen in Kap.4 verwiesen sowie auf die Einführung in die prosodische Phonologie (s. Vorwort).

3.2.4 Umstellung von Segmenten (Metathese)

Metathese spielt im heutigen Deutsch nur eine geringe Rolle. Sie kommt in Versprechern vor; vgl. Formen wie *Wepse* statt *Wespe* oder *Matzplätze* [matsplɛtsə] statt *Mastplätze* (WDR III, "Sendung für die Landwirtschaft", 27.9., 6.50). Ein anschauliches Beispiel aus dem Englischen führt WIESE (1983:61) an:

(3.06) That's what Tomsky was chalking about.

Daß Metathese (und zwar innerhalb des Worts) in den germanischen Sprachen (einschließlich Deutsch) eine größere Rolle spielte, sieht man an Fällen wie engl. *horse* vs. dt. *Roß* (aus *hros)* und an den im heutigen Dt. nebeneinander existierenden Formen *Born* und *Bronnen (Brunnen).*

3.3 Phonologische Repräsentation

Wie in 2.4 bereits vermerkt, wird in der Standardtheorie der TG und den darauf aufbauenden Weiterentwicklungen dieser Theorie von einem engen Verhältnis zwischen Phonologie und Phonetik ausgegangen. In SPE wird eine abstrakte phonologische Repräsentation ("phonological representation") angenommen, aus der durch das Wirken phonologischer Regeln eine oberflächennähere (aber auch noch relativ abstrakte) phonetische Repräsentation ("phonetic representation") entsteht. Nicht voraussagbare lautliche Eigenschaften sind Bestandteil der (zugrundeliegenden) phonologischen Repräsentation; voraussagbare Eigenschaften werden durch Regeln abgeleitet und bestimmen so die phonetische Repräsentation.

Um das an einem Beispiel aus dem Deutschen klarzumachen (das sich interessanterweise auch in der für ein englischsprachiges Publikum geschriebenen Einführung HYMAN 1975 findet): Der Frikativ, der in der Orthographie durch *ch* wiedergegeben wird, hat zwei deutlich unterscheidbare Varianten: [ç] in *ich, echt, euch, Milch* usw., und [x] in *Buch, doch, Bach* usw. Alle Deutschen sind sich dieser Verteilung bewußt und machen keine Fehler (wobei berücksichtigt werden muß, daß im Süden des deutschen Sprachgebiets die Verteilung insofern anders ist, als nach Konsonanten der sogenannte "Ach"–Laut, nicht der "Ich"–Laut gesprochen wird). Die Verteilung der beiden Allophone ist daher voraussagbar und kann durch eine Regel abgeleitet werden. Die Frage, ob nun Ich–Laut oder Ach–Laut oder noch ein anderes (abstraktes) Segment als zugrundeliegend angenommen werden soll, wird in 4.1.2.4 diskutiert und entschieden.

Nun ist es jedoch nicht immer so, daß wir in der zugrundeliegenden Repräsentation Phoneme und in der daraus abgeleiteten phonetischen Repräsentation Allophone haben. Mit anderen Worten: Phonologische Regeln schaffen nicht nur allophonische Variation, sondern können sehr wohl auch aus einem Phonem ein anderes ableiten (bzw. aus einer Gruppe von Phonemen eine Gruppe anderer Phoneme), wofür die in 3.2.3.1 beschriebenen Assimilationsvorgänge reichlich Beispiele liefern. Nehmen wir als Beispiel die Auslautverhärtung: Da eine Wortform wie *Lied* mit auslautenden /t/ alterniert mit Formen wie *Liedes* und *Lieder,* die /d/ an gleicher Stelle haben, und da das Vorkommen von /t/ in diesem Paradigma voraussagbar ist – im Auslaut und vor Obstruent (vgl. *Lieds)* –, läßt sich für das Morphem *Lied* als zugrundeliegende phonologische Repräsentation /li:d/ annehmen, woraus durch die Entstimmlichungs–Regel [li:t] wird. Aus den Beispielen wird ersichtlich, daß man phonologische Repräsentation üblicherweise durch "/ /", phonetische durch "[ ]" anzeigt; vgl. dazu HYMAN (1975:8).

Gleichzeitig wird klar, was bereits in 2.4 angedeutet wurde: Der GTG–Phonologe spricht ungern von "Phonemen" als Einheiten der phonologischen Repräsentation, eben weil die Regeln sowohl allophonische als auch phonemische Veränderungen bewirken, sondern eher von "zugrundeliegenden Segmenten", aus denen dann nach Durchlaufen der Regeln Segmente der phonetischen Repräsentation werden. Der – auf oberflächenstrukturellen Kriterien wie Distribution und Opposition aufbauende – Phonem–Begriff des Strukturalismus hat demzufolge keinen Platz mehr in der generativen Phonologie.

In neuerer Zeit ist der Gedanke der zugrundeliegenden phonologischen Repräsentation wegen ihrer Abstraktheit und der damit verbundenen Möglichkeit des Spekulierens und Manipulierens kritisiert worden, z.B. von VENNE-

MANN (1986), der sogar (S.5) äußert: "In der Phonologie machte die neue argumentative Grammatik im *Sound Pattern of English* ihre überzeugendste Bruchlandung". Er belegt das an der Behandlung der Vokalvariation im Englischen (vgl. *divine* vs. *divinity).* Trotz dieser – großenteils berechtigten – Kritik meinen wir, daß sich das Prinzip, voraussagbare Lauteigenschaften durch Regeln aus vorgegebenen zugrundeliegenden Lauteinheiten abzuleiten, rechtfertigen läßt, wie in Kap.4 noch im einzelnen zu zeigen ist.

3.4 Phonologische Regeln

3.4.1 Eigenschaften phonologischer Regeln

Der Begriff der Regel ist in der neueren Linguistik, speziell der GTG, ein zentraler Begriff, wie aus folgendem Zitat von CHOMSKY (1980:48) hervorgeht:

> "To know a language ... is to be in a certain mental state ... What kind of mental state? I assume further that to be in such a mental state is to have a certain mental structure consisting of a system of rules and principles that generate and relate mental representations of various types."

Regel ist hier als eine dem menschlichen Geist innewohnende Regularität aufgefaßt, nicht als normative Regel wie in der traditionellen Grammatik oder als empirische Regelmäßigkeit, die sich aus der Beobachtung von Sprachdaten ergibt, wie in der strukturellen Grammatik (vgl. BUSSMANN 1990²:635f.).

CHOMSKY (1980:4) sieht Linguistik als Teilbereich der Psychologie an, als den Bereich, der mit Sprachfähigkeit ("language faculty") als einer geistigen Fähigkeit befaßt ist. Sprache ist demnach eine mentale Struktur und besteht aus einem System von Regeln bzw. Prinzipien (in der neuesten theoretischen Entwicklung werden Regeln immer mehr durch Prinzipien ersetzt). Diese Regeln verbinden verschiedene Repräsentationen, Sprachebenen.

Phonologische Regeln sind demzufolge solche, die die Ebene der phonologischen mit der Ebene der phonetischen Repräsentation verbinden (vgl. 3.3). Sie betreffen voraussagbare Eigenschaften von Lautketten. Die Eigenschaften zugrundeliegender phonologischer Sequenzen sind nicht voraussagbar. Daß das Konzept "Wand" im Deutschen mit der Sequenz /vand/ assoziiert ist, muß gelernt werden, genauso wie der Tatbestand, daß das gleiche Konzept im Französischen mit der Sequenz /myr/ (*mur*) assoziiert ist. Daß diese zugrundeliegende Sequenz aber im Deutschen als [vant] realisiert wird, ist kein Lernfaktum, das speziell im Zusammenhang mit der phonischen Gestalt des Wortes *Wand* gelernt werden müßte, sondern ergibt sich aus der im Deutschen wirksamen Regel, die auslautende Obstruenten entstimmlicht (vgl. 3.2.3.1 und 4.1.2.2). Auch daß dieser auslautende Obstruent aspiriert (behaucht) werden kann, muß nicht speziell für dies Wort gelernt werden, sondern ist aus einer allgemeinen Aspirationsregel ableitbar (vgl. 4.1.2.3).

Um zu verhindern, daß willkürliche, unnatürliche Regeln postuliert werden – etwa daß [š] im Deutschen aus der Sequenz /sk/ abgeleitet wird (vgl. WURZEL 1970), was sich nicht aufrechterhalten ließ – werden bestimmte Eigenschaften für phonologische Regeln erfordert, bzw. Bedingungen, denen sie genügen müssen. Das sind vor allem: Adäquatheit, Allgemeinheit, Einfachheit, Transparenz und Natürlichkeit (vgl. HYMAN 1975 und LINELL 1979).

Adäquatheit ist natürlich oberstes Gebot für jede linguistische Beschreibung. Trotzdem ist sie nicht selbstverständlich. Es hat Zeiten gegeben, wo man sprachliche Phänomene nicht so beschrieb, wie sie tatsächlich waren, sondern wie sie nach Meinung des Sprachwissenschaftlers sein sollten, wobei ästhetische und historische Gesichtspunkte eine Rolle spielten. In der GTG wird Adäquatheit unterteilt in drei Stufen:

> "Das Kriterium der Beobachtungsadäquatheit erfüllen solche Grammatiken, die die primären sprachlichen Daten korrekt und vollständig erfassen; legt eine Grammatik darüber hinaus Rechenschaft ab über die Intuition bzw. Kompetenz des Sprachteilnehmers hinsichtlich der Regularitäten seiner Sprache, so erfüllt sie den Anspruch der Beschreibungsadäquatheit. Die umfassendste Forderung der Erklärungsadäquatheit ist dann erfüllt, wenn die grammatische Beschreibung im Einklang mit einer Sprachtheorie vorgenommen wird, die die linguistischen Universalien ... spezifiziert und zugleich eine Theorie des Spracherwerbs begründet."
>
> (BUSSMANN 1990^2:47)

Allgemeinheit ("generality") wird von LINELL (1979:182) mit "freedom from exceptions" gleichgesetzt. Dabei muß vermerkt werden, daß es sich immer nur um relative Allgemeinheit handeln kann, denn in jeder Sprache – und auf jeder Sprachebene – finden sich Ausnahmen, die die Allgemeingültigkeit einer Regel einschränken. Allgemeinheit betrifft aber nicht nur Regeln, sondern – wie HYMAN (1975:100) zeigt – auch bereits das Inventar von Einheiten, z.B. Phonemen.

(3.07)	a.	p	t	k	b.	p	t	k
		b	d	g		b	d	g
		m	n			m	n	η

Zwar enthält System a. ein Phonem weniger und scheint daher einfacher zu sein als System b., aber es ist weniger generell, denn das Fehlen eines velaren Nasals muß durch eine besondere Restriktion erklärt werden. Nun müssen allerdings Phoneminventare und phonologische Regeln im Zusammenhang gesehen werden. Es kann sein, daß ein zugrundeliegendes System ohne velaren Nasal vorzuziehen ist, weil sein Auftreten aufgrund einer Regel vorausgesagt werden kann. Gerade das scheint im Deutschen der Fall zu sein (vgl. 4.1.3.1).

Einfachheit ist ein in neueren phonologischen Abhandlungen viel diskutiertes und auf recht verschiedene Weise definiertes Kriterium. Man ist sich heute weitgehend darin einig, daß Einfachheit nicht rein quantitativ zu bestimmen ist. HYMAN schreibt (1975:100) zum Problem des "assessment of phonological economy/simplicity":

> "... an economy in one part of the phonology may create complexity in another part of the phonology. This means that in order to arrive at some judgment as to the simplicity of an analysis, it is necessary to take into consideration the whole analysis, and not just the inventory of phonemic segments, for instance."

Diese Überlegung rückt natürlich Einfachheit in allernächste Nähe zu Allgemeinheit, und es verwundert nicht, wenn CHOMSKY (1955) (zitiert nach HYMAN 1975:101) feststellt: "simplicity correlates with 'maximal degree of generalization'". Aber auch mit Erklärungsadäquatheit hat Einfachheit zu tun, wie in der generativ–phonologischen Literatur vielerorts betont wird. Denn von konkurrierenden theoretischen Beschreibungen einer Sprache soll der Linguist diejenige als erklärungsadäquateste wählen, die am einfachsten ist. Da gleichzeitig angenommen wird (vgl. HYMAN 1975:102), daß die einfachsten Regelsysteme auch die sind, die Kinder am leichtesten lernen, spielt auch das psychologische Kriterium der Lernbarkeit hier mit hinein. Es ist unmöglich, an dieser Stelle die ganze Diskussion zur "Einfachheit" aufzurollen; doch soll an geeigneter Stelle – im Zusammenhang mit der Postulierung bestimmter phonologischer Regeln – das Einfachheitskriterium berücksichtigt werden.

Transparenz betrifft die Einsichtigkeit einer Regel für den Sprachbenutzer, d.h. die Leichtigkeit, mit der er eine Regularität bereits von der Oberflächenform der Daten ablesen kann (vgl. LINELL 1979:183). So ist der Zusammenhang zwischen Formen wie [le:b] und [le:pt] und die dabei erkennbare Variation im Stimmhaftigkeitsmerkmal des Obstruenten einem Sprecher des Deutschen viel leichter zugänglich als der Zusammenhang zwischen Formen wie *denke* und *dachte*.

Natürlichkeit ist ein in der neueren Phonologie besonders wichtiges, dabei nicht unumstrittenes Kriterium. Eine Zeitlang gab es eine mit Leidenschaft geführte Diskussion zwischen Vertretern des Abstraktheitsprinzips und Vertretern des Natürlichkeitsprinzips. HYMAN (1975) widmet dem Prinzip der "phonological naturalness" ein ganzes Kapitel. Natürlich ist für HYMAN (1975:97f.) eine Regularität, die plausibel ist und sich in möglichst vielen Sprachen beobachten läßt. Natürlich sind z.B. die – in sehr vielen Sprachen anzutreffenden – Assimilationsregeln, die auf Sprecherleichterung ("ease of articulation") beruhen.

3.4.2 Notation phonologischer Regeln

Die allgemeine Form einer phonologischen – wie auch einer syntaktischen – Regel läßt sich folgendermaßen notieren:

(3.08) $A \rightarrow B / X \_\_ Y$

Der linke Teil der Regel (vor "/") gibt die eigentliche Veränderung an: Segment A wird zu Segment B; der rechte Teil gibt die relevante Umgebung an: nach X, vor Y ("__" gibt die Stelle des sich ändernden Segments an. Sowohl die vordere Umgebung (X) als auch die hintere (Y) als auch alle beiden können Ø sein; im letzteren Fall ist die Regel kontextfrei, d.h. gilt unabhängig von jeder phonologischen Umgebung.

Notierung (3.09) ist der Notierung (3.08) äquivalent; sie besagt genau das gleiche, jedoch in etwas umständlicherer Form: Die Umgebung erscheint zweimal, bei der Eingabe und bei der Ausgabe.

(3.09) $XAY \rightarrow XBY$

Andererseits spart man hier den Umgebungsstrich ("/") und den Positionsstrich ("__"). Üblicher ist jedoch die Notierung (3.08), nicht nur, weil sie mit weniger Segmenten auskommt, sondern weil sie einen größeren Allgemeinheitsgrad hat: Es gibt immer eine Änderung mindestens eines Segments und eine dafür relevante Umgebung (wenn diese in seltenen Fällen auch Ø sein kann). Man erkennt bei (3.08) auf einen Blick Ein- und Ausgabe und Umgebung.

Gewöhnlich werden Ein- und Ausgabe sowie die Umgebung als Merkmalbündel notiert, d.h. als Komplexe von mindestens einem Merkmal (vgl. HYMAN 1975:115):

(3.10) $[+F] \rightarrow [+G] / [+H] \_\_ [+I]$

Diese Notierung besagt: Ein Segment mit dem Merkmal [+F] bekommt die Spezifizierung [+G] nach einem Segment mit [+H], vor einem mit [+I]. Merkmal-Notierung ist insofern anders zu interpretieren als obige Segment-Notierung, als das Eingabeelement nicht verschwindet bzw. vollständig ersetzt wird: Ein Segment mit dem Merkmal [+F] erhält zusätzlich das Merkmal [+G]. Merkmale, die sich nicht ändern, bleiben erhalten. Die Ausgabe von (3.10) enthält daher immer noch [+F]. Gleichzeitig wird impliziert, daß es Fälle gibt, die das Merkmal [–G] haben, bevor sie Regel (3.10) durchlaufen; d.h. (3.10) ist eine Abkürzung für (3.11):

$$(3.11)\quad \begin{bmatrix} +F \\ -G \end{bmatrix} \rightarrow \begin{bmatrix} +F \\ +G \end{bmatrix} \;/\; [+H]\_\_[+I]$$

Ein Anwendungsbeispiel dafür bietet die sog. "Auslautverhärtung" im Deutschen, wo stimmhafte Obstruenten im Auslaut und vor stimmlosem Obstruent stimmlos werden (vgl. die Beschreibung in 3.2.3.1 und die endgültige Regelformulierung in 4.1.2.2):

$$(3.12)\quad \begin{bmatrix} +\text{kons} \\ -\text{son} \\ +\text{sth} \end{bmatrix} \rightarrow [-\text{sth}] \;/\; \_\_ \left\{ \begin{matrix} \# \\ \begin{bmatrix} +\text{kons} \\ -\text{son} \\ -\text{sth} \end{bmatrix} \end{matrix} \right\}$$

Wie oben geschildert, werden in der Ausgabe nur die veränderten Merkmale angegeben. Die von der Regel (3.12) betroffenen Segmente haben demnach weiterhin die Merkmale [+kons, –son], d.h. bleiben Obstruenten. Die vorangehende Umgebung ist irrelevant, braucht hier also nicht angegeben zu werden.

Nach dem oben zu Regel (3.10) Erläuterten läßt sich die Regel (3.12) jedoch noch vereinfachen. Wenn man das Merkmal [+sth] in der Eingabe wegläßt, funktioniert die Regel weiterhin richtig. Es ist dann davon auszugehen, daß mindestens einige Eingabe–Elemente stimmhaft sind; bei diesen wird das Stimmhaftigkeitsmerkmal geändert, d.h. negativ spezifiziert. Daß es daneben auch Eingabeelemente mit bereits negativer Spezifizierung für Stimmhaftigkeit gibt, stört nicht; sie durchlaufen die Regel leer, d.h. ändern sich nicht.

Da wir schon beim Sparen sind, können wir damit fortfahren: Auch in der Umgebungskennzeichnung kann das Merkmal [–sth] eingespart werden, da in der betreffenden Position nur stimmlose Obstruenten vorkommen können; sie haben ja mindestens bereits einmal die Regel durchlaufen, und zwar wenn sie im Auslaut standen. Beim Wort *Magd* wird zunächst auslautendes /d/ in /t/ verwandelt. Dann steht /g/ vor /t/ und muß zu /k/ werden. Das gleiche gilt für *Smaragd.* Bei *Abt, Obst* und *Probst* muß ohnehin schon zugrundeliegend /t/ im Auslaut angenommen werden, denn es gibt keine Variation mit /d/ wie etwa bei *Bund* vs. *Bünde.* Hier wird /b/ vor bereits zugrundeliegend stimmlosem Obstruent (/t/ bzw. /s/) stimmlos, also zu /p/. Wörter wie *sagbar* und *Gelübde* mit /p/ vor stimmhaftem Obstruenten lassen sich wiederum durch die dazwischenliegende Morphemgrenze (bzw. "einfache Wortgrenze", vgl. Anm. 32) erklären. (3.12) läßt sich also zu (3.12') vereinfachen.

$$(3.12')\quad \begin{bmatrix} +\text{kons} \\ -\text{son} \end{bmatrix} \rightarrow [-\text{sth}] \;/\; \_\_ \left\{ \begin{matrix} \# \\ \begin{bmatrix} +\text{kons} \\ -\text{son} \end{bmatrix} \end{matrix} \right\}$$

Bei den Nasalassimilationen könnte man so verfahren, daß man die einzelnen Assimilationsprozesse durch besondere Regeln erfaßt: /n/ wird zu /m/ nach Labial, /n/ wird zu /η/ nach Velar, /n/ wird zu /ɱ/ nach Labiodental (vgl. (3.04)). Das wäre nicht nur umständlich, sondern würde auch dem Allgemeinheitsprinzip widersprechen (vgl. 3.4.1). Schließlich handelt es sich darum, daß ein /n/ jeweils in der Artikulationsstelle an den vorangehenden Obstruenten angeglichen wird. Man kann das durch eine zusätzliche Konvention erreichen: Mithilfe griechischer Buchstaben werden jeweils Plus– und Minus–Wert eines Merkmals zusammengefaßt. /m/ und /η/ unterscheiden sich z.B. im Merkmal [+hinten] (/m/ hat [–hint], /η/ [+hint]). Die Regel (3.13) faßt beide Werte durch "α" zusammen und ist so zu lesen: /n/ wird zu einem nicht–koronalen Nasal mit dem entsprechenden Wert des Merkmals [±hinten], d.h. zu vorderem Nasal nach Labialen, zu hinterem Nasal nach Velaren. Labiodentale sind dabei noch nicht mit erfaßt.

(3.13) $$\begin{bmatrix} +\text{nas} \\ +\text{kor} \end{bmatrix} \rightarrow \begin{bmatrix} -\text{kor} \\ \alpha\text{hint} \end{bmatrix} \; / \; \begin{bmatrix} -\text{kor} \\ \alpha\text{hint} \end{bmatrix} \; \_\_$$

Das Nasalitätsmerkmal bleibt erhalten. Die Merkmale [+kons] und [+son] brauchen nicht angegeben zu werden, da sie für Nasalkonsonanten redundant sind. Da es im Deutschen – zum mindesten zugrundeliegend, aber i. allg. auch in der Oberflächen–Realisation keine Nasalvokale gibt, müssen Nasalkonsonanten in dieser Regel nicht von ihnen unterschieden werden.

Dissimilationen lassen sich genauso darstellen wie Assimilationen. Der Unterschied besteht lediglich darin, daß bei der Dissimilation ein Segment seiner Umgebung in einem Merkmal unähnlicher wird statt ähnlicher.

Tilgungen lassen sich sehr einfach darstellen, indem das getilgte Element in der Ausgabe mit "∅" markiert wird. (3.14) beschreibt die in 3.2.1 erörterte Schwa–Tilgung im Deutschen (vgl. dazu WURZEL 1970, ISAČENKO 1974 und HÖHLE/VATER 1978), wobei die Umgebung hier sehr vereinfacht dargestellt wird. Es fehlen z.B. Angaben über die prosodischen Verhältnisse; Schwa wird im Standarddeutschen nur nachtonig getilgt, nicht in Vortonsilben wie z.B. in *gehört* und *beliebt* (im Bayrischen allerdings vielfach auch in diesen Fällen).

(3.14) $$\begin{bmatrix} -\text{kons} \\ +\text{son} \\ -\text{hoch} \\ +\text{hint} \\ -\text{gesp} \\ -\text{rund} \end{bmatrix} \rightarrow \emptyset \; / \; [+\text{segment}] \; \_\_ \; \begin{bmatrix} +\text{kons} \\ -\text{son} \end{bmatrix} \; (C_1) \; \#$$

Da die Eingabe eine Klasse darstellt, die nur ein Segment umfaßt, nämlich Schwa, werden viele Merkmale benötigt. In Anlehnung an WURZEL (1981) und KLOEKE (1982) wird Schwa zu den Hintervokalen gerechnet – obwohl es phonetisch eher ein Zentralvokal ist – da es phonologisch von den reinen Hintervokalen durch das Merkmal [–rund] hinreichend unterschieden ist. Die vordere Umgebung besagt, daß mindestens ein Segment (also: Konsonant, Vokal oder Glide) vorkommen muß. Die nachfolgende Umgebung ist so spezifiziert, daß dem Sonoranten ein Konsonant folgen kann (vgl. *bittend, wimmelt),* aber nicht muß (vgl. *bitten, Himmel).* Runde Klammern geben Optionalität an. "C" steht für "Konsonant" – "V" für "Vokal" –; "C_1" zeigt an, daß mindestens ein Konsonant folgt (vgl. *wimmelnd* als Wort, wo dem Sonoranten /l/ noch zwei Konsonanten folgen).

Insertion eines Segments wird formal so dargestellt, daß aus ∅ in der Eingabe ein Merkmalkomplex (d.h. mindestens ein Merkmal) in der Ausgabe entwickelt wird, natürlich wiederum unter bestimmten Bedingungen, die als Umgebungsangabe spezifiziert sind. In (3.15) wird zwischen zwei Obstruenten ein sogenannter "Sproßvokal" eingesetzt.

$$(3.15) \quad \emptyset \rightarrow \begin{bmatrix} -\text{kons} \\ +\text{son} \end{bmatrix} \; / \; \begin{bmatrix} +\text{kons} \\ -\text{son} \end{bmatrix} \_\_ \begin{bmatrix} +\text{kons} \\ -\text{son} \end{bmatrix}$$

Diese Regel erzeugt z.B. aus zugrundeliegendem /kta/ die Sequenz [kata]. Handelt es sich darum, daß der einzusetzende Vokal in gewissen Merkmalen – z.B. im Merkmal [+hint] – dem der Konsonantensequenz folgenden Vokal entsprechen muß, kann man das wieder mit Hilfe der Variablen für "+" und "–", also mit einem griechischen Buchstaben, darstellen:

$$(3.15') \quad \emptyset \rightarrow \begin{bmatrix} -\text{kons} \\ +\text{son} \\ \alpha\text{hint} \end{bmatrix} \; / \; \begin{bmatrix} +\text{kons} \\ -\text{son} \end{bmatrix} \_\_ \begin{bmatrix} +\text{kons} \\ -\text{son} \end{bmatrix} \begin{bmatrix} -\text{kons} \\ +\text{son} \\ \alpha\text{hint} \end{bmatrix}$$

Hier wird – wie in Regel (3.13) – stillschweigend angenommen, daß die Wahl des gleichen griechischen Buchstabens den gleichen Merkmalswert impliziert, hier also beide Male [+hint] oder [–hint]. Man kann das noch deutlicher, wenn auch umständlicher ausdrücken, indem man zwei verschiedene griechische Buchstaben wählt und als zusätzliche Bedingung angibt, daß beide den gleichen Wert haben müssen:

$$(3.15'') \quad \emptyset \rightarrow \begin{bmatrix} -\text{kons} \\ +\text{son} \\ \alpha\text{hint} \end{bmatrix} \; / \; \begin{bmatrix} +\text{kons} \\ -\text{son} \end{bmatrix} \_\_ \begin{bmatrix} +\text{kons} \\ -\text{son} \end{bmatrix} \begin{bmatrix} -\text{kons} \\ +\text{son} \\ \beta\text{hint} \end{bmatrix}$$

Bedingung: $\alpha = \beta$

Sproßvokale kommen im Deutschen vor, so z.B. in der rheinischen Aussprache von *elf, Milch* und *fünf* (vgl. Aufg. A.3–9 in 3.5.2). Sie lassen sich mit einer Regel wie (3.15') bzw. (3.15") erzeugen.

Metathese schließlich läßt sich durch Umstellung von Merkmalkomplexen beschreiben.

(3.16) – nach CHOMSKY/HALLE (1968:361) – ist ein Beispiel dafür:

$$(3.16) \quad \text{SB:} \quad \underset{1}{[-\text{kons}]} \quad \underset{2}{\begin{bmatrix} +\text{son} \\ -\text{kons} \end{bmatrix}} \quad \underset{3}{\begin{bmatrix} +\text{son} \\ -\text{kons} \end{bmatrix}} \qquad \text{SV: } 1\,2\,3 \rightarrow 2\,1\,3$$

Diese (wie eine syntaktische Transformationsregel formulierte) Regel besagt: Von drei (durchnumerierten) Elementen wird das zweite – hier durch die Merkmale [+son, –kons] als Vokal spezifizierte – Element vor das erste (das ein Vokal oder Glide sein kann) gestellt. "SB" bedeutet "strukturelle Beschreibung", "SV" "strukturelle Veränderung". Auf diese Weise wird im Kasem aus /piai / im Plural durch Metathese /paii / (vgl. LANGACKER 1972:270).

3.4.3 Markiertheit

Im Zusammenhang mit dem Einfachheits–Kriterium ergab sich die Frage, wie Einfachheit zu interpretieren sei. Es kann sich nicht um bloßes Zählen von Segmenten handeln, wie z.B. (3.07) zeigt, wo das umfangreichere System b. das natürlichere, leichter zu erklärende ist gegenüber dem System a., wo die Lücke erklärungsbedürftig ist. Aber auch das Zählen von Merkmalen – das an sich bei der Postulierung von Regeln eine große Rolle spielt – kann keine befriedigende Interpretation für "Einfachheit" abgeben, wie die Diskussion bei HYMAN (1975:138ff.) zeigt.

Der in der Phonologie wichtige Begriff "natürliche Klasse" wurde zunächst so definiert, daß eine Klasse dann als natürlich gelten kann, wenn sie insgesamt durch weniger Merkmale charakterisiert werden kann als ihre einzelnen Elemente. Man kann das an der Klasse der stimmlosen Verschlußlaute im Deutschen überprüfen. Zur Kennzeichnung dieser Klasse braucht man vier Merkmale: [+kons, –son, –kont, –sth]. Die einzelnen Elemente der Klasse, /p/, /t/ und /k/ müssen jedoch zusätzlich in bezug auf die Merkmale [+kor] und [+hint] spezifiziert werden. Diese Klasse ist demnach natürlich. Es gibt jedoch wichtige andere Eigenschaften natürlicher Klassen, z.B. daß sie als Ausgangs– und Endpunkt phonologischer Prozesse relevant sind; so wird man viele Prozesse antreffen, die /p,t,k/ betreffen, kaum jedoch einen, der /p,s,x/ betrifft.

Beschränkt man den Begriff der Einfachheit auf Minimalität von Merkmalen, dann wäre die Klasse mit dem Merkmal [+sth] einfacher und natürlicher als die Klasse, die durch die Merkmale [+kons, +sth] gekennzeichnet ist, und diese wäre wiederum einfacher als die Klasse mit den Merkmalen [+kons, –son, +sth]. Nun läßt sich leicht zeigen, daß gerade die letzte Klasse eine wichtige Rolle bei phonologischen Veränderungen spielt – z.B. in der "Auslautverhärtung" im Deutschen, während die mittlere Klasse – die aller stimmhaften Konsonanten – kaum in ihrer Gesamtheit von phonologischen Prozessen betroffen wird, und die "einfachste" Klasse, die aller stimmhaften Segmente, so gut wie nie von einer regelhaften Veränderung erfaßt wird (vgl. HYMAN 1975:141) und daher kaum als besonders natürlich gelten kann.

Um nun nicht eine Diskrepanz zwischen Einfachheit (verstanden als Minimalität von Merkmalen) und Natürlichkeit in Kauf zu nehmen, griff man auf den Begriff der Markiertheit zurück. Markiertheit spielte bereits in der Prager Schule der dreißiger Jahre eine Rolle. TRUBETZKOY (1939) entdeckte, daß einige phonologische Oppositionen konstant bleiben, während andere neutralisiert werden können. Bei Neutralisierung handelt es sich nun darum, daß eine Opposition zwischen merkmallosen (unmarkierten) und merkmalhaften (markierten) Elementen besteht und daß in einer bestimmten Position die Opposition zugunsten des merkmallosen Glieds der Opposition aufgegeben wird. Das ist z.B. der Fall bei der Stimmhaftigkeits–Opposition im Deutschen. Im Auslaut wird die Opposition aufgegeben und es werden nur noch die merkmallosen Formen, nämlich die stimmlosen Obstruenten, realisiert.

In der generativen Phonologie – genauer in Kap.9 von SPE – wurde Markiertheit als zentraler Bestandteil der phonologischen Theorie eingeführt und spielt seitdem eine wichtige Rolle. Markiertheit wurde in SPE als universales Phänomen gesehen, nicht mehr – wie in der Prager Schule – als Eigenschaft phonologischer Systeme individueller Sprachen (vgl. HYMAN 1975:147). Dabei wurde Markiertheit mit der Merkmaltheorie verbunden, und zwar so, daß man versuchte, genau und systematisch anzugeben, welche Merkmalspezifizierungen für bestimmte phonologische Subklassen unmarkiert sind; daraus lassen sich dann jeweils die Werte für den markierten Partner errechnen (vgl. KEAN 1975).

KLOEKE (1982) hat die Markiertheitstheorie von KEAN (1975) systematisch und detailliert aufs Deutsche angewendet. Danach sind z.B. Konsonanten in bezug auf das Sonoritätsmerkmal im unmarkierten Fall nicht–sonorant, wie aus (3..17) hervorgeht ("u" steht für"unmarkiert", "m" für "markiert").

(3.17) $$[\text{u son}] \rightarrow [-\text{son}] \; / \; \begin{bmatrix} \underline{\qquad} \\ +\text{kons} \end{bmatrix}$$

Zu lesen als: Unmarkiert ist Nicht–Sonorität, wenn sie bei Konsonanten vorkommt; das gleichzeitige Vorkommen der Merkmale [–son] und [+kons] wird durch die Schreibung des letzteren Merkmals unter dem Positionsstrich angedeutet: Hier ist – anders als bei den bisherigen Beispielen – weder vorangehende noch nachfolgende Umgebung relevant, sondern einzig die simultane Umgebung; die beiden Merkmale gehören dem gleichen Segment an.

Aus (3.17) läßt sich nun ableiten, daß ein sonorantischer Konsonant markiert ist in bezug auf Sonorität. Es läßt sich weiterhin ableiten, daß Sonorität unmarkiert für Vokale und Glides ist und daß, wenn in dieser Gruppe ein Segment nichtsonorantisch ist, es als markiert zu gelten hat. Alle vier Fälle werden bei KLOEKE (1982:68) in den Markiertheitsformeln (2.11) zusammengefaßt, die hier als (3.18) wiedergegeben sind:

(3.18) a. $$[\text{u son}] \rightarrow [-\text{son}] \; / \; \begin{bmatrix} \underline{\qquad} \\ +\text{kons} \end{bmatrix} \quad /\text{t, d}/$$

b. $$[\text{m son}] \rightarrow [+\text{son}] \; / \; \begin{bmatrix} \underline{\qquad} \\ +\text{kons} \end{bmatrix} \quad /\text{n}/$$

c. $$[\text{u son}] \rightarrow [+\text{son}] \; / \; \begin{bmatrix} \underline{\qquad} \\ -\text{kons} \end{bmatrix} \quad /\text{a, i}/$$

d. $$[\text{m son}] \rightarrow [-\text{son}] \; / \; \begin{bmatrix} \underline{\qquad} \\ -\text{kons} \end{bmatrix} \quad /\text{h}/$$

Hier ist zu vermerken, daß Kloeke /h/ zu den Glides rechnet, die bekanntlich das Merkmal [–kons] haben.

Mithilfe der Markiertheits–Konventionen kann man das gesamte Phoneminventar einer Sprache möglichst redundanzfrei darstellen. Distinktiv für ein Segment sind dann alle m–Werte. Der Verschlußlaut /b/ ist danach nur für Stimmhaftigkeit markiert – ein "normaler" (unmarkierter) Obstruent ist stimmlos – und für Labialität (Konsonanten sind im unmarkierten Fall nicht–labial, vgl. KLOEKE 1982:74). Ausführliche Markiertheits–Matrizen für alle Segmente des Deutschen finden sich bei KLOEKE (1982:93ff).

3.4.4 Regelordnung

Es gibt gute Gründe anzunehmen, daß phonologische Regeln geordnet sind. Man unterscheidet intrinsische und extrinsische Regelordnung. Ein Beispiel für intrinsische Regelordnung sind die Regeln für Schwa–Ausfall und progressive Nasal–Assimilation im Deutschen (vgl. 3.2.1 und 3.2.3.1). Erst durch den Ausfall des Vokals rückt der Nasalkonsonant in unmittelbare Nachbarschaft eines vorangehenden Obstruenten, der ihn dann assimiliert. Man spricht in solchen Fällen, wo die Ausgabe einer Regel erst die Eingabe für eine andere Regel schafft, von "Feeding" (vgl. HYMAN 1975: 129). Eine Regel "füttert" sozusagen eine andere. Der umgekehrte Fall ist das sogenannte "Bleeding":

> "A rule a is said to bleed a rule b if it removes environments that could have undergone rule b."
>
> (HYMAN 1975:129)

Angenommen, in einer Sprache existiert eine Regel a, nach der ein Vokal wegfällt zwischen Nasalkonsonant und Auslaut, und eine Regel b, die Vokale nach Nasalkonsonanten nasaliert (solche Regeln kommen tatsächlich vor), dann reduziert Regel a die Eingabefälle für Regel b erheblich, denn nach Anwendung von Regel a gibt es Vokale nach Nasalkonsonanten nur noch, wenn sie nicht im Auslaut stehen. Angenommen, Nasalierung von Vokalen käme nur im Auslaut vor, dann würde Regel a Regel b "vollständig ausbluten" (bleed absolutely). Ein solches vollständiges Bleeding ist natürlich keine sinnvolle Annahme, da dann Regel a der Regel b ja die Existenzgrundlage entziehen würde. Der umgekehrte Fall, absolutes Feeding, kommt natürlich vor; dann liefert Regel a überhaupt erst die Grundlage für Regel b. Angenommen, im Deutschen wird [ç] aus zugrundeliegendem /x/ abgeleitet und dann nach gerundeten Vordervokalen gerundet, dann ist diese zweite Regel ohne die erste gar nicht möglich, denn vor Anwendung der ersten Regel gibt es ja noch kein [ç].

Extrinsische Regelordnung ergibt sich nicht automatisch aus den phonologischen Fakten, sondern wird vom Linguisten bewußt postuliert, z.B. aus Gründen der Allgemeinheit oder Einfachheit. HYMAN (1975:126ff.) gibt ein Beispiel aus der Bantusprache Shona. In dieser Sprache werden stimmlose Verschlußlaute zu [h] nach homorganen Nasalen; d.h. [mp] wird zu [mh], [nt] zu [nh] und [ŋk] zu [ŋh]. Homorgane Folgen entstehen aber erst durch Assimilation aus zugrundeliegendem /n/ + stl. Verschlußlaut. Da in der phonetischen Repräsentation nirgendwo Folgen wie [np] und [nk] auftreten, hat der Phonologe die Wahl: Er kann die beiden Regeln beliebig ordnen. Allerdings zeigt sich bald, daß eine Regelordnung, in der die Nasalassimilation der Verwandlung der Verschlußlaute in [h] vorausgeht, einfacher ist, weil sie weniger Merkmale benötigt. In der zweiten Regel muß nur angegeben werden, daß ein stimmloser Verschlußlaut nach Nasal zu [h] wird. Will man die Regelfolge umkehren, dann muß man bei der Bedingung für die Verschlußlautänderung angeben, daß sie nicht einfach nach Nasal vorkommt, sondern nach homorganem Nasal, d.h. man muß mithilfe der Alpha–Konvention (vgl. 3.4.2) die Merkmale des Artikulationsorts spezifizieren (vgl. HYMAN 1975:126f.).

3.5 Aufgaben

3.5.1 Aufgaben mit Lösungsangabe

A.3–1 *Tilgung von auslautendem Schwa im Deutschen*

Umgangssprachlich wird Schwa nicht nur vor auslautenden Sonoranten getilgt (vgl. 3.2.1), sondern auch im absoluten Auslaut. Das zieht dann oft weitere phonologische Prozesse nach, wie folgende Beispiele zeigen. Welche beiden Regeln sind bei der Veränderung von (l) zu (2) wirksam?

(1) a [he:bə] b [re:də] c [frɑ:gə] d [vi:zə] e [kɔmə] f [ge:ə]

(2) a [he:p] b [re:t] c [frɑ:k] d [vi:s] e [kɔm] f [ge:]

Lösung: R1 Tilgung von Schwa im absoluten Auslaut

$$\begin{bmatrix} -\text{kons} \\ +\text{son} \\ -\text{hoch} \\ +\text{hint} \\ -\text{gesp} \\ -\text{rund} \end{bmatrix} \rightarrow \emptyset \,/\, [+\text{segm}]\ (+)\ \_\_\#$$

R2 Stimmloswerden von Obstruenten im Auslaut (sog. "Auslautverhärtung", vgl. 4.1.3.2)

Hinweis: Die Klasse der Vokale kann am besten durch die Merkmale [-kons, +son] charakterisiert werden. Silbischkeit ist kein echtes Segment–Merkmal, sondern eine phonotaktische (d.h. Lautsequenzen strukturierende) Eigenschaft, wie in Kap. 4 gezeigt wird.

A.3–2 *Vokal– und Konsonantentilgungen im Kasem* (LANGACKER 1972:267f).

In der afrikanischen Sprache Kasem, die zu den Niger–Kongo–Sprachen gehört, wird der Singular von Substantiven durch Suffix –a, der Plural durch Suffix –i gekennzeichnet.

	Singular		Plural
1.	[bakada]	'Junge'	[bakadi]
2.	[čana]	'Schulter'	[tani]
3.	[kambia]	'Kochtopf'	[kambi]
4.	[pia]	'Yam–Wurzel'	[pi]
5.	[buga]	'Fluß'	[bwi]
6.	[diga]	'Zimmer'	[di]

Zu erklären sind die Pluralformen in 3. – 6. mit den darin vorkommenden Vokal– und Konsonantentilgungen; die 'Glidisierung' des /u/ in 5. kann unberücksichtigt bleiben. Wie lauten die beiden Regeln?

Lösung:

$$\begin{bmatrix} -\text{kons} \\ +\text{son} \\ +\text{hoch} \\ -\text{hint} \end{bmatrix} \rightarrow \emptyset / \_\_\_ \begin{bmatrix} -\text{kons} \\ +\text{son} \\ +\text{hoch} \\ -\text{hint} \end{bmatrix}$$ (/ i / fällt weg vor / i /)

$$\begin{bmatrix} +\text{kons} \\ -\text{son} \\ +\text{hint} \\ +\text{sth} \end{bmatrix} \rightarrow \emptyset / \_\_\_ \begin{bmatrix} -\text{kons} \\ +\text{son} \\ +\text{hoch} \\ -\text{hint} \end{bmatrix}$$ (/g/ fällt weg vor / i /)

Anm.: [–kor] ist redundant für Konsonanten mit dem Merkmal [+hint].

Erläuterungen: Regel 1 beschreibt einen in vielen Sprachen vorkommenden Prozeß: Ein Vokal wird im Hiat (Aufeinandertreffen zweier Vokale) getilgt. Hier betrifft es sogar zwei gleichlautende Vokale, nämlich / i / vor / i /. Da Kasem nach dem Korpus zu urteilen – offenbar keine gerundeten Vordervokale und keine Opposition zwischen gespannten und ungespannten Vokalen kennt, genügen die in R1 angegebenen Merkmale zur Kennzeichnung von / i /. Daß der erste Vokal betroffen wird, nicht der zweite, zeigt der Vergleich mit /u/, das vor / i / zum Glide wird (ein Vorgang, der wegen des Zusammenhangs mit prosodischen Phänomenen erst in Kap.4 genauer erklärt werden kann). Der Konsonant /g/ wird ebenfalls vor / i / getilgt – was die Grundlage für Glidisierung von /u/ schafft. Ob die /g/–Tilgung Teil einer umfassenderen Konsonantentilgung ist, läßt sich anhand dieses kleinen Korpus nicht entscheiden.

Zusatzfrage: Inwiefern gibt die Form 6. Aufschluß über die Regelfolge?

Antwort: R2 muß vor R1 durchlaufen werden, denn erst durch Wegfall von /g/ kommt das / i / der Wurzel vor das Plural–/ i /. Aus zugrundeliegendem /dig+i / wird durch R2 /di+i /, daraus durch R1 [di].

A.3–3 *Insertion im Maxakal i* (nach LANGACKER 1972:259)

In der brasilianischen Indianersprache Maxakali finden sich folgende regulären Veränderungen (II) zugrundeliegender Formen (I):

I	II	
/mep/	[mbep],[bep]	'Fuchs'
/nač/	[ndač], [dač]	'Topf'
/ñokoma/	[ñjokoma],[ǰokoma]	'unten'
/nahap/	[ŋgahap],[gahap]	'Flasche'

[ǰ] ist eine stimmhafte palatale Affrikata, die sich offenbar genau wie die Verschlußlaute verhält; /ñ/ ist ein palataler Nasal, wie er auch im Spanischen vorkommt.

Lösung:

$$\text{R1}\quad \emptyset \rightarrow \begin{bmatrix} -\text{son} \\ -\text{kont} \\ +\text{sth} \\ \alpha\text{kor} \\ \beta\text{hint} \end{bmatrix} \Big/ \begin{bmatrix} +\text{son} \\ -\text{kont} \\ \alpha\text{kor} \\ \beta\text{hint} \end{bmatrix} \_\_\_ \begin{bmatrix} -\text{kons} \\ +\text{son} \end{bmatrix}$$

$$\text{R2}\quad \begin{bmatrix} +\text{son} \\ -\text{kont} \end{bmatrix} \rightarrow \emptyset \,/\, \_\_\_ \begin{bmatrix} -\text{son} \\ -\text{kont} \end{bmatrix}$$

Diskussion: Das Merkmal [+kons] kann eingespart werden, da die Kombination [-son, –kont] bei Vokalen nicht vorkommt; auch für die Kombination [+son, –kont] (bei Nasalkonsonanten) ist die Angabe [+kons] redundant. Die Regeln sind geordnet: Die Folge Nasal + Verschlußlaut (bzw. Affrikata) ergibt sich erst als Resultat von R1. Dann ist bei R2 auch die Angabe unnötig, daß es sich jeweils um eine homorgane Konsonantenfolge handelt (es werden ja nur homorgane Verschlußlaute nach den Nasalen erzeugt).

A.3–4 *Inlautende Obstruenten im Bagala*

Die – dem Kalaba (vgl. A.2–11) nicht unähnliche – künstliche Sprache Bagala hat im An– und Auslaut Opposition zwischen stimmhaften und stimmlosen Obstruenten (vgl. 1.–3. im Korpus). Anders ist es im Inlaut. Welche Regularität läßt sich am Korpus ablesen und als Regel darstellen?

1.	[bak]	'Sprache'	7.	[pobap]	'Schlange'
2.	[pak]	'Ast'	8.	[pobable]	'sich schlängeln'
3.	[bag]	'Rucksack'	9.	[muvdaf]	'Unke'
4.	[bagi]	'Sprachen', 'Rucksäcke'	10.	[muvdavle]	'unken'
5.	[bot]	'Nashorn'	11.	[mis]	'Ekel'
6.	[bodi]	'Nashörner'	12.	[miznik]	'ekelhaft'

Lösung: Obstruenten werden stimmhaft zwischen stimmhaften Segmenten.

$$\text{Die Regel: } \begin{bmatrix} +\text{kons} \\ -\text{son} \end{bmatrix} \rightarrow [+\text{sth}] \,/\, [+\text{sth}] \_\_\_ [+\text{sth}]$$

Die Eingabe braucht nicht das Merkmal [–sth] zu enthalten (vgl. 3.4.2). Ob die Form 9. obige Regel durchlaufen hat oder bereits zugrundeliegend inlautendes /v/ enthält, ist nicht zu entscheiden.

A.3–5 *Vokaldauer–Variation im Yawelmani* (nach LANGACKER 1972:254)

In der kalifornischen Indianersprache Yawelmani findet sich Variation in der Vokaldauer, wie sie sich in den Aorist– und Aorist–Passiv–Formen im Korpus manifestiert. Stellen Sie Regeln auf, die den im Korpus erkennbaren Prozessen Rechnung tragen.

	Aorist	Passiv Aorist	
1.	[xathin]	[xatit]	"essen"
2.	[gophin]	[gopit]	"(ein Kind) behüten"
3.	[saphin]	[sa:pit]	"brennen"
4.	[gobhin]	[go:bit]	"einnehmen"
5.	[mekˀhin]	[me:kˀit]	"verschlucken"
6.	[pana:hin]	[panat]	"ankommen"
7.	[hoyo:hin]	[hoyot]	"benennen"
8.	[ˀile:hin]	[ˀilet]	"fächeln"
9.	[pˀaxatˀhin]	[pˀaxa:tˀit]	"trauern"

Lösung: Die auftretende Vokalvariation ist rein phonologisch bedingt, nicht etwa morphologisch (lange Vokale treten sowohl im Aorist als auch im Aorist Pass. auf): Lange Vokale werden gekürzt, wenn ihnen zwei Konsonanten folgen oder aber ein Konsonant vor der Morphemgrenze (also vor *–hin* oder *–it*. Zugrundeliegende kurze Vokale werden nicht verändert (vgl. (1) und (2)). Zu beachten ist, daß glottalisierte Verschlußlaute wie in (5) und (9) jeweils als ein Konsonant rechnen (genauso wie behauchte Verschlußlaute im Deutschen), nicht etwa als Konsonantensequenz (also z.B. /pˀ/). Außerdem wird / i / nach Vokal elidiert, wie 6. und 7. zeigen. Die / i /–Tilgung muß vorangehen, da sie erst die Grundlage für die Vokalkürzung schafft. So wird in (6) aus zugrundeliegendem /pana:+it/ nach R1 /pana:+t/, woraus nach R2 [pana+t] wird.

$$\text{R1} \quad \begin{bmatrix} -\text{kons} \\ +\text{son} \\ +\text{hoch} \end{bmatrix} \rightarrow \emptyset \;/\; \underline{\quad\quad} \begin{bmatrix} -\text{kons} \\ +\text{son} \end{bmatrix}$$

Anm.: Da kein hoher Hintervokal auftritt, braucht [–hint] nicht angegeben zu werden.

$$\text{R2} \quad \begin{bmatrix} -\text{kons} \\ +\text{son} \end{bmatrix} \rightarrow [-\text{lang}] \;/\; \underline{\quad\quad} \; [+\text{kons}] \begin{Bmatrix} \# \\ [+\text{kons}] \end{Bmatrix}$$

Anmerkung: Die hier gewählte Schreibweise für die Umgebung wird von Phonologen bevorzugt, da sie mit einem Merkmal weniger auskommt als die alternative Schreibweise in R2':

R2' (wie oben) $\quad / \ \_\_ \ \begin{Bmatrix} [+\text{kons}] \quad \# \\ [+\text{kons}]\ [+\text{kons}] \end{Bmatrix}$

A.3–6 *Metathese im Küspra*

In der künstlichen Sprache Küspra wird der Plural mit Hilfe des Suffixes *–in* gebildet. Dabei treten Metathesen im Stamm auf. Geben Sie die Metathese–Regel und ihre Bedingungen an.

1.	[mat]	'Elch'	[matin]	'Elche'
2.	[lo:l]	'Reh'	[lo:lin]	'Rehe'
3.	[and]	'Baum'	[adnin]	'Bäume'
4.	[eŋg]	'Ente'	[egŋin]	'Enten'
5.	[ʊmb]	'Socke'	[ʊbmin]	'Socken'
6.	[le:f]	'Haar'	[le:fin]	'Haare'

Lösung: $\begin{bmatrix} +\text{kons} \\ +\text{son} \end{bmatrix} \begin{bmatrix} +\text{kons} \\ -\text{son} \end{bmatrix} \rightarrow \begin{bmatrix} +\text{kons} \\ -\text{son} \end{bmatrix} \begin{bmatrix} +\text{kons} \\ +\text{son} \end{bmatrix} / \ \_\_ \begin{bmatrix} -\text{kons} \\ +\text{son} \end{bmatrix}$

3.5.2 Aufgaben ohne Lösungsangabe

A.3–7 *Obstruententilgung im Deutschen*

Umgangssprachlich werden *impft, schimpfst, schwänzt, grunzt, lenkst* oft wie [ɪmft], [šɪmfst], [švɛnst], [grʊnst], [lɛŋst] ausgesprochen. Stellen Sie den Obstruentenausfall und seine Bedingungen als Regel dar.

Anmerkung: Es gibt auch die gegenläufige Tendenz, bei der Verbindung aus Nasal + alveolarem Obstruenten einen dem Nasal homorganen Obstruenten einzuschieben: *kommt* wird dann [k ɔmpt], *singst* [zɪŋkst] – also wie *sinkst* – ausgesprochen; vgl. 3.2.2.

A.3–8 */t/–Elision im Kitsai* (nach LANGACKER 1972:263)

Folgendes Korpus aus der Indianersprache Kitsai enthält bereits zugrundeliegende Formen. Geben Sie die beiden Regeln an, die die Oberflächenformen ableiten, sowie die Regelordnung.

	I	II	
1.	/atrihku/	[anihku]	"ich erzähle"
2.	/atakrihku/	[ataknihku]	"ich erzähle ihnen"
3.	/asrikuku/	[asnikuku]	"du bist vernünftig"
4.	/atarakrikuku/	[ataraknikuku]	"wird sind vernünftig"
5.	/asrakrihku/	[asnaknihku]	"ihr erzählt ihm"
6.	/nikajrat/	[nikajrat]	"er wird satt"

A.3–9 *Sproßvokale im Rheinischen*

Im Rheinischen werden Wörter wie *fünf, elf, manch* und *Milch* gewöhnlich [fʏnəf], [ələf], [manəš] und [mɪləš] ausgesprochen. Geben Sie dafür eine Regel (mit Umgebungsangabe) an.

A.3–10 *Schwa–Insertion im Kalaba* (PIKE 1947:133, vgl. A.2–11)

Die in A. 2–11 geforderte Insertions–Regel für Formen wie [abəda], [omənu] und [ibəgu] soll nun in formalisierter Form gegeben werden.

A.3–11 *Vokalharmonie im Walbiri* (nach LANGACKER 1972:273 und 322)

Die zentralaustralische Sprache Walbiri kennt "Vokalharmonie", d.h. Übereinstimmung des Vokals im Suffix mit dem letzten Vokal der Wurzel. Postulieren Sie zugrundeliegende Formen für 1.–6. und geben Sie eine Regel an, die die Oberflächenformen erzeugt.

1.	[kantaku]	"zu der Frau"	4.	[katiki]	"zu dem Mann"
2.	[waluku]	"zu dem Feuer"	5.	[kanuku]	"zu dem Jungen"
3.	[kaliki]	"zu dem Bumerang"	6.	[ŋapaku]	"zu dem Wasser"

In der dem Walbiri verwandten Sprache Warramunga ist die Vokaldistribution etwas anders. Formen Sie die Walbiri–Regel entsprechend um.

7. [katiki] "zu dem Mann"
8. [kanuku] "zu dem Jungen"
9. [ŋapaka] "zu dem Wasser"

A.3–12 *Nasalverschmelzung im Deutschen*

Im Deutschen wird ein Nasal in nachtoniger Endsilbe gewöhnlich an einen unmittelbar vorangehenden Konsonanten assimiliert (vgl. 3.2.2 und 3.4 sowie 4.1.3.1). Ist der vorangehende Konsonant ein Nasal, so verschmelzen die beiden Nasale nach der Assimilation gewöhnlich zu einem langen Nasal (vgl. IV). Beschreiben Sie die Verschmelzung (incl. Längung) durch eine Regel. Silbischwerden und Assimilation des zweiten Nasals (Stufe II & III) brauchen nicht beschrieben zu werden.

I	II	III	IV
[kɔmən]	[kɔmn̩]	[kɔmm̩]	[kɔm:]
[rɛnən]	[rɛnn̩]	[rɛnn̩]	[rɛn:]
[zɪŋən]	[zɪŋn̩]	[zɪŋŋ̍]	[zɪŋ:]

A.3–13 *Inlautende Verschlußlaute im amerikanischen Englischen*

Die Wörter im Korpus zeigen, daß es (nach LANGACKER 1972:251) im amerikanischen Englisch Morpheme gibt, die in zwei Varianten vorkommen. Formulieren Sie eine Regel, die die Oberflächenformen aus zugrundeliegenden ableitet.

1.	*write*	[rajt]	8.	*lightest*	[lajDəst]
2.	*writer*	[rajDr̩]	9.	*lighting*	[lajDɪŋ]
3.	*writing*	[rajDɪŋ]	10.	*lightning*	[lajtnɪŋ]
4.	*night*	[najt]	11.	*sight*	[sajt]
5.	*nightly*	[najtli]	12.	*sights*	[sajts]
6.	*light*	[lajt]	13.	*sighted*	[sajDəd]
7.	*lighter*	[lajDr̩]	14.	*sightless*	[sajtləs]

[D] steht für einen stimmhaften alveolaren flap, dem [d] sehr ähnlich, nur daß die Zunge sehr schnell gegen den Zahndamm geschlagen wird. Der flap–Charakter von [D] kann in der Regelformulierung vernachlässigt werden.

A.3–14 *Vokal– und Konsonantenlänge im Italienischen* (nach LANGACKER 1972:320)

Spalte I enthält Formen des Standard–Italienischen, II die einer norditalienischen regionalen Variante, III entsprechende Formen des lombardischen Dialekts. Setzen Sie zugrundeliegende Formen an und stellen Sie Regeln auf, die die Oberflächenformen erzeugen. Geben Sie für jede Variante des Italienischen an, welche Regeln sie durchläuft.

I	II	III	
[fis:o]	[fiso]	[fis]	"fest"
[kas:a]	[kasa]	[kas]	"Kabinett"
[ka:sa]	[ka:za]	[ka:zə]	"Haus"
[ko:sa]	[ko:za]	[ko:zə]	"Ding"

4. Skizze des phonologischen Systems des Deutschen

4.0 Vorbemerkungen

Artikulatorische und akustische Unterschiede zwischen den Lautklassen 'Vokale' und 'Konsonanten' wurden in Kapitel 1 bereits erwähnt: 'ungehinderter Luftstrom' vs. 'Behinderung des Luftstroms im supraglottalen Bereich' oder 'Geräuschspektrum' vs. 'Klangspektrum'. Eine simple Zweiteilung genügt allerdings nicht. Zwei weitere Lautklassen nehmen eine Zwischenstellung ein: Sonanten und Glides.

Der Ausdruck "Sonanten" (engl.: "sonorants") faßt nach KLOEKE (1982:3) Nasallaute und Liquide zusammen. Einerseits wird bei ihrer Artikulation der Luftstrom behindert, ein Charakteristikum der Konsonanten, andererseits sind sie akustisch gesehen eher Klänge als Geräusche, eine Eigenschaft, die sie mit den Vokalen teilen.

Die Distribution der Sonanten erlaubt ebenfalls keine eindeutige Zuordnung zu einer der beiden Hauptklassen: In der Regel bilden sie wie die übrigen Konsonanten zwar nicht den Silbengipfel, silbische Varianten sind aber keineswegs selten, wie die Realisierung der Sonanten in Wörtern wie *Segel, Himmel, leben* etc. zeigt.

Mit den Vokalen verbindet diese Lautgruppe außerdem das Merkmal der Stimmhaftigkeit; stimmlose Realisierungen sind, zumindest im Deutschen, sehr selten. Die übrigen Konsonanten, welche unter dem Terminus 'Obstruenten' zusammengefaßt werden, sind dagegen paarweise stimmlos bzw. stimmhaft, z.B. /p/–/b/. Neben Vokalen, Obstruenten und Sonanten bilden die Gleitlaute (engl.: 'glides') eine weitere Lautklasse. In diese Gruppe gehören die zweiten Bestandteile der Diphthonge [aj] [aw] und [ɔj], die nicht den Silbengipfel bilden. Im übrigen weisen sie aber die gleichen Eigenschaften auf wie alle anderen Vokale. Traditionell wird der Unterschied zwischen Vokalen und Glides durch das segmentale Merkmal [±silb] (vgl. z.B. WURZEL 1970:2 oder MAYERTHALER 1974:11) markiert. Eine solche Analyse ist aber auf der Basis eines hierarchischen Silbenmodells (vgl. VENNEMANN 1982, WIESE 1986 und 1988) unangemessen. Silbischkeit wird in diesem theoretischen Rahmen nicht als inhärente Eigenschaft eines Segments betrachtet, sondern als Charakteristikum einer bestimmten Silbenposition, des Silbengipfels. Deshalb werden weder Vokale und Glides noch silbische und unsilbische Sonanten auf der segmentalen Ebene unterschieden. Infolgedessen ist auch die Annahme einer besonderen Lautklasse 'Glides' (bzw. 'silbische Sonanten') überflüssig.[34]

Zur Unterscheidung der 3 Oberklassen 'Vokale', 'Sonanten' und 'Obstruenten' genügen die beiden Merkmale [±son] und [±kons].[35] In Übereinstimmung mit KLOEKE (1982:3) werden die Laryngale [h] und [ʔ] nicht als Glides, sondern als Elemente einer besonderen Lautklasse analysiert. Sie sind [–kons], weil keine Behinderung des Luftstroms im supragottalen Bereich vorliegt, und [–son], weil bei beiden aus physiologischen Gründen – geöffnete Glottis bei [h], fest geschlossene bei [ʔ] – keine spontane Stimmbildung möglich ist.

Die hier vorgenommene Analyse der Laryngale wird weiter unten näher begründet. Für die Oberklassen ergibt sich folgende Merkmalsmatrix (vgl. KLOEKE 1982:3):

Tabelle 3:

	Vokale	Sonanten	Obstruenten	Laryngale
konsonantisch	–	+	+	–
sonorant	+	+	–	–

4.1 Konsonanten

4.1.1 Gesamtübersicht

Das Konsonantensystem des Standarddeutschen[36] kann unter Verwendung der in 2.3.2 definierten phonologischen Merkmale wie folgt dargestellt werden:

Tabelle 4:

	p	b	f	v	t	d	s	z	š	ž	ç	ʝ	k	g	x	m	n	η	l	r	R
kons	+	+	+	+	+	+	+	+	+	+	+	+	+	+	+	+	+	+	+	+	+
son	–	–	–	–	–	–	–	–	–	–	–	–	–	–	–	+	+	+	+	+	+
hint	–	–	–	–	–	–	–	–	–	–	–	–	+	+	+	–	–	+	–	–	+
hoch	–	–	–	–	–	–	–	–	+	+	+	+	+	+	+	–	–	+	–	–	–
lab	+	+	+	+	–	–	–	–	–	–	–	–	–	–	–	+	–	–	–	–	–
kor	–	–	–	–	+	+	+	+	+	+	–	–	–	–	–	–	+	–	+	+	–
kont	–	–	+	+	–	–	+	+	+	+	+	+	–	–	+	–	–	–	+	+	+
lat	–	–	–	–	–	–	–	–	–	–	–	–	–	–	–	–	–	–	+	–	–
nas	–	–	–	–	–	–	–	–	–	–	–	–	–	–	–	+	+	+	–	–	–

[34] Die Frage der Einordnung der Laute [ʝ], z.B. in *jagen* oder *Boje*, und [v], z.B. in *Wasser, Quark* oder *Löwe,* wird weiter unten diskutiert.

[35] Zur artikulatorischen Definition dieser und anderer Merkmale vgl. oben 2.3.2.

[36] Zum Begriff "Standarddeutsch" vgl. GWdA (1982:11-13 und 121-125) und DUDEN-Aussprachewörterbuch (1974²:29f.).

In Anlehnung an KLOEKE (1982:81) wird auf das Merkmal [±ant] verzichtet, dessen artikulatorische Definition (vgl. oben 2.3.2) eine recht willkürliche Grenzziehung im palato–alveolaren Bereich beinhaltet. Es ist zur Differenzierung der Frikative [s] vs. [š] und [z] vs. [ž] nicht erforderlich, weil diese schon durch das Merkmal [±hoch] in ausreichendem Maße unterschieden werden.

Außerdem sind im Deutschen keine phonologischen Prozesse bekannt, die ausschließlich Dentale, Alveolare und Labiale, also alle als [+ant] spezifizierten Konsonanten (vgl. WURZEL 1970:2) erfassen, weshalb diese keine natürliche Klasse bilden. Das in SPE fehlende Merkmal [+lab] dagegen ist sowohl artikulatorisch eindeutig definierbar als Beteiligung der Lippen bei der Lautproduktion, als auch phonologisch relevant in Rundungsassimilationen (vgl. KLOEKE 1982:81f.)

Das Merkmal [+nasal] ist in obiger Matrix redundant, weil alle Nasalkonsonanten durch die Spezifizierung $\begin{bmatrix} +\text{kons} \\ +\text{son} \\ -\text{kont} \end{bmatrix}$ eindeutig charakterisiert sind.

Das Merkmal wird trotzdem beibehalten, weil zum einen auf diese Weise phonologische Prozesse, in die Nasalkonsonanten involviert sind, leichter beschreibbar sind, zum anderen eine Charakterisierung von Nasalvokalen in Fremdwörtern aus dem Französischen, z.B. *Bassin, Restaurant* u.a., ebenfalls möglich ist.

Die hier präsentierte Merkmalsmatrix bildet keine Spezifizierung des Konsonanten**phonem**systems (zum Phonembegriff vgl. oben 2.1) des Deutschen; sie berücksichtigt vielmehr auch die wichtigsten Allophone:

a) [r] und [ʀ]; in 4.1.3.2 wird diskutiert, welche Variante als zugrundeliegend betrachtet werden sollte.

b) [ç] und [x]; welches dieser Allophone in der zugrundeliegenden Repräsentation anzusetzen ist, wird in 4.1.2.4 thematisiert.

c) [ŋ]; der Status des velaren Nasals wird ebenfalls weiter unten erörtert (vgl. 4.1.3.1).

Die Affrikaten [pf], [ts] und [tš] fehlen im obigen Schema. Dies ergibt sich aus der Analyse dieser Obstruenten als Kombinationen von 'Plosiv+Frikativ', d.h. als bisegmental. Diese Wertung der Affrikaten im Deutschen wird im nächsten Abschnitt (vgl. 4.1.2.1) begründet.

4.1.2 Obstruenten

4.1.2.1 Affrikaten

Unter Affrikaten versteht man homorgane, d.h. an annähernd gleicher Artikulationsstelle gebildete Verbindungen von Plosiv und folgendem Frikativ.

Im Standarddeutschen zählen zu dieser Lautklasse die Cluster [pf], [ts] und [tš]; in einigen wenigen Fremdwörtern findet man auch die sth. Kombination [dž], z.B. in *Gin, Job* und *Budget.* Im Schweizerdeutschen existiert auch die velare Affrikata [kx].

Die Diskussion um den mono– oder biphonematischen (zur Kritik des klassischen Phonembegriffs in der GTG vgl. oben 3.3) Status der Affrikaten wird zumindest seit TRUBETZKOYs "Grundzügen" (1939) geführt, und ein Ende des jahrzehntelangen Streites ist noch nicht in Sicht (zur älteren Literatur vgl. WERNER 1972:50–55). Im folgenden werden nur die Hauptargumente rekapituliert, die sich vornehmlich auf phonotaktische Regularitäten der Lautstruktur, d.h. Regeln für die Kombination der Segmente zu größeren Einheiten in der Lautsequenz (vgl. MEINHOLD/STOCK 1980:171), stützen.

Für eine monophonematische Wertung der Affrikaten sprechen die Beschränkungen für Konsonantencluster im Silbenanlaut: In dieser Position sind in der Regel nur zwei Konsonanten zugelassen (vgl. WIESE 1988:59), z.B. [ps] in *Psalm* oder [ks] in *Xaver,* aber weder *[psl] noch *[ksl] oder andere. Allerdings bilden Kombinationen mit [š] in erster Position[37], z.B. [štr] in *Streit,* [špl] in *Spleiß* und *Splitter* und [špr] in *spritzen* eine Ausnahme zu dieser Silbenstrukturbedingung. In einigen Fremdwörtern, z.B. *Sklave* und *Skrupel,* findet man auch dreigliedrige Cluster mit [s] in erster Position.

Wegen dieser Ausnahmen hält KLOEKE (1982:42) die bisegmentale Wertung der Affrikaten [pf] und [ts] in den Anlautclustern [pfl] *(Pflock)*, [pfr] *(Pfriem)* und [tsv] *(zwei)* – [tš] steht übrigens im Silbenanlaut immer allein – für unproblematisch.

Diese Argumentation ist aber u.E. nicht überzeugend, u.a. weil auch nicht–homorganische Cluster mit [š] in erster Position möglich sind, z.B. [špr] in *Sprotte,* aber nicht mit Plosiven in Erststellung, weshalb die Kombinationen [*psl] oder [*tfl] ausgeschlossen sind.

Ein weiteres phonotaktisches Argument für die monophonematische Analyse der Affrikata /pf/ bildet der spiegelbildliche Aufbau der Morpheme im Deut-

---

[37] Unter anderem wegen dieser exzeptionellen Stellung wird [š] in dieser Position von WIESE (1988:94–98) als extrasilbisches Segment gewertet. Auf die Silbentheorie WIESEs werden wir in einem Folgeband zur prosodischen Struktur des Deutschen näher eingehen.

schen (vgl. WURZEL 1981:938f.): Ist im Morphemanlaut ein Konsonantencluster $/K_2K_1–/$ zugelassen, so gilt umgekehrt im Auslaut nur die Sequenz $/–K_1K_2/$ als wohlgeformt. Folgende Gegenüberstellung verdeutlicht diese Regularität:

(4.01) **Gras** – **Sarg**
klein – **welk**
Spiel – **hübsch**

Diese spiegelbildliche Struktur gilt nicht für /pf/ im Anlaut vs. */fp/ im Auslaut; das letztere Cluster ist vielmehr in dieser Position gänzlich ausgeschlossen, vgl. *'Pfote* vs. *Zopf'* gegenüber der unmöglichen Sequenz **Tafp*, die weder ein belegtes noch ein mögliches Wort der deutschen Sprache bildet (zum Begriff des "möglichen Wortes" vgl. oben 1.1.4). Wertet man dagegen die Affrikata /pf/ als monosegmental – dann müßte man sie übrigens korrekterweise als $/p^f/$ transkribieren –, so bildet sie keine Ausnahme zur spiegelbildlichen Struktur der Morpheme des Deutschen[38], wie der Vergleich des Wortpaares *Pfropfen – Karpfen'* zeigt.

Für die Affrikaten /ts/ und /tš/ läßt sich aus der beschriebenen Morphemstrukturbedingung keine eindeutige Evidenz für die mono– oder biphonematische Wertung gewinnen, weil im Auslaut neben /st/ (vgl. *Nest)* auch /ts/ (vgl. *Netz)* und neben /št/ auch /tš/ vorkommt.

Den bisher erörterten Argumenten, die für eine monophonematische Analyse der Affrikaten im Deutschen sprechen, stehen andere entgegen, die eine biphonematische Wertung nahelegen. Zunächst ist wiederum ein phonotaktisches Kriterium zu nennen: Vor einfachen Obstruenten sind sowohl Kurzvokale als auch Langvokale und Diphthonge möglich, vor der Affrikata /pf/ sind dagegen ausschließlich Kurzvokale (neben Liquiden und Nasalen, vgl. *Dampf* und *Karpfen)* im gleichen Morphem zulässig; vor /ts/ und /tš/ stehen zwar auch Langvokale und Diphthonge, z.B. in *Kauz, Kreuz, uzen, Mieze, Tratsch, hätscheln, quietschen, deutsch* und *Peitsche;* die Zahl solcher Fälle ist allerdings gering (vgl. KLOEKE 1982:44, der darauf hinweist, daß in der Regel (bei /ts/) nur Namen, z.B. *Lazarus,* Fremdwörter, z.B. *Akazie* oder (bei /tš/) schallnachahmende Wörter (Onomatopoetika) betroffen sind).

Die skizzierte phonotaktische Regularität ist allerdings kein eindeutiger Beweis der Richtigkeit der biphonematischen Analyse, weil sie auch für den einfachen Obstruenten [š] gilt – auf die Distribution des velaren Nasals [ŋ], vor dem ebenfalls keine Langvokale und Diphthonge zugelassen sind, werden wir

---

[38] Diese Struktur erklärt sich aus der universal gültigen Sonoritätshierarchie und zusätzlichen Spezifika der Silbenstruktur im Deutschen; vgl. unten 4.4.

in 4.1.3.1 näher eingehen –; die Zahl der Gegenbeispiele ist relativ gering. Folgendes Korpus gibt eine Auswahl:

(4.02)	N[i:]sche	t[aw]schen
	D[u:]sche	r[aw]schen
	R[y:]sche	k[ɔj]sch

Die bisher diskutierte Faktenlage gestattet u.E. keine endgültige Wertung der Affrikaten als mono– oder biphonematisch. Gelegentlich zu beobachtende Alternationen zwischen Affrikaten und Einzelkonsonanten in auf das gleiche Lexem zurückführbaren Wörtern und Wortformen liefern ebenfalls kein stichhaltiges Argument für eine der beiden Lösungen, wie das Korpus von KLOEKE (1982:42f.) verdeutlicht:

(4.03)	tro[pf]en	– trie[f]en
	ne[ts]en	– na[s]
	Hi[ts]e	– hei[s]
	schwi[ts]en	– Schwei[s]
	si[ts]en	– sa[s]
	Ka[ts]e	– Ka[t]er

Zwar alterniert in jedem Fall eine Affrikata mit einem einzelnen Obstruenten, in fünf der Beispiele wechselt aber außerdem die Vokalquantität, d.h. an Stelle der Kurzvokale treten Langvokale und Diphthonge, woraus man schließen kann, daß in diesen Fällen die Affrikata jeweils zwei metrische Einheiten (vgl. unten) bildet. KLOEKE glaubt deshalb, daß diese Alternationen "nur spärliche Argumente" (1982:42) für die monosegmentale Wertung der Affrikaten liefern. Außerdem ist der in obigen Wörtern feststellbare Wechsel eine Regularität von geringem Allgemeinheitsgrad, die WURZEL (1970:206) folgendermaßen charakterisiert:

> "Dieser Wechsel folgt also keinen generellen Regularitäten, er ist vielmehr idiosynkratisch, d.h. er hat Ausnahmestatus, wofür auch im Prozeß der Spracherlernung häufig vorkommende Vereinfachungen wie *sitzen – *gesetzen* sprechen."

Angesichts der widersprüchlichen Argumente scheint eine Lösung des Affrikatenproblems kaum möglich zu sein; dennoch wird von uns die bisegmentale Wertung bevorzugt, und zwar aus folgenden Gründen, die bisher unberücksichtigt blieben:

- KLOEKE (1982:42) fordert, daß diejenigen, welche eine monophonematische Wertung der Affrikaten befürworten, dafür beweiskräftige Gründe anführen müssen, was für die Verfechter der gegenteiligen Lösung nicht gilt. Erstere plädieren nämlich für eine Erweiterung des Konsonantensystems, während die Clusteranalyse der Affrikaten keine Vergrößerung des Segmentinventars erfordert.

- Externe Evidenz[39] für eine bisegmentale Analyse von [ts] und [pf] liefern zum einen Fehlleistungen von Aphatikern, die z.B. *A[fp]el, Augu[ts]* und *Bür[ts]e* anstelle von *A[pf]el, Augu[st]* und *Bür[st]e* artikuliert haben, was eine Aufspaltung der Affrikaten in ihre Einzelbestandteile voraussetzt (vgl. DRESSLER 1973:10); zum anderen sprechen für diese Analyse auch Versprecher von Typ *Ne[st]* für *Ne[ts]* (vgl. KLOEKE 1982:43).
- Die Charakterisierung der Affrikaten mithilfe eines Merkmalbündels stößt auf unüberwindliche Schwierigkeiten, wie WIESE (1988:38f.) belegt: Im Rahmen der Generativen Phonologie, wie sie in SPE formuliert wurde, ist eine Merkmalspezifikation [-kont, +kont] unmöglich, weil nur eine Menge von *ungeordneten* Merkmalen ein Merkmalbündel bilden kann. Deshalb ist auch, wie van der HULST/SMITH (1982:5–9) zeigen, eine Merkmalsbeschreibung von in Tonsprachen, z.B. dem Chinesischen, beobachtbaren Konturtönen, d.h. Tonsequenzen von 'Hochton+Tiefton' oder umgekehrt, auf Kurzvokalen in der SPE–Phonologie nicht durchführbar.

CHOMSKY/HALLE (1968:318–322) führen für die Analyse der Affrikaten das Merkmal "delayed release" (was soviel wie "verzögerte Verschlußlösung" bedeutet) ein, wobei Plosive als [–delayed release] und Affrikaten als [+delayed release] spezifiziert werden. Aber auch diese Lösung ist unbefriedigend, weil nicht alle Affrikaten streng homorganische Verbindungen von Plosiven und Frikativen bilden. WIESE (1988:37ff.) erläutert dies am Affrikatensystem des Mandarin–Chinesischen, in dem in den Clustern [ts], [tʂ] und [tç] die frikativen Bestandteile jeweils alveolar, retroflex und präpalatal sind, während der Plosiv [t] in allen drei.Fällen dental bzw. alveolar artikuliert wird (1988: 39). Ähnliches gilt auch für die Affrikaten [ts] und [tš] im Deutschen, bei denen ebenfalls nur die Artikulationsstelle des frikativen Teils variiert (dental/alveolar vs. palatoalveolar), nicht jedoch die der Verschlußphase. Die unterschiedlichen Artikulationsorte von Plosiv und Frikativ z.B. in der Affrikata [tš] können in einem Merkmalbündel wiederum nur durch ein geordnetes

[39] Man unterscheidet "interne Evidenz", die sich auf grammatikinterne Sachverhalte, z.B. auf Kriterien wie Allgemeinheit und Einfachheit eines Phoneminventars (vgl. oben 3.4.1) stützt, und "externe Evidenz", welche Argumente für die Beurteilung der "psychologischen Realität" der vom Linguisten aufgestellten Modelle grammatischer Strukturen und Regularitäten liefert, z.B. aus den Phänomenbereichen 'Spracherwerb', 'Sprache von Aphatikern', 'Versprecher' oder 'historische Sprachentwicklung' (vgl. GREWENDORF/HAMM/STERNEFELD 1987:88).

Merkmalpaar, in diesem Fall [–hoch, +hoch] (vgl. oben Tabelle 4) wiedergegeben werden, was in SPE aber nicht zugelassen ist.

Deshalb ist nach WIESEs Ansicht eine bisegmentale Analyse auch in den Sprachen erforderlich, in denen eine solche bisher aus systematischen Gründen unmöglich schien, z.B. im Chinesischen oder Italienischen.

Dieser scheinbare Widerspruch wird von WIESE mit Hilfe einer nicht–linearen Repräsentation der Affrikaten gelöst: Die Darstellung der gesamten phonologischen Struktur einer lautsprachlichen Äußerung als eine einzige lineare Kette von Merkmalsbündeln und Grenzsymbolen (für die Wort–, Morphem– oder Silbengrenze) wie sie in SPE und z.B. fürs Deutsche auch in WURZEL (1970) durchgehend verwendet wurde, erwies sich für die Beschreibung einer Reihe prosodischer Phänomene wie Silbenstruktur, Akzent, Tonmelodien in Tonsprachen, Intonationskonturen u.a. als inadäquat; an ihre Stelle trat eine mehrdimensionale phonologische Repräsentation auf verschiedenen Ebenen ("tiers") in der "Autosegmentalen Phonologie" (vgl. GOLDSMITH 1976 und 1990, van der HULST/SMITH 1982) oder ein hierarchisches Modell prosodischer Strukturen in der "Metrischen Phonologie" (vgl. LIBERMANN/PRINCE 1977, SELKIRK 1980, FÉRY 1986, HOGG/MC CULLY 1987, GIEGERICH 1985 und WIESE 1988). Eine ausführliche Auseinandersetzung mit diesen phonologischen Theorien soll in einem besonderen Band erfolgen (vgl. Vorwort). Eine mögliche "autonome" Ebene der Autosegmentalen Phonologie bildet die "CV–Schicht", auf der metrische Einheiten, d.h. Grundelemente der "zeitlichen" Struktur der zugrundeliegenden phonologischen Repräsentation[40], plaziert sind (vgl. CLEMENTS/KEYSER 1983, HAYES 1986 und WIESE 1988). "C" bezeichnet eine metrische Einheit, die nicht den Silbengipfel bildet, "V" dagegen ein Element, das die Position des Silbengipfels einnimmt. Diese Einheiten der CV–Schicht werden auf der Grundlage verschiedener Assoziationsprinzipien, z.B. des Grundsatzes, daß sich Assoziationslinien nicht kreuzen dürfen (vgl. van der HULST/SMITH 1982:14), mit den Einheiten anderer "tiers" verbunden, u.a. mit den Elementen des "melodic tier" (HAYES 1986:322), die als Bündel inhärenter segmentaler Merkmale repräsentiert sind. Die Verbindung der CV–Schicht mit der Segmentschicht kann in einer Eins–zu–Eins–, Zwei–zu–Eins– oder Eins–zu–Zwei–Zuordnung erfolgen; zumindest gilt dies für das Deutsche. Folgende Beispiele illustrieren die verschiedenen Assoziationsmöglichkeiten:

---

[40] Diese zugrundeliegende metrische Struktur einer Äußerung ist nicht mit der zeitlichen Strukturierung der phonetischen Realisierung gleichzusetzen, wenn auch beide in einem regulären Zusammenhang stehen.

Abb. 6

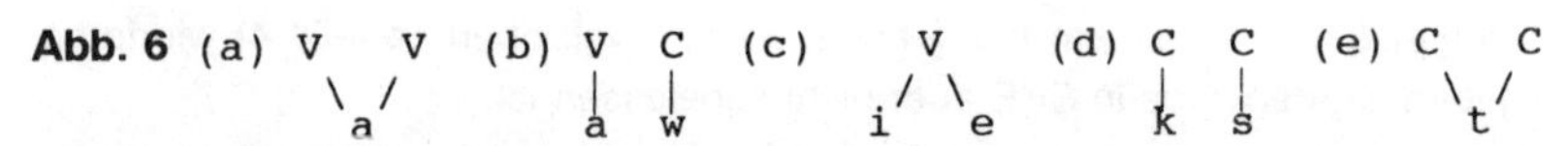

(a) bildet die Repräsentation eines Langvokals, (b) eines Diphthongs, z. B. in *Haus,* (c) eines Kurzdiphthongs, der in der metrischen Länge einem Kurzvokal entspricht (Solche Kurzdiphthonge existieren zwar nicht im Deutschen, aber in einer Reihe anderer Sprachen, z.B. dem Isländischen.), (d) einer Konsonantenverbindung und (e) eines Langkonsonanten (Konsonantengeminata), wie er z.B. im Italienischen vorkommt. Außer diesen fünf Möglichkeiten existiert eine sechste Variante, in der zwei segmentale Elemente mit einer C–Position assoziiert werden. Dies ist gerade die Repräsentation, welche WIESE (1988:61) für die Affrikaten, u.a. des Deutschen, wählt:

Abb. 7:

```
(a)    C        (b)    C        (c)    C
      / \             / \             / \
     p   f           t   s           t   š
```

(Die Affrikata [tš] fehlt übrigens im Schema von WIESE.)

WIESE (1988:61) glaubt, daß "die widersprüchliche Evidenz für den Status der Affrikaten" mit Hilfe dieser autosegmentalen Darstellung erklärt werden könne, indem artikulatorische Eigenschaften mit Bezug auf die Segmentschicht, phonotaktische Regularitäten dagegen in Verbindung mit der CV–Schicht beschrieben werden. Das skizzierte Modell löst unseres Erachtens aber noch nicht alle Probleme im Zusammenhang mit der Wertung der Affrikaten: Einige der oben erörterten Argumente für die bisegmentale Analyse beziehen sich zwar auf die Segmentschicht, z.B. das Kriterium der Beschränkung des Konsonanteninventars oder die Segmentvertauschungen in Versprechern, die, wie STEMBERGERs (1984) und BERGs (1988) Versprecheranalysen zeigen, keine gleichzeitigen Änderungen der Quantitäten, d.h. der metrischen Verhältnisse beinhalten. Andere Belege für die bisegmentale Wertung dagegen, z.B. das Fehlen von Langvokalen und Diphthongen vor /pf /, beziehen sich eindeutig auf die in der CV–Schicht repräsentierte metrische Struktur, weshalb in diesem Fall zwei C–Positionen für /pf/ angenommen werden könnten. Diese Analyse hätte allerdings den Nachteil, daß eine einheitliche Repräsentation der Affrikaten für den Silbenanlaut und –auslaut nicht mehr möglich wäre.

Zum Schluß sei noch ein externes Argument aus der Forschung zum Erstspracherwerb für die "monometrische" Wertung, d.h. die Annahme **einer** C–Position auf der CV–Schicht, für die Affrikaten /ts/ und /pf/ genannt. SCHANER–WOLLES/TONELLI (1988) stellten in Untersuchungen zum Erstspracherwerb bei 2–6jährigen österreichischen Kindern fest, daß /ts/ und /pf/ in fehlerhaften Produktionen regelmäßig durch einen Frikativ oder einen Plosiv ersetzt werden, jedoch nie durch eine Konsonantenverbindung; das Cluster /ks/

wurde dagegen regelmäßig durch andere Konsonantencluster, z.B. /ts/ oder /çs/, aber nie durch einen einzelnen Obstruenten ersetzt (I988:112f.), ein klarer Beleg dafür, daß /ts/ und /pf/ im Spracherwerb dieser Kinder offenbar zumindest auf einer Ebene als Einheiten fungieren, während dies für /ks/ nicht gilt. U.a. für diese Differenzen bietet das Modell WIESEs eine adäquate Beschreibungsmöglichkeit, weshalb es zwar noch nicht als endgültige Klärung des Status der Affrikaten im Konsonantensystem des Deutschen betrachtet werden kann, aber einen wichtigen Schritt in die richtige Richtung darstellt. Das CV-Modell ist übrigens auch für die Analyse anderer Probleme der Lautstruktur geeignet, z.B. zur Beschreibung der Vokalquantitätsverhältnisse und der Stellung der Diphthonge im Deutschen (vgl. unten 4.3.2 und 4.3.4).

4.1.2.2 Stimmtonopposition und Auslautverhärtung

Die Obstruenten des Deutschen bilden zwei Reihen paarweise geordneter Glieder, die sich in einem phonologischen Merkmal unterscheiden (vgl. Tab.4):

Tabelle 5:

p	f	t	s	š	ç	k	x
b	v	d	z	ž	ʝ[41]	g	(γ)

Der eingeklammerte stimmhafte velare Frikativ existiert nicht im Standarddeutschen, sondern nur in einigen Dialekten, z.B. in der berlinischen Aussprache [vɑ:γn̩] für *Wagen.*

In welcher Lauteigenschaft sich die obigen Obstruentenpaare primär unterscheiden und welches Merkmal folglich als distinktiv betrachtet werden soll, ist umstritten. Neben dem von uns in Tab.4 (vgl. 4.1.1) verwendeten Merkmalpaar 'stimmhaft – stimmlos' ist vor allem die Opposition 'fortis – lenis' (engl.: 'tense – lax') in der Diskussion. Sie kann artikulatorisch definiert werden als 'größere vs. geringere Artikulationsenergie', die einen 'größeren vs. geringeren intraoralen Luftdruck', eine 'längere vs. kürzere Obstruentendauer' und (bei Plosiven) eine 'Aspiration vs. Nicht–Aspiration' (vgl. dazu 4.1.2.3) zur Folge haben kann (vgl. KOHLER/KÜNZEL 1978:118 und ausführlich EZAWA 1972:108–120). Im Standarddeutschen besteht, wie zahlreiche Untersuchungen gezeigt haben (vgl. MEINHOLD/ STOCK 1963, EZAWA 1972, KOHLER/ KÜNZEL 1978 und KNETSCHKE/SPERLBAUM 1987), keine automatische Kopplung von 'Stimmlosigkeit+Fortisartikulation' und 'Stimmhaftigkeit+Lenis-

[41] Die neue IPA-Version (1989) unterscheidet den Glide [j] vom palatalen Frikativ [ʝ].

artikulation'. Die Lenisobstruenten werden vielmehr häufig ohne Stimmton realisiert, im Süddeutschen sogar fast ausschließlich, wie z.B. BANNERT (1976) fürs Bairische nachweist; er nimmt im übrigen an, daß nicht die Artikulationsspannung, sondern die Quantität der Sequenz 'Vokal+Konsonant' im Bairischen die distinktive Funktion in Paaren wie *'wega* vs. *wecka'* übernimmt (vgl. BANNERT 1977).

Die Entstimmlichung der Lenisobstruenten ist vor allem im Wortanlaut zu beobachten, sehr viel seltener dagegen (im Standarddeutschen) im Wortinlaut (vgl. KNETSCHKE/SPERLBAUM 1987:192). Im Wortinlaut zwischen Vokalen werden andererseits manchmal – nach dem Korpus von KNETSCHKE/-SPERLBAUM (1987:192) sogar in einem Viertel aller Fälle – Fortisobstruenten verstimmhaftet; EZAWA (1972:109) nennt als Beispiele die inlautenden Frikative in Wörtern niederdeutscher Herkunft wie *quasseln, dusseln* etc.

Stimmlose Leniskonsonanten werden durch einen Kreis unter dem Transkriptionszeichen gekennzeichnet, z.B. [b̥], [d̥] und [g̥], stimmhafte Fortiskonsonanten wiederum durch untergesetztes Häkchen, z.B. [p̬], [t̬] und [k̬].

Die beschriebene Faktenlage veranlaßt u.a. MEINHOLD/STOCK (1980:123) und KLOEKE (1982:31), zugrundeliegende stimmlose Lenisobstruenten anzunehmen, die im Inlaut zwischen stimmhaften Segmenten verstimmhaftet werden; KLOEKE (1982:32) formuliert dafür eine eigene phonologische Regel, die er "stimmhafte Lenis" nennt. Wir halten eine solche Regel aus folgenden Gründen für überflüssig:

- Auch zwischen Vokalen sind stimmlose Lenisobstruenten möglich (z.B. als Aussprachevariante in *Ebbe, Roggen, Widder* und ähnlichen Wörtern niederdeutscher Herkunft), so daß die Verstimmhaftungsregel als optional gekennzeichnet werden müßte.
- Im Silbenanlaut, nicht allein im Wortanlaut, sind sowohl stimmhafte als auch stimmlose Lenis möglich, also sowohl in *Bar* und *Gasse,* als auch in *Tanzbar* und *Stadtgasse.* KLOEKE (1982:32) hält in den letzten beiden Wörtern nur die Aussprachevarianten [b̥] und [g̥] für möglich. Wenn auch in diesen Fällen aufgrund einer über die Silbengrenze hinweg wirksamen progressiven Assimilation ein Stimmtonverlust häufig auftritt, so ist er doch keineswegs obligatorisch. Der Stimmtonverlust bedeutet im übrigen keine gleichzeitige Fortisierung, wie KLOEKEs (1982:32) Minimalpaare *'Tan[tsb̥]ar – Tan[tsp]aar'* und *'Sta[tg̥]asse – Sta[tk]asse'* illustrieren.

Wir halten, beim jetzigen Stand der Forschung, folgende Lösung für akzeptabel: Der phonologischen Opposition 'fortis – lenis' kann ein ganzes Bündel phonetischer Korrelate zugeordnet werden, wie Konsonantendauer, Artikulationsspannung, intraoraler Luftdruck, Aspiration und Stimmtonbeteiligung, die gemeinsam oder, in bestimmten Lautkontexten, bei verschiedenen Sprechern unterschiedlicher regionaler Herkunft oder in Abhängigkeit von Stilebene oder Sprechtempo, auch einzeln zur Aufrechterhaltung der Opposition beitragen. Welche phonetischen Parameter jeweils vorhanden sind oder fehlen, kann in der Regel nicht vorhergesagt werden. Deshalb stehen stimmlose und stimmhafte Lenisobstruenten in freier, regionaler oder sozialer Variation (vgl. oben 2.2.2 und 2.2.3). Die phonologische Opposition zwischen Fortis– und Lenisobstruenten bleibt dagegen in den bisher erwähnten Kontexten (Wort– und Silbenanlaut) erhalten und wird nur im Auslaut zugunsten der Fortisobstruenten neutralisiert. Im folgenden werden wir der Frage nachgehen, wie diese Neutralisierung, die man als "Auslautverhärtung" bezeichnet, adäquat beschrieben werden kann.

Zunächst kann festgestellt werden, daß im Auslaut deutscher Wörter keine Lenisobstruenten zugelassen sind, sondern ausschließlich stimmlose Fortis. Dies trifft auch auf Wörter zu, in deren Paradigmen alternierende Formen mit Lenisobstruenten stehen, was folgendes Korpus verdeutlicht:

(4.04)	Gra[s]	–	Grä[z]er
	Lan[t]	–	Län[d]er
	Lo[p]	–	lo[b]en
	San[t]	–	san[d]ig

Wie die letzten beiden Beispiele zeigen, sind solche Alternationen nicht nur in Flexionsformen des gleichen Wortes, sondern auch in verschiedenen, durch Wortbildungsregeln aufeinander bezogenen lexikalischen Einheiten feststellbar.

In 3.3 wurde bereits erläutert, warum bei der phonologischen Wertung solcher Alternationen der jeweils stimmhafte Obstruent als zugrundeliegend angenommen wird. Der Prozeß "Auslautverhärtung" bewirkt eine Entstimmlichung *und* Fortisierung, weshalb das Auftreten stimmloser Lenis in [A]pb̥*au* oder A[pz̥]*age* aufgrund progressiver Assimilation an den vorausgehenden stl. Fortiskonsonanten nicht darunter fällt. Er ist im Standarddeutschen ein obligatorischer und, im Sinne STAMPEs (1973), ein natürlicher Prozeß, welcher eine Erleichterung der artikulatorischen Realisierung bewirkt – stimmlose Obstruenten sind im Auslaut einfacher zu produzieren als stimmhafte –, was sich unter anderem daran zeigt, daß englischsprachige Kinder während des Spracherwerbs automatisch auslautverhärten und erst im Laufe der Sprachentwicklung diesen Prozeß zu unterdrücken lernen (vgl. WURZEL 1981:954). In der Terminologie der Markiertheitstheorie (vgl. oben 3.4.3) ausgedrückt bedeutet dies, daß stimmhafte Obstruenten markierter sind als stimmlose (bzw. Lenis markierter als Fortis).

Der Ausdruck "Auslaut" als Kontextangabe für diesen phonologischen Prozeß ist zu allgemein und muß im folgenden präzisiert werden:

Folgende Beispiele belegen, daß die Morphemgrenze als relevante Umgebung für eine Auslautverhärtungsregel inadäquat ist:

(4.05)	/zɛnd+ʊŋ/	"Sendung"
	/ve:b+ɐ/	"Weber"
	/lo:g+ɪš/	"logisch"

Die Wortgrenze als Kontext erfaßt wiederum nicht alle Fälle von Auslautverhärtung, wie folgende Beispiele zeigen:

(4.06)	/fra:k+tə#/	"fragte"
	/re:t+lɪç#/	"redlich"
	/rö:s+çən#/	"Röschen"

KLOEKE (1982:32) formuliert deshalb eine Regel, die neben der Wortgrenze im Kontext eine Morphemgrenze mit folgendem Konsonanten oder Laryngal enthält:

(4.07) $$[-\text{son}] \rightarrow [+\text{tns}] \; / \; \_\_ \; [-\text{segm}] \begin{Bmatrix} [-\text{segm}] \\ [+\text{kons}] \\ [-\text{son}] \end{Bmatrix}$$

Die Auslautverhärtung benötigt aber keine Morphemgrenze (bei KLOEKE als [–segm] bezeichnet) als bedingenden Kontext, wie die Alternationen *'Se[k]ler* vs. *Se[g]el'* oder *'Re[t]ner* vs. *re[d]en'* zeigen, in denen die Morphemgrenze nicht unmittelbar nach dem betroffenen Obstruenten liegt. Deshalb wird als relevante Domäne der Auslautverhärtung mit WIESE (1988:80) und WURZEL (1981:954) die Silbe betrachtet. Die Regelformulierung von WIESE verdient den Vorzug, weil sie nicht von in die lineare Lautkette eingestreuten Grenzsymbolen ausgeht, sondern ein nicht–lineares, autosegmentales Modell verwendet, das mit Domänen der Regelanwendung und Positionen innerhalb dieser Domänen arbeitet; er gibt folgende Auslautverhärtungsregel an:

(4.08) $[+\text{obstruent}] \rightarrow [-\text{stimmhaft}] \; / \; \_\_\_ \;]_\sigma$ ("σ" bezeichnet die Domäne "Silbe")

Sie kann interpretiert werden als Stimmtonverlust von Obstruenten in silbenfinaler Position. Nach Ersetzung von [+obstruent] durch [–sonorant] und von [–stimmhaft] durch [+fortis] (vgl. obige Diskussion) resultiert folgende Regel:

(4.09) $[-\text{son}] \rightarrow [+\text{fortis}] \; / \; \_\_\_ \;]_\sigma$

Die in 3.2.3.1 diskutierten Beispiele *Magd, bliebst* und *Walds* zeigen, daß Obstruenten nicht nur in silbenfinaler Position, sondern auch vor stimmlosen Obstruenten fortisiert werden, allerdings nur, wenn beide in der gleichen Silbe stehen, wie das Beispiel *Ja[kd̥]en* mit stimmloser Lenis belegt. Die Regel (4.09) kann entsprechend erweitert werden:

(4.10) $[-\text{son}] \rightarrow [+\text{fortis}] \;/\; \_\_ \begin{Bmatrix} [-\text{son}] \\ ]\sigma \end{Bmatrix}$

Regel (4.09) verdient unter Berücksichtigung von Kriterien wie Einfachheit und Allgemeinheit (vgl. 3.4.1) gegenüber der komplexeren Formulierung (4.10) sicherlich den Vorzug. Es fragt sich, ob die Fortisierungen in nicht–silbenfinaler Position auch anders beschrieben werden können.[42] Für die Annahme eines zugrundeliegenden stimmhaften /g/ in *Magd* (die diachronen Argumente für diese Hypothese wurden oben in 3.2.3.1 erläutert) liegt bei rein synchroner Betrachtung keinerlei Evidenz vor, mit anderen Worten, es existieren keine alternierenden Wortformen mit diesem stimmhaften Plosiv anstelle von /k/. Die Schrift alleine genügt nicht als Begründung für eine solche Analyse; gleiches gilt z.B. auch für /p/ in *Obst,* nicht jedoch für /k/ in *Jagd,* das auf /g/ (wegen *jagen)* zurückgeführt werden kann. Demnach sind stimmlose Obstruentencluster im Silbenauslaut zum einen mit Hilfe einer regressiven Assimilationsregel ableitbar, zum anderen müssen schon in der zugrundeliegenden Repräsentation zwei Fortes angenommen werden. Diese zwei Sachverhalte können unter der allgemein für das Deutsche gültigen Silbenstrukturbedingung, daß tautosyllabische, d.h. zur selben Silbe gehörende Obstruenten stimmlos sind, zusammengefaßt werden. Diese Bedingung gilt nicht nur für den Silbenauslaut, sondern auch z.T. für den Anlaut; auch in dieser Position sind in der Regel nur stimmlose Obstruentencluster zugelassen, z.B. /št/, /šp/, /ps/, /pf/, /ts/, /ks/ und /sk/; Ausnahmen bilden lediglich die Cluster [dž], [kv] und [šv], sowie einige Fremdwörter wie So[vj]et, Inter[vj]ew oder [gv]endolyn (vgl. KLOEKE 1982:31). Die Silbenstrukturbedingung kann folgendermaßen formuliert werden:

(4.11) $_{\sigma}[\ldots \underset{[+\text{fortis}]}{\underset{\smile}{[-\text{son}]}}\; \underset{[+\text{fortis}]}{\underset{\smile}{[-\text{son}]}} \ldots]_{\sigma}$ (Zur Formulierung vgl. KLOEKE 1982:31; "⌣" ist das Implikationszeichen.)

[42] WIESE (1988) braucht für diese Fortisierungen keine zusätzliche Regel, weil er von der Prämisse ausgeht, daß /t/, /s/ und /st/ extrasilbische Segmente sind, so daß z.B. in *lebst* /b/ in silbenfinaler Position steht, weil /st/ überhaupt nicht zur Silbe gehört.

4.1.2.3 Aspiration der Plosive

Wie in 2.2.1.1 erläutert wurde, werden stimmlose Fortisplosive im Standarddeutschen – im süddeutschen Sprachraum fehlt die Behauchung weitgehend, außer bei [kh] (vgl. KOHLER 1978:176f.) – in bestimmten Positionen aspiriert. Die artikulatorischen Unterschiede zwischen behauchten stimmlosen, unbehauchten stimmlosen und unbehauchten stimmhaften Verschlußlauten können als Differenzen im Zeitpunkt des Stimmeinsatzes in 'Plosiv + Sonorant–Clustern' erklärt werden; man bezeichnet diesen phonetischen Parameter nach LISKER/ABRAMSON (1964) als "voice onset time" ("VOT"). Die Unterschiede im zeitlichen Verlauf von Verschlußlösung und Einsatz der Stimmbandschwingungen können, z.B. für das Tripel '[pʰ]– [p]– [b]' in den englischen Wörtern *pin, spin* und *bin,* folgendermaßen dargestellt werden (vgl. FROMKIN/RODMAN 1988[4]:42 und LADEFOGED 1982[2]:131):

Abb. 8

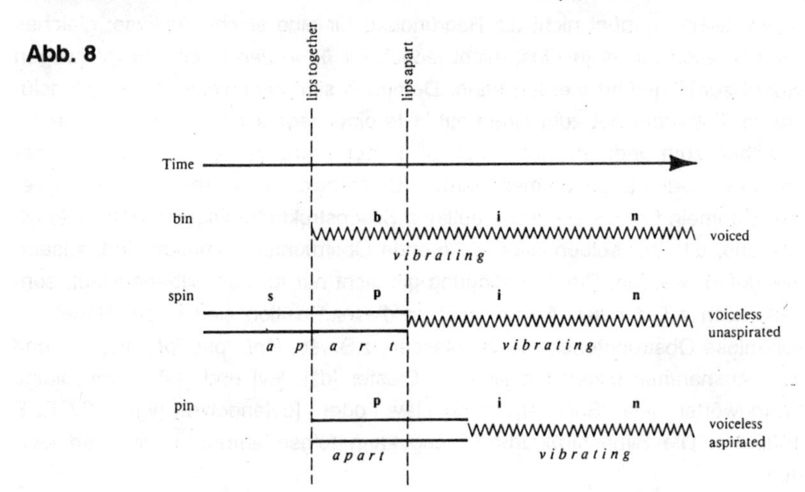

'Aspiration' fungiert in vielen Sprachen, z.B. Georgisch, Thailändisch oder Koreanisch, als distinktives Merkmal, nicht jedoch im Deutschen, wo es, genau wie im Englischen, als vorhersagbare, redundante Lauteigenschaft betrachtet werden kann.[43] Über die Distribution behauchter und nicht–behauchter Fortisplosive herrscht allerdings in den drei maßgeblichen

[43] Dies bedeutet keineswegs, daß die Aspiration für die perzeptive Unterscheidung der Fortis– von den Lenisobstruenten im Deutschen unwesentlich ist; im Gegenteil, Perzeptionstests im Kieler Institut für Phonetik haben gezeigt, daß die Behauchung für die auditive Differenzierung dieser zwei Gruppen von Konsonanten wesentlicher ist als Stimmbeteiligung und Artikulationsspannung (vgl. BARRY/KOHLER 1978:54–56).

Aussprachewörterbüchern DUDEN (1974[2]), SIEBS (1969[19]) – dort wird sogar für die Reine Hochlautung in allen Positionen Behauchung vorgeschrieben (1969[19]:104) – und GWdA (1982) Uneinigkeit (vgl. SCHINDLER 1974 und KNETSCHKE/SPERLBAUM 1987). KLOEKE (1982:33) stützt sich in seiner Regel für die Aspiration auf die Angaben des GWdA; er nimmt Behauchung im Anlaut (außer nach /š/ und /s/) und im Auslaut (außer vor Obstruent) betonter Silben an (vgl. auch KLOEKE 1982:232). Die umfangreiche empirische Untersuchung von KNETSCHKE/SPERLBAUM (1987) hat allerdings gezeigt, daß zumindest die erste Einschränkung nicht aufrecht erhalten werden kann; sie stellen "relativ häufig" (1987:184f.) Aspirierung der Plosive in den Clustern /št/, /šp/, /st/ und /sp/ fest, außer in finaler Position. Fast immer wurden die Plosive in dem von ihnen untersuchten Material nur in zwei Positionen behaucht:

(a) im absoluten Anlaut, d.h. zu Beginn einer Äußerung vor betontem Vokal und

(b) im Auslaut vor einer Pause, unabhängig davon, ob die letzte Silbe betont ist oder unbetont (vgl. 1987:184–189 und 210).

Diese auf Satz– bzw. Äußerungsebene bezogenen Kontextbeschreibungen können, cum grano salis, bei Beschränkung auf das Wort[44] als größte Domäne für die Beschreibung wortphonologischer Regularitäten wie folgt uminterpretiert werden: Aspiration der Plosive im Deutschen ist obligatorisch im absoluten Wortanlaut, d.h. direkt nach der Wortgrenze, vor betontem Vokal und (b) im absoluten Wortauslaut.[45] Dafür kann folgende Regel formuliert werden:

$$(4.12)\quad \begin{bmatrix} -\text{son} \\ -\text{kont} \\ +\text{kons} \end{bmatrix} \rightarrow [+\text{asp}] \;/\; \left\{ \begin{array}{c} {}_{\omega}[\_\_\acute{V} \\ \_\_]_{\omega} \end{array} \right\}$$

("ω" steht für die Domäne "Wort")

Optional ist die Aspiration in allen anderen Kontexten, außer bei folgendem Obstruenten oder [h]; diese Einschränkung gilt innerhalb der Domäne "Wort", nicht "Silbe", wie die Transkriptionen A[pz̥]atz (KLOEKE 1982:33) und

---

44 Strenggenommen muß unterschieden werden zwischen "Wort" als phonologische oder morpho–syntaktische Kategorie – nur erstere kann als Domäne für die Aspirationsregel fungieren -, beide können, aber müssen sich nicht auf das gleiche Teilstück einer Lautsequenz beziehen; ähnliches gilt für Intonationsphrase bzw. Äußerung als prosodische und den Satz als syntaktische Kategorie (vgl. WIESE 1988:17–19).

45 Eine Bestätigung für die Aspiration im Wortauslaut liefert auch MOULTON (1962:42), wenn er zur Realisierung von /p,t,k/ in finaler Position im Englischen und Deutschen feststellt: "Final /p,t,k/, however, present a minor problem: in English they are very often unreleased; in German they are nearly always released, and they are very often aspirated."

Hau[pt^h]ema (KNETSCHKE/ SPERLBAUM 1987:148) zeigen, in denen ein Plosiv vor einem Obstruenten der Folgesilbe unbehaucht bleibt. Zur Formalisierung dieser optionalen Aspirationsregel vgl. A. 4–1.

4.1.2.4 Die dorsalen Reibelaute [x] und [ç]

In 2.2.1.2 und 3.3 wurde gezeigt, daß der velare [x]–Laut und der palatale [ç]–Laut komplementär distribuiert sind und Alternationen wie 'Bu[x] –Bü[ç]er' vorliegen (vgl. 2.2.1), zwei ausreichende Argumente für die Annahme, daß beide Allophone eines Phonems sind. Angebliche Gegenbeispiele, wie die Minimalpaare 'Ku[x]en – Ku[ç]en' und 'tau[x]en – Tau[ç]en' sind schon bei rein strukturalistischer Betrachtungsweise kaum als Widerlegung dieser Analyse zu betrachten (zur älteren Forschung vgl. WERNER 1972:48f.), weil [x] und [ç] in diesen Paaren nicht im gleichen Morphem stehen; im Rahmen der Theorie der GTG sind sie u.E. sogar vollkommen irrelevant; ihre Anerkennung würde bedeuten, wegen ein paar Wörtern auf die Beschreibung einer vollkommen regulären Distribution der beiden Frikative zu verzichten. Dies käme der Behauptung gleich, ein Sprecher des Deutschen müßte beim Erwerb der Sprache für jedes einzelne Lexem lernen, ob es mit [ç] oder [x] realisiert wird. Daß dies eine absurde Vorstellung ist, zeigen z.B. Entlehnungen von Wörtern aus dem Russischen, die in der Ursprungssprache einen velaren Frikativ nach Vordervokal haben, während die eingedeutschte Form regelmäßig den Ich–Laut zeigt, z.B. in den Namen *Tschechow, Tichonow* und *Charkow* (vgl. KLOEKE 1982:41). Man muß vielmehr davon ausgehen, daß ein Sprecher des Deutschen, der um die regelhafte Verteilung beider Laute weiß, wenn er in Ausnahmefällen ein [ç] nach hinterem Vokal wahrnimmt, z.B. in Frau[ç]en, daraus sofort auf das Vorhandensein einer Morphemgrenze schließt. Diese peripheren Ausnahmen zeigen jedoch, daß die Domäne für die Distribution der Allophone [x] und [ç] weder Wort noch Silbe, sondern das Morphem bildet; sie kann wie folgt charakterisiert werden (vgl. oben 2.2.1.2):

- [ç] steht im Morphemanlaut, nach vorderen Vokalen und nach Sonanten (im Standarddeutschen);
- [x] steht nach hinteren Vokalen (und im Süddeutschen zudem nach Sonanten).

Nach Obstruenten im gleichen Morphem ist keins von beiden Allophonen belegt.

Im folgenden wird die in 3.3 gestellte Frage diskutiert, ob der Ich–Laut oder der Ach–Laut als zugrundeliegend angenommen werden soll.

WURZEL (1981:954–957) entscheidet sich für die erste Lösung, und zwar aus folgendem Grunde: [ç] bildet die "freiere Lautvariante" (1981:955), d.h. sie steht in unterschiedlichen Lautkontexten, während [x] auf die Umgebung 'nach Hintervokal'[46] beschränkt ist (zur Formulierung einer phonologischen Regel für die von WURZEL angenommene Alternation '[ç] → [x]' vgl. A. 4–3).

WURZEL (1981:956) stellt die Hypothese auf, daß in früheren Sprachzuständen des Deutschen eine Alternation '/x/→ [ç]' vorlag; der Wechsel vollzog sich nur nach Vordervokalen, weshalb zum damaligen Zeitpunkt [ç] die eingeschränktere Lautvariante bildete. Im Verlauf der Sprachentwicklung vom Alt– und Mittelhochdeutschen zum Neuhochdeutschen führten lautliche Veränderungen, z.B. Vokaltilgungen, dazu, daß der Ich–Laut nun auch in anderen Kontexten, und zwar nach [l], [n] und [r] (bzw. [ʀ]), auftrat; folgende Beispielpaare illustrieren diesen Lautwandel:

(4.13) (ahd.) kelich → (mhd. u. nhd.) kelch
(mhd.) manec → (nhd.) manch (vgl. *Mannigfaltigkeit)*
(ahd.) kiricha → (mhd. u. nhd.) kirche

Als Folge dieser Veränderungen wurde nach WURZEL die Richtung des phonologischen Prozesses und somit die diesen beschreibende Regel umgekehrt, mit anderen Worten: Ein Sprecher des Althochdeutschen – im Mittelhochdeutschen ist offensichtlich ein Zwischenzustand anzunehmen, wie obige Beispiele zeigen – hat eine Regel '/x/ → [ç] nach Vordervokalen' internalisiert, ein Sprecher des Neuhochdeutschen dagegen eine Regel '/ç/ → [x] nach Hintervokalen'. Eine solche Umkehrung bezeichnet man als 'Regelinversion', die entsprechende Änderung in der zugrundeliegenden Repräsentation (in diesem Fall /ç/ statt ursprüngliches /x/) Restrukturierung (vgl. VENNEMANN 1972 und MAYERTHALER 1974).

Regelinversion nimmt im Falle der 'Ich-Achlaut-Alternation' auch ISAČENKO (1973) an; als ein Argument für diese Analyse dient die These, daß der Lautkontext für [x] eine natürliche Klasse bildet (mit der Merkmalsspezifikation $\begin{bmatrix}\text{–kons}\\ \text{+hint}\end{bmatrix}$, während dies für [ç] nicht gilt. Letztere Behauptung bedarf allerdings der näheren Erläuterung, denn die Sonanten [l], [n] und [r] (wenn man den alveolaren Vibranten zurundelegt) haben alle das Merkmal [–hint] gemeinsam, d.h. die für die jeweilige Lautproduktion charakteristische Enge– oder Verschlußbildung vollzieht sich bei allen vor dem velaren Bereich des Mundraums. ISAČENKO (1973:3f.) begründet seine Auffassung damit, daß die betreffenden Liquide und Nasale akustisch – er beruft sich vor allem auf die

[46] Die zusätzliche Angabe "und nach hinteren Glides" (wegen *Rauch, Bauch* etc.) ist im in 4.0 entworfenen theoretischen Rahmen nicht erforderlich, weil zwischen Vokalen und Glides auf der segmentalen Ebene, auf welche sich der hier diskutierte phonologische Prozeß bezieht, nicht unterschieden wird, sondern nur auf der CV–Ebene.

Frequenzwerte für den zweiten Formanten – mehr Gemeinsamkeiten mit den Hinterzungenvokalen, z.B. [u] und [o], haben als mit den Vordervokalen. Assimilationen dienen aber in erster Linie der Artikulationserleichterung, weshalb eine Argumentation auf rein akustischer Basis sie nicht hinreichend erklären kann. Er nennt als weiteres Argument für seine Auffassung, daß die Palatalisierung von /x/ nach /l/, /n/ und /r/ kein natürlicher Prozeß sei, da in bairischen und alemannischen Dialekten nach diesen Lauten kein [ç], sondern der velare Frikativ realisiert werde. Man kann allerdings genau umgekehrt fragen, warum im Standarddeutschen nach den besagten Sonanten kein [x] realisiert wird, wenn die Velarisierung ein natürlicher Prozeß ist. Die Beweisführung ISAČENKOs ist folglich nicht überzeugend. Unseres Erachtens sprechen vielmehr eine Reihe von Fakten gegen die Annahme einer Velarisierung von zugrundeliegendem /ç/ nach Hintervokalen (vgl. KLOEKE 1982:208f.):

- Zunächst fällt auf, daß nur der stimmlose palatale Frikativ [ç] in der genannten Umgebung als [x] realisiert wird, nicht jedoch sein stimmhaftes Gegenstück [j], wie die Aussprache der Wörter *Boje* und *Koje* belegt. Deshalb wird auch in der Regel von WURZEL (1981:955), der die Alternation '/ç/ → [x]' als Lösung bevorzugt, das Merkmal [-stimmhaft] explizit angegeben. Dies ist bei Annahme des umgekehrten Wechsels nicht erforderlich, weil im Standardeutschen kein stimmhaftes Gegenstück zu [x] existiert.
- In einigen deutschen Dialekten wird die Alternation '[x] – [ç]' durch '[x] – [š]' ersetzt. In diesen Fällen ist eine Ableitung von [x] aus /š/ auf keinen Fall möglich, weil [š] auch nach Hintervokalen vorkommen kann, z.B. im Rheinländischen ['ʝRɔšə] (für *Groschen)* oder ['tu:šə] (für *tauschen).*
- [ç] alterniert nicht nur mit [x], sondern auch mit [g], und zwar nach kurzem [ɪ], z.B. in Wörtern mit dem Suffix *–ig* und auch in nicht–abgeleiteten Wörtern, wie folgende Beispiele zeigen

(4.14)	*fertig*	– *fertige*	*König* – *Könige*
	ruhig	– *ruhiger*	

In diesen Fällen ist eine Ableitung von [g] aus /ç/ nicht möglich, weil auch [ç] intervokalisch auftreten kann, z.B. in *Pfirsiche* und *Kraniche* (vgl. KLOEKE 1982:209). Der Wechsel '/x/ → [ç]' kann demnach als Teil eines generellen Palatalisierungsprozesses betrachtet werden, während bei der umgekehrten Annahme die Velarisierung von [ç] ein völlig singulärer Prozeß wäre. Deshalb erfüllt eine phonologische Regel, welche den ersteren Prozeß beschreibt, in höherem Maße das Kriterium der Allgemeinheit (vgl. oben 3.4.1) als eine, die den zweiten charakterisiert. Sowohl WURZEL (1970) als auch KLOEKE (1982) gehen vor allem wegen des zuletzt aufgeführten Argumentes von einem zugrundeliegenden velaren Frikativ /x/ aus.

In Anlehnung an KLOEKE (1982:208) kann für den Wechsel /x/ → [ç] folgende Regel formuliert werden:

(4.15) $$\begin{bmatrix}-\text{son}\\ +\text{hoch}\\ +\text{kont}\end{bmatrix} \rightarrow \begin{bmatrix}-\text{hint}\\ -\text{kor}\end{bmatrix} \;/\; \left\{\begin{matrix}\mu\ [\\ [-\text{hint}]\end{matrix}\right\} \;\_\_$$ ("μ" bezeichnet die Domäne "Morphem")

Will man auch den Wechsel nach uvularem [ʀ] mit einbeziehen –was bei einer Regelordnung, in der zugrundeliegendes alveolares /r/ erst nach der Palatalisierung von [x] durch eine Regel zu [ʀ] wird, überflüssig ist – so muß anstelle des einfachen Kontextes [–hint] die Disjunktion $\left\{\begin{matrix}[+\text{kons}]\\ \begin{bmatrix}-\text{kons}\\ -\text{hint}\end{bmatrix}\end{matrix}\right\}$ treten.

4.1.2.5 /ʝ/ und /v/ : Frikative oder Glides?

Die stimmhaften Frikative /ʝ/ und /v/ nehmen im System der Obstruenten des Deutschen eine Sonderstellung ein, weil ihre Distribution deutlich eingeschränkt ist; sie stehen in der Regel nur im Morphemanlaut; dies gilt vor allem für /ʝ/ (vgl. WURZEL 1970:244–246). Folgendes Korpus zeigt die Verteilung in der Domäne 'Morphem':

(4.16)

/ʝ/			/v/		
Anlaut	Inlaut	Auslaut	Anlaut	Inlaut	Auslaut
jagen	Boje	?Bojchen	Wasser	Löwe	Möwchen
jeder	Koje	?(er) schwojt	Wein	Möwe	(er) kurvt
jubeln			Waage	ewig	brav

/ʝ/ ist fast ausschließlich auf den Anlaut beschränkt, die für den Inlaut angeführten Wörter sind die einzig belegten (nach WURZEL 1970:245); die zwei Beispiele für die Auslautposition sind nur als an den Haaren herbeigezogene Konstruktionen zu betrachten (vgl. oben in 4.1.2.4 Tau[ç]en); KLOEKE (1982:37) nennt sie "Raritäten". /v/ kommt dagegen häufiger im Inlaut vor und auch für den Auslaut, in dem /v/ zu [f] auslautverhärtet wird, findet man in der Sprachwirklichkeit auftretende Beispiele.

Aufgrund der Distribution hat man versucht, /ʝ/ und /v/ nicht als Frikative, sondern als Glides (= Halbvokale, unsilbische Vokale) zu analysieren (vgl. WURZEL 1970:244–248 und MOULTON 1962:24 (nur für /ʝ/)) und sie mit den unsilbischen, d.h. nicht den Silbengipfel bildenden Bestandteilen der Diphthonge [aj], [aw] und [ɔj], z.B. in *heiß, Haus* und *heute,* gleichzusetzen. Für /v/ ist diese Analyse aus folgenden Gründen abzulehnen:

- /v/ wird im Deutschen, anders als im Englischen, fast ausschließlich als labiodentaler Frikativ realisiert. Außerdem ist bei [v] im Deutschen in der Regel ein deutliches Frikativgeräusch hörbar im Gegensatz zum Glide [ʋ] im Holländischen. Der zweite Teil des Diphthongs /aw/ hat dagegen völlig andere lautliche Realisierungen, häufig wird überhaupt kein unsilbisches [u̯], sondern ein [ʊ̯] oder [o̯] gesprochen.
- /v/ unterliegt – dies belegt das Beispielkorpus 4.16 – regelmäßig der Auslautverhärtung, wie alle übrigen Obstruenten. Um dieses Faktum zu erklären und dennoch [v] aus zugrundeliegendem /w/ abzuleiten, braucht WURZEL (1970:247) eine komplizierte "Glide–Konsonantisierungs"–Regel, die sicherstellen muß, daß /w/ in *Löwe* und *Möwe* zum Obstruenten wird, nicht jedoch im Diphthong /aw/, z.B. in *Klaue, Braue* etc. Die Annahme eines solchen phonologischen Prozesses ist u.E. kaum zu begründen und wenn, dann bleibt völlig unerklärlich, wieso aus einem bilabialen /w/ ein labiodentales [v] wird.
- Wenn zugrundeliegend kein /v/ im Obstruentensystem des Deutschen existiert, fehlt das stimmhafte Gegenstück zu /f/ und das System wird asymmetrischer, ein mit Blick auf das Einfachheitskriterium (vgl. oben 3.4.1) unerwünschtes Resultat.
- /v/ steht im Silbenanlaut vor /r/, z.B. in *wringen* und *Wrack,* was dem universalen Prinzip der Sonoritätshierarchie widerspräche, wenn man es als Glide analysiert (vgl. unten 4.4).

Das einzige Argument für die Annahme eines /w/ in der zugrundeliegenden Repräsentation bildet die Existenz von Konsonantenclustern im Silbenanlaut, welche der Silbenstrukturbedingung 4.11 (vgl. oben 4.1.2.1) widersprechen, und zwar [šv] (bzw. [šv̥]), [tsv] (bzw. [ts]) und [kv] (bzw. [kv̥]); in diesen ist nämlich die Kombination 'Fortis+Lenis' in der gleichen Silbe möglich. Allerdings wird /v/ in diesen Clustern auch häufig als stimmlose Fortis /f/ realisiert, so daß die Analyse eines zugrundeliegenden Frikativs /v/ durch dieses Argument nicht ernsthaft erschüttert werden kann.

Für /j/ ist die Frage 'Frikativ oder Glide' nicht so einfach zu beantworten wie für /v/. Zunächst spricht einiges dafür, [ʝ] als Realisierung von /j/ zu betrachten (vgl. KLOEKE 1982 und WURZEL 1970):

- [ʝ] wird häufig ohne hörbares Friktionsgeräusch produziert.
- [ʝ] wird niemals, obige "Raritäten" einmal ausgenommen, auslautverhärtet.
- [ʝ] bildet äußerst selten mit anderen Obstruenten Cluster; als Beispiel kann man lediglich die Interjektion *tja* oder das Fremdwort *Tjost* nennen.

– [j] kann nach Liquiden oder Nasalen in der gleichen Silbe stehen, z.B. in *Linie* oder *Orient,* was bei Annahme eines Frikativs der Sonoritätshierarchie (vgl. 4.4) widersprechen würde. Allerdings werden diese Wörter auch häufig entweder dreisilbig (mit silbischem [i]) oder mit Kurzvokal in der ersten Silbe und Silbengrenze nach (oder im) Konsonanten realisiert.
– Zugrundeliegendes palatales /ʝ/ hat im System der Obstruenten kein stimmloses Gegenstück, da [ç] auf zugrundeliegendes velares /x/ zurückführbar ist.

Trotz dieser Argumente für die Analyse als Glide sind wir der Auffassung, daß die Existenz eines zugrundeliegenden stimmhaften Frikativs /ʝ/ in silbeninitialer Position vor einem vokalischen Silbengipfel für das Lautsystem des Standarddeutschen unverzichtbar ist. Folgende Sachverhalte sprechen für diese These:

– In einigen Mundarten und umgangssprachlichen Varianten des Hochdeutschen alterniert [ç] nach kurzem [ɪ] (vgl. oben 4.1.2.4) und anderen Vordervokalen nicht mit [g], sondern mit [ʝ], z.B. in dem Paar 'ewi[ç] – ewi[ʝ]e'. Der Wechsel kann in diesen Fällen nur als Auslautverhärtung eines zugrundeliegenden /ʝ/ gewertet werden. Ein bekanntes Beispiel für die Aussprache [ʝ] nach dem Diphthong [aj] im Hessischen liefert der aus Frankfurt stammende Goethe mit folgenden Versen aus Faust I (Szene "Zwinger"):

  "Ach neige,
  Du Schmerzensreiche"

– In einigen deutschen Dialekten, z.B. dem Berlinischen und Rheinländischen, steht im Morphemanlaut anstelle von [g] in der Hochsprache regelmäßig ein [ʝ], auch vor [l] und [ʀ] in der gleichen Silbe, z.B. in *Glas* und *groß;* führt man in diesen Fällen [ʝ] auf /j/ zurück, so wird das Prinzip der Sonoritätshierarchie verletzt (vgl. unten 4.4). Für die betreffenden Dialekte muß folglich ein stimmhafter palataler Frikativ ins Segmentinventar aufgenommen werden, was allerdings noch kein ausreichender Grund ist, die gleiche Analyse für das Standarddeutsche vorzunehmen; allerdings belegen diese Beispiele, daß die Annahme eines zugrundeliegenden /ʝ/ prinzipiell möglich ist.
– In einigen wenigen Wörtern des Hochdeutschen existiert in silbeninitialer Position das Cluster [ʝi] (bzw. [ʝɪ]); KLOEKE (1982:36) nennt als Beispiele *jiddisch, injizieren* und *plebejisch.* In den oben erwähnten Dialekten sind solche Kombinationen sehr viel häufiger anzutreffen, z.B. in der Aussprache der Namen *Gisela* und *Guido.* Falls in diesen Fällen für die erste Position ein Glide /j/ angenommen wird, so ist damit ein fundamentales Prinzip der in 4.1.2.1 kurz skizzierten "Autosegmentalen Phonologie" (bzw. "CV–Phono-

logie") verletzt, das "Prinzip der obligatorischen Kontur" (vgl. van der Hulst/-SMITH 1982:8 und WIESE 1988:53 und 214). Dieses besagt, daß Sequenzen identischer Segmente – dies gilt für Einheiten auf der Segmentschicht und auch auf der Tonschicht in Tonsprachen, nicht jedoch für die CV–Schicht – nicht wohlgeformt sind. / j / und / i / werden aber innerhalb des CV–Modells nur auf der CV–Schicht differenziert, nicht jedoch auf der Segmentschicht (vgl. 4.0 und WIESE 1988:63); eine Sequenz / ji / wird demnach in diesem Modell folgendermaßen repräsentiert:

(4.17)

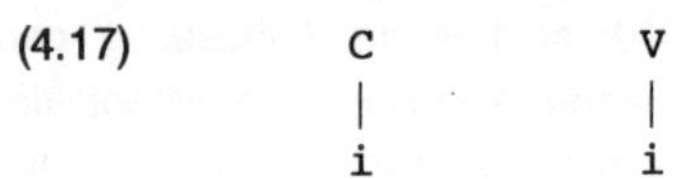

Diese Repräsentation wird aber gerade durch obiges Prinzip ausgeschlossen. Innerhalb des autosegmentalen Modells ist daher eine Kombination [ʝi] in der gleichen Silbe nur als Kombination 'Frikativ+Vokal' analysierbar, die Annahme eines zugrundeliegenden Glides / j / dagegen ausgeschlossen. Aus diesem Grunde geht auch WIESE (1988:214) für das erste Element der Sequenz [ʝi] von der phonologischen Repräsentation / ʝi /, und nicht / ji /, aus. Ansonsten analysiert er aber silbeninitiales [ʝ] als Glide. Es ist jedoch u.E. vollkommen unplausibel, für die initialen Segmente z.B. in *jiddisch* gegenüber *Joppe* zwei verschiedene zugrundeliegende Formen anzusetzen.

– Die Distributionsbeschränkungen für prävokalisches [ʝ] und postvokalisches [j] sind völlig verschieden:– [ʝ] kann mit allen Vokalen – vor hohen Vordervokalen, wie oben erwähnt wurde, allerdings selten – und den Diphthongen [aj] und [aw] kombiniert werden (vgl. A.4–4), [j] steht dagegen postvokalisch (in der gleichen Silbe) nur nach [a] und [ɔ] in den Diphthongen [aj] und [ɔj]; diese Unterschiede in den Vorkommensbeschränkungen sind typisch für die Cluster 'Konsonant+Vokal' (im ersten Fall) und 'Vokal+Vokal' (im zweiten Fall), mit anderen Worten, die Kombinationsmöglichkeiten sowohl der Konsonanten als auch der Vokale untereinander unterliegen starken Restriktionen, während die Kombinierbarkeit mit Segmenten der jeweils anderen Lautklasse relativ frei ist.

– Bei Annahme von zugrundeliegendem / j / im Silbenanlaut müßten in den Wörtern *jein, jaulen* und *Jause* Triphthonge vorliegen (/ jaj / und / jaw/). Eine solche Verkettung von drei Vokalen innerhalb einer Silbe würde aber in Anbetracht der oben genannten Restriktionen für Vokalcluster einen äußerst markierten Fall innerhalb des phonologischen Systems des Deutschen darstellen, weshalb nach dem Einfachheitskriterium (vgl. oben 3.4.1) eine Analyse mit zugrundeliegendem Frikativ / ʝ / vorzuziehen ist.

Aufgrund der genannten Argumente gehen wir davon aus, daß in silbeninitialer Position, z.B. in *jagen, jodeln, Koje* etc., ein Frikativ / ʝ / vorliegt, der von dem Glide / j / – dieser unterscheidet sich im CV–Modell von / i / nur durch die Assoziation mit einer C–Position – in postvokalischer Stellung in den Diphthongen /aj / und / ɔj / unterschieden werden muß. Es soll allerdings nicht bestritten werden, daß in einzelnen Fremdwörtern und in der Endung *–ion* (vgl. KLOEKE 1982: 37–40) auch ein prävokalischer Glide / j / möglich ist, z.B. in der zweiten Silbe der Wörter *Linie* und *Orient;* in einigen wenigen Wörtern ist außerdem die Annahme eines prävokalischen /w/ (statt frikativem /v/) im Silbenanlaut vor Vokal möglich, z.B. in *Linguistik* oder *Gaulois* (vgl. dazu A.4–5).

4.1.3 Sonanten

4.1.3.1 Der velare Nasal [ŋ]

Führt man mit Hilfe der strukturalistischen Methode 'Minimalpaarbildung' eine Phonemanalyse des Deutschen durch, so stößt man auf Worttripel wie *'rammen – rannen – Rangen'* oder *'Wamme – Wanne – Wange'*, welche die Existenz von drei Nasalphonemen, /m/, /n/ und /ŋ/, belegen. In 2.4 wurde gezeigt, daß eine Analyse innerhalb der GTG bei einer solchen Feststellung nicht stehenbleiben darf, sondern aufgrund der im folgenden näher zu erläuternden systematischen Überlegungen zu dem Schluß kommt, daß [ŋ] auf zugrundeliegendes /n/ vor velaren Plosiven zurückgeht. In der klassischen strukturalistischen Phonologie ist diese Ableitung von [ŋ] nicht möglich, weil in ihrem theoretischen Rahmen Phonemalternationen in phonologischen Regeln nicht zugelassen sind, ein Beleg dafür, daß der klassische Phonembegriff für die Beschreibung bestimmter Lautregularitäten ungeeignet ist und deshalb konsequenterweise auch in der GTG durch das Konzept des zugrundeliegenden Segmentes ersetzt wurde (vgl. oben 2.4).

Im folgenden werden die Gründe für die Ableitung des velaren Nasals aus /n/ vor velarem Plosiv kurz erläutert – die wesentlichen Argumente für diese Analyse gehen übrigens auf ISAČENKO (1963) zurück – und entsprechende phonologische Regeln formuliert.

[ŋ] unterliegt im Deutschen starken Distributionsbeschränkungen, die für [n] und [m] nicht gelten:

- [ŋ] steht nie im Morphemanlaut, weder allein noch in Kombination mit anderen Konsonanten; [m] und [n] dagegen stehen in dieser Position sowohl allein *(Maus, nein)* als auch z.B. nach [š] *(schneiden, Schmiede).*

- [ŋ] ist im Standarddeutschen nach Langvokalen und Diphthongen nicht zugelassen,[47] genau wie die Affrikata [pf] (vgl. oben 4.1.2.1), dies gilt wiederum nicht für [n] und [m].
- Postvokalisch sind Liquide vor [n] (z.B. in *Farn, Garn, Köln, Mölln)* und [m] (z.B. in *Sturm, Turm, Helm, Film)* in der gleichen Silbe zugelassen, jedoch nie vor [ŋ]. Vor [ŋ] steht überhaupt nie ein Konsonant in gleicher Silbe.

Der velare Nasal verhält sich offensichtlich phonotaktisch wie ein Konsonantencluster und nicht wie ein Einzelkonsonant. Man könnte ihn folglich innerhalb des CV–Modells so darstellen:

```
(4.18)          C     C
                 \   /
                  \ /

               [+nas ]
               [+hint]
```

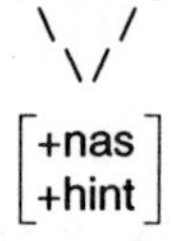

Wenn man von einem zugrundeliegenden Nasal /ŋ/ ausginge, so wäre dieser der einzige Langkonsonant im Deutschen und besäße somit einen völlig exzeptionellen Status. Man hat aber genügend Gründe dafür, von einem /n/ vor /g/ und /k/ auszugehen.

In einheimischen Wörtern – von WURZEL (1981:908f.) übrigens "native Wörter" genannt – steht [n] morphemintern nur vor dem homorganen Plosiv [t], [ŋ] nur vor homorganem [k]; diese Beschränkung gilt nicht für den labialen Nasal [m], wie die Beispiele *Imker, Lemgo, Amt* und *Zimt* zeigen. Es liegt also nahe, den velaren Nasal vor [k] als Produkt einer regressiven Assimilation zu betrachten, zumal auch Fälle von progressiver Nasalassimilation an den vorausgehenden Plosiv keine Seltenheit sind, wie z.B. die alternativen Realisierungen ['hɑ:kn̩] vs. ['hɑ:kŋ̍] für *Haken* zeigen (vgl. oben 3.2.3.1). An der phonetischen Oberfläche erscheint überhaupt keine Realisierung [nk] im gleichen Morphem, allerdings über Morphemgrenzen hinweg, z.B. in *u*[nk]*lar* oder *a*[nk]-*ommen.* In letzteren Fällen ist auch eine regressive Assimilation über Morphemgrenzen hinweg möglich (*a*[ŋk]*ommen* und *u*[ŋk]*lar*); aber dieser Prozeß ist optional, während die Assimilation innerhalb von Morphemgrenzen obligatorisch ist (vgl. KLOEKE 1982:122); es existiert beispielsweise im Standarddeutschen keine Aussprache *[tank]. Die Sequenz [ng] ist morphemintern ebenfalls ausgeschlossen; dies spricht dafür, auch in diesem Fall von einer regressiven

[47] Als Resultat von Assimilations– und Verschmelzungsprozessen kommt die Kombination 'Langvokal + velarer Nasal' (bzw. 'Diphthong + vel. Nasal') allerdings gelegentlich vor, z.B. in der umgangssprachlichen Aussprachevariante [awŋ] für *Augen* (berlinisch: [o:ŋ])

Nasalassimilation auszugehen, die ein Cluster /ng/ in eine Sequenz /ŋg/ überführt. Letztere erscheint allerdings selten an der phonetischen Oberfläche, und zwar nur vor Vollvokalen (d.h. weder vor [ə], noch vor unbetontem [ɪ]) in Fremdwörtern, vor Fremdsuffixen oder in Namen; in allen anderen Lautkontexten steht nur einfaches [ŋ] (vgl. KLOEKE 1982:119). Folgendes Korpus veranschaulicht die komplementäre Verteilung von [ŋg] und [ŋ]:

(4.19)

[ŋg]	[ŋ]
Ungar	eng
Ingo	Hunger
Ingrid	Zunge
fingieren	länglich
laryngal	zweitrangig

Vor [t], [s] und [st] im Silbenauslaut sind beide Formen möglich, allerdings wird /g/ aufgrund der Auslautverhärtung als [k] realisiert. Die Aussprachevariante [ŋk] ist in diesen Fällen allerdings anders zu erklären als die Realisierung [ŋg] z.B. in *Ungar,* und zwar als Hinzufügung eines epenthetischen [k], das der Artikulationserleichterung dient ebenso wie der Einschub eines [p] in Formen wie *kommt* oder *Amt* (vgl. oben 3.2.2).

Für die Annahme eines zugrundeliegenden Clusters /ng/ auch in den Formen der rechten Spalte in 4.19 können, neben den oben erörterten distributionellen Kriterien, noch weitere Argumente angeführt werden:

– In einigen Fremdwörtern alternieren [ŋ] und [ŋg] in verwandten Wortformen, z.B. in dem Paar 'Tria[ŋ]el – tria[ŋg]ulär' (vgl. KLOEKE 1982:119). Solche Alternationen existieren auch in dialektalen Varianten des Deutschen, z.B. in Norddeutschland, in Paaren wie 'Di[ŋk] – Di[ŋ]e' oder 'la[ŋk] – lä[ŋ]er'.
– In einer Teilgruppe der mit dem Affix *Ge–...–e* abgeleiteten Nomina zur Bildung von Kollektiva wird *–e* in bestimmten Formen getilgt, in anderen wiederum bleibt es erhalten; diese Apokope (= Tilgung von Vokalen in finaler Position) wird regelmäßig nach einfachen Nasalen durchgeführt, nicht jedoch nach dem Cluster [nd] und nach [ŋ] (vgl. VENNEMANN 1970:77 und KLOEKE 1982:118):

(4.20)

Gelände	Gedärm
Gebinde	Gebein
Gewinde	Gestirn
Gehänge	Gestein
Gestänge	Gehörn

– Innerhalb der Klasse der starken Verben, deren Stamm im Präsens ein [ɪ] besitzt, zeigen auf [ŋ] auslautende Verbstämme im Partizip Perfekt die gleiche Form wie auf 'Nasal + Plosiv' endende Stämme, während Verben mit einfachem Nasal in finaler Position einem anderen Ablautmuster folgen (vgl. VENNEMANN 1970:76):

(4.21)

I		II		III	
binden	gebunden	klingen	geklungen	schwimmen	geschwom-men
sinken	gesunken	ringen	gerungen	rinnen	geronnen
stinken	gestunken	schlingen	geschlungen	spinnen	gesponnen
trinken	getrunken	singen	gesungen		

– Im Deutschen existiert eine Alternation '[ŋ] vs. [g]', und zwar in dem Wortpaar *'jung – Jugend'.*
– Externe Evidenz für die Ableitung von [ŋ] aus zugrundeliegendem /n/ vor /g/ liefern von STARK (1974) gesammelte Daten aus der Sprache von Aphatikern. Sie stellt folgende Fehlproduktionen fest (1974:24f.):

(a) Ersetzungen von [ŋ] durch [nd], z.B. *Za*[nd]*e* für *Za*[ŋ]*e*;
(b) Ersetzungen von [ŋ] durch [g], z.B. *Wendu* [g]*en* für *Wendu* [ŋ]*en*
(c) Ersetzungen von [ŋ] durch [ŋg], z.B. *Fi* [ŋg]*er* für *Fi* [ŋ]*er*.

Diese Produktionen sprechen alle für eine Clusteranalyse von [ŋ]; Ersetzungen des velaren Nasals durch einen anderen einzelnen Nasal, also [m] oder [n], kamen in den aufgenommenen Daten überhaupt nicht vor (vgl. STARK 1974:29); solche Substitutionen müßten aber beobachtbar sein, wenn [ŋ] im Lautsystem der jeweiligen Sprecher ein Einzelkonsonant wäre.

Aufgrund der genannten Argumente scheint uns eine Ableitung des velaren Nasals aus zugrundeliegendem /n/ vor velaren Plosiven vollauf gerechtfertigt.

Zur Abbildung der phonologischen Repräsentationen /ng/ und /nk/ auf die phonetischen Repräsentationen [ŋ] (und vor Vollvokal, z.B. in *Ingo,* [ŋg]) und [ŋk] werden zwei phonologische Regeln benötigt, eine regressive Nasalassimilationsregel und eine g–Tilgungs–Regel. Beide Regeln sind intrinsisch geordnet, weil die Nasalassimilation den Input für die g–Tilgungs–Regel erst erzeugt, mit anderen Worten, die erste Regel füttert die zweite; es besteht also eine "feeding order" zwischen beiden Regeln (vgl. oben 3.4.4). Die Ableitung von *bang* und *Bank* kann z.B. folgendermaßen dargestellt werden:

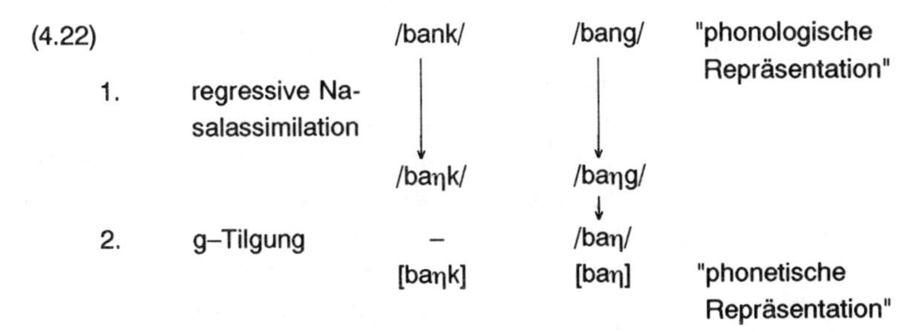

Als Regel für die regressive Nasalassimilation innerhalb der Domäne 'Morphem', die im Gegensatz zur Assimilation über Morphemgrenzen hinweg obligatorisch ist, wird folgende Formulierung vorgeschlagen:

(4.23)
$$\begin{bmatrix} +\text{nas} \\ -\text{lab} \end{bmatrix} \rightarrow [+\text{hint}] \ / \ \left[\_\_ \begin{bmatrix} -\text{son} \\ -\text{kont} \\ +\text{hint} \end{bmatrix} \right]_{\mu}$$

Im Gegensatz zu KLOEKE (1982:120) wird das Merkmal [–kont] in der Kontextangabe spezifiziert. Dieser nimmt eine Regelordnung an, in welcher die Palatalisierung von /x/ der regressiven Nasalassimilation vorangeht, so daß "zum Zeitpunkt" der Anwendung von Regel 4.23 nur noch velare Plosive im Input stehen. Eine solche extrinsische Ordnung der beiden Regeln erscheint uns aber weder erforderlich noch plausibel. Wie in 4.1.2.4 erwähnt, wird in Dialekten des süddeutschen Sprachraums /x/ nach Sonanten, auch nach /n/, nicht als palataler, sondern als velarer Frikativ realisiert. In diesen Fällen ist aber eine regressive Assimilation des /n/ vor /x/ nicht obligatorisch, wie z.B. die Aussprachevariante ma[nx]mal (statt ma[ŋx]mal) zeigt. /n/ wird folglich nur vor Plosiv, nicht vor Frikativ notwendigerweise assimiliert. Die "assimilierende Kraft" auf vorangehende Nasale ist offenbar bei Plosiven stärker als bei Frikativen, was auch folgender Sachverhalt belegt: Die Cluster [np] und [nb] sind morphemintern im Deutschen ausgeschlossen, nicht jedoch die Kombination [nf], die z.B. in *Genf, Senf, Hanf, fünf, Zukunft, Vernunft, Zunft* und einigen anderen realisiert wird. In diesen Wörtern ist auch eine Aussprache mit bilabialem [m] oder, häufiger, mit einem labiodentalen Nasal [ɱ] möglich, aber nicht obligatorisch. Labiodentales [ɱ] kommt auch als Resultat einer progressiven Nasalassimilation vor, z.B. in *Hafen* (vgl. oben 3.2.1). Zur Formulierung der g–Tilgungs–Regel vergleiche A. 4–6.

4.1.3.2 Das R im Deutschen

Im Deutschen existiert zwar nur ein Phonem /r/ (bzw. /ʀ/), dieses weist aber eine Fülle allophonischer Varianten auf; so stehen sich gerolltes [ʀ] und frikatives [ʁ], uvulares [ʀ] und alveolares [r], das wiederum gerollt, geflapt oder frikativ realisiert werden kann, gegenüber; diese Variation ist teils regional, teils auch sozial bedingt, wie in 2.2.3 gezeigt wurde. Neben diesen konsonantischen Varianten existiert zudem ein vokalisiertes 'R', welches als [ɐ] in Silbengipfelposition, als [ɐ̯]sonst transkribiert wird.[48] Zwischen vokalisiertem und konsonantischem 'R' besteht im allgemeinen eine komplementäre Verteilung, in einem Lautkontext ist allerdings auch freie (bzw. regionale und soziale) Variation möglich. Folgendes Korpus veranschaulicht die Verteilung:

(4.24)

[ʀ] (bzw. [r])	[ɐ]	[ɐ̯]	[ɐ̯] oder [ʀ] bzw. [r])
Rat	Ruder	Tor	wirr
Tore	weiter	Pferd	Wirt
Brot	Wasser	Motor	verlassen
Schrot	Lehrer	ihr	erhalten
Ware	brüderlich	Bar	fertig
irren	erweitert	Bart	Ferse
wäßrig			
Lehre			
weitere			

Die Tabelle zeigt die u.E. häufigste Verteilung der Allophone, andere Realisierungen, z.B. eine konsonantische Aussprache in *Tor,* sind nicht grundsätzlich auszuschließen. Vor allem die Vorsilben *ver–*, *zer–* und *er–* werden nicht selten mit silbischem [ɐ] ausgesprochen. Wir halten allerdings die Vorschrift des SIEBs (1969[19]:86f.), für die Hochlautung fast nur – ausgenommen werden lediglich einige Einsilbler wie *der, mir, für* etc. – konsonantisches 'R' zuzulassen, für völlig unrealistisch.

Die obige Distribution kann wie folgt charakterisiert werden:

- Konsonantisches [ʀ] (bzw. [r]) steht im Silbenanlaut vor Vokalen. Daß die Silbe und nicht das Morphem die relevante Domäne für die Beschreibung der Distribution darstellt, erkennt man übrigens an Formen wie *wäßrig* und *Lehre* mit konsonantischem 'R' im Morphemauslaut und Silbenanlaut.

[48] Zum konsonantischen 'R' vgl. ULBRICH (1972), zum vokalischen [ɐ] (bzw. [ɐ̯]) KRÄMER (1978).

- Vokalisches [ɐ] in Silbengipfelposition steht im Silbenauslaut vor optionalem Konsonant, wenn kein Vokal in der gleichen Silbe vorangeht. Manche Wörter mit silbischem [ɐ] alternieren mit Formen, welche [r] (bzw. [ʀ]) enthalten (vgl. z.B. das Paar '*weit* [ɐ] – *weit* [ər]*e*'), andere mit Formen, die allein konsonantisches [r] ([ʀ]) zeigen, z.B. '*Wass*[ɐ] – *wäss*[r]*ig*'. In allen Fällen wird silbisches [ɐ] orthographisch als <er> wiedergegeben.
- Unsilbisches vokalisches [ɐ̯] steht im Silbenauslaut nach gespannten Vokalen vor optionalem Konsonanten.[49] Auch in diesem Fall existieren häufig alternierende Formen mit Langvokal und konsonantischem [ʀ] (bzw. [r]) der Folgesilbe, z.B. in '*To* [ɐ̯] – *To* [r]*e*'. Diese und die oben genannten Alternationen deuten eindeutig darauf hin, daß vokalisches [ɐ̯] ein Allophon des konsonantischen /r/ (bzw. /ʀ/) darstellt. Auch artikulatorisch und akustisch weisen konsonantisches (vor allem uvulares) und vokalisches 'R' große Ähnlichkeit auf (vgl. KRÄMER 1978). Ein weiterer Beleg für die Ableitung von vokalischem [ɐ̯] (bzw. [ɐ]) aus konsonantischem ist die freie (bzw. regionale oder soziale) Variation zwischen [ɐ̯] und [r] ([ʀ]) in den Wörtern der vierten Spalte.
- Nach Kurzvokalen im Silbenauslaut vor optionalem Konsonanten sind sowohl vokalisches als auch konsonantisches 'R' möglich.

Für die (obligatorische) R-Vokalisierung kann folgende Regel formuliert werden:

$$(4.25) \qquad \begin{bmatrix} \text{+son} \\ \text{+kons} \\ \text{+kont} \\ \text{–lat} \end{bmatrix} \rightarrow [\text{–kons}] \ / \ \_\_ \ C_0 \ ]_{\sigma}$$

Die Angabe [-kons] genügt zur Beschreibung der Vokalisierung, wenn man als Input der Regel ein uvulares /ʀ/ annimmt, das als [+hint] und [-hoch] spezifiziert ist, denn [ɐ] ist ein mittlerer – allerdings etwas tiefer als [ə] (vgl. Abb. 5) – ungerundeter Hinterzungenvokal. "C_0" bedeutet, daß beliebig viele Konsonanten in der gleichen Silbe noch folgen können, z.B. keiner in *weiter,* ein Konsonant in *erweitert* und zwei in *erweiternd.* Bei Annahme eines zugrundeliegenden alveolaren /r/ muß in die Spezifizierung rechts vom Pfeil zusätzlich das Merkmal [+hint] aufgenommen werden, weil /r/ [-hint] ist.

Die Frage, ob im Standarddeutschen ein alveolares /r/ oder ein uvulares /ʀ/ zugrundeliegt, hält KLOEKE (1982:50) für nicht entscheidbar. Die Wahl einer der beiden Alternativen hat aber Konsequenzen für die Formulierung phonolo-

[49] Nach langem [ɑ:] wird [ɐ̯] häufig getilgt, so daß z.B. für *Bar* die Realisierung [bɑ:] resultiert.

gischer Regeln und für den Aufbau des Konsonantensystems. Regel 4.15 in Abschnitt 4.1.2.4 z.B., welche die Palatalisierung des Ach-Lautes beschreibt, erlaubt nur dann die oben gewählte einfache Charakterisierung des Kontextes, wenn man von einem zugrundeliegenden /r/ ausgeht, weil nur in diesem Falle die Angabe [-hint] korrekt ist. Eine andere, das Konsonantensystem insgesamt betreffende Generalisierung geht verloren, wenn man von zugrundeliegendem uvularem /ʀ/ ausgeht, nämlich die, daß alle Sonanten im Deutschen zugrundeliegend [-hint] sind (vgl. oben Tab. 4).

Auf der Grundlage von Kriterien wie Einfachheit und Allgemeinheit von Lautsystemen und phonologischen Regeln (vgl. 3.4.1) entscheiden wir uns deshalb für die Annahme eines zugrundeliegenden alveolaren /r/; es soll jedoch nicht behauptet werden, daß eine umgekehrte Lösung (zugrundeliegendes /ʀ/) unmöglich oder falsch sei. Die hier vorgenommene Wertung muß deshalb als vorläufig und revidierbar betrachtet werden. Die Zurückführung der R-Allophone auf einen zugrundeliegenden Frikativ (statt Sonant) ist dagegen aus prinzipiellen Gründen ausgeschlossen, auch wenn an der phonetischen Oberfläche frikative Realisierungen häufig beobachtet werden können (vgl. dazu A. 4-7).

4.2 Die Laryngallaute [h] und [ʔ]

In 4.0 wurde die Entscheidung, die im Kehlkopf ("Larynx"), genauer an der Glottis, gebildeten Laute [h] und [ʔ] als besondere Lautklasse zu analysieren, artikulatorisch begründet. Sie sind weder [+kons], noch [+son] (vgl. KLOEKE 1982:65f. und 68-71). Bei Annahme einer solchen Merkmalsspezifizierung lassen sich Glottalisierungen oraler Plosive oder Frikative in sehr einfache phonologische Regeln fassen, in denen lediglich der Merkmalswert von [+kons] zu [-kons] wechselt; charakterisiert man die Laryngale dagegen als [+son], wie in SPE, so werden die Regeln komplexer (vgl. KLOEKE 1982:69). In verschiedenen Sprachen ist die Ersetzung von oralen Verschlußlauten durch den glottalen Plosiv [ʔ] in bestimmten Lautkontexten möglich. In einigen Dialekten des Englischen z.B. wird [t] in Wörtern wie *bottle* oder *cattle* regelmäßig durch den 'glottal stop' ersetzt; dieser Wechsel ist vor Nasal im Englischen allgemein häufig, z.B. in *button* oder *Latin* (vgl. LADEFOGED 1982²:50 und FROMKIN/RODMAN 1988⁴:46). In diesem Lautkontext sind auch im Deutschen Glottalisierungen nicht selten, z.B. in den Realisierungen ['hɑ:ʔŋ̩] für *Haken* und ['haʔm̩] für *Happen* (vgl. MEINHOLD/STOCK 1980:142f.). Eine entsprechende Regel kann folgendermaßen formuliert werden:

$$(4.26) \quad \begin{bmatrix} -\text{son} \\ -\text{kont} \\ -\text{sth} \end{bmatrix} \rightarrow [-\text{kons}] \; / \; \_\_ \; [+\text{nas}] \; C_0 \,]_\sigma$$

Bedingung: fakultativ

Die gewählte Regelformulierung stellt sicher, daß Plosive nur vor Nasalen in Silbengipfelposition glottalisiert werden können, nicht jedoch, wenn in der gleichen Silbe noch ein Vokal folgt, z.B. in *Knie.* Außerdem wird angenommen, daß nur stimmlose Plosive glottalisiert werden (vgl. MEINHOLD/STOCK 1980:142f.); bei einer Ersetzung stimmhafter Verschlußlaute durch den Knacklaut [ʔ], z.B. in *haben* oder *sagen,* müßte der Stimmton innerhalb der Lautsequenz unterbrochen werden, die Artikulation würde folglich nicht erleichtert, sondern erschwert.

Der Wechsel von Frikativen zum glottalen /h/ ist ebenfalls eine häufig zu beobachtende Lauterscheinung;[50] KLOEKE (1982:69) nennt Beispiele aus dem Isländischen, Finnougrischen, Keltischen und Germanischen. Vom Germanischen zum Althochdeutschen vollzog sich ein Lautwandel /x/ → /h/ im Silbenanlaut (vgl. SONDEREGGER 1974:156) (zur Regelformulierung siehe A.4–8). Als Reflex dieser historischen Entwicklung existieren auch heute noch einige Alternationen zwischen /x/ und ø, in denen die Leerstelle in der Orthographie durch ein <h> gefüllt wird, das in überdeutlicher Aussprache auch artikuliert wird:

(4.27)	Flucht	–	fliehen	(in normaler Aussprache ['fli:ən],
	Zucht	–	ziehen	überdeutlich ['fli:hən])
	Sicht	–	sehen	
	hoch	–	höher	

Nicht zuletzt aufgrund solcher Alternationen glaubt WURZEL (1970: 240–244), [h] aus zugrundeliegendem /x/ ableiten zu können. Wir halten, mit KLOEKE (1982:47), eine solche Analyse für inadäquat, und zwar aus folgenden Gründen:

- [h] und [x] sind, selbst bei Beschränkung auf den nativen Wortschatz, nicht komplementär verteilt, wie die Paare '*Kind*[ç]*en* – *Kind*[h]*eit*' und '*Dumm*[h]*eit* – *Dumm*[ç]*en*' zeigen.
- In Fremdwörtern und Namen stehen [h] und [ç] im Silbenanlaut im gleichen Kontext, z.B. in '[ç]*emie* vs. [h]*egemonie*' oder '*Sa*[h]*ara* vs. *Ba*[x]*arach*'.

[50] In Anlehnung an LASS (1976) nennt KLOEKE (1982:70) beide Prozesse der Glottalisierung "Deartikulation", weil alle oralen Merkmale der von der Veränderung erfaßten Obstruenten, speziell die Artikulationsstellenmerkmale, getilgt werden.

Außerdem werden Fremdwörter, die in der Ursprungssprache ein /x/ aufweisen, z.B. aus dem Russischen (vgl. oben 4.1.2.4), in der eingedeutschten Form regelmäßig mit [ç] ausgesprochen, jedoch nie mit [h], was zu erwarten wäre, wenn dieses aus /x/ abgeleitet wäre.

- Sowohl nach [x], als auch nach [ç] können Konsonanten stehen, nach dem Hauchlaut sind dagegen ausschließlich Vokale zugelassen, ein auffallender distributioneller Unterschied, der bei einer Ableitung von [h] aus /x/ nicht erklärbar ist.

Aus diesen Gründen muß für das Lautsystem des Deutschen ein zugrundeliegendes Segment /h/ angenommen werden, auch wenn das Lautinventar damit vergrößert wird.

Der andere Laryngallaut des Deutschen, der Glottisverschlußlaut [ʔ] (= "Knacklaut"; engl. "glottal stop") gehört dagegen nicht zum zugrundeliegenden System, sondern kann durch fakultative phonologische Epentheseregeln abgeleitet werden. Wie die umfangreichen Untersuchungen im Zusammenhang mit der Erstellung des "Wörterbuchs der deutschen Aussprache" gezeigt haben (vgl. vor allem KRECH 1968), ist der Glottisverschlußlaut in keinem Kontext immer anzutreffen, weshalb entsprechende Regeln der Einfügung dieses Lautes als fakultativ gekennzeichnet werden sollten. Wie oben bereits erwähnt (2.2.3), fehlt der Knacklaut in weiten Teilen des oberdeutschen Sprachraums.

Der Glottisverschlußlaut steht immer nur im Silbenanlaut vor Vokal und zwar nach Konsonant oder nach Vokal der vorhergehenden Silbe (vgl. KLOEKE 1982:45f. und GWdA 1982:28f.); letztere Position nennt man auch "Hiatusstellung". Er wird vorwiegend vor betonten Vokalen eingefügt, im Anlaut unbetonter Silben ist er dagegen seltener. KLOEKE (1982:46) verdeutlicht diesen Unterschied anhand von Alternationen in Hiatusstellung, z.B.:

(4.28) Kíosk – Ki[ʔ]ósk
Géorg – Ge[ʔ]órg
Cháos – cha[ʔ]ótisch

Die Beispiele der linken Spalte werden jeweils ohne, die der rechten mit Knacklaut realisiert. Für die Epenthese des Glottisverschlußlautes im Anlaut betonter Silben kann folgende Regel formuliert werden:

(4.29) $$\emptyset \rightarrow \begin{bmatrix} -\text{kons} \\ -\text{kont} \end{bmatrix} \;/\; {}_{\sigma}\big[\;\_\_\; \acute{V}$$ ("V́" bezeichnet den Silbengipfel einer akzentuierten Silbe.)

Bedingung: fakultativ

Der Einschub eines Glottisverschlußlautes erzeugt aus einer Silbenstruktur VC eine Struktur CVC, welche zu den universal häufigsten und am wenigsten markierten Silbenstrukturmustern gehört (vgl. VENNEMANN 1986 und 1988). Der Einschub eines Knacklautes im Standarddeutschen dient somit der Optimierung der Silbenstruktur.

Wenn auch die Epenthese von [ʔ] im Deutschen nur ein fakultativer phonologischer Prozeß ist, so bildet sie andererseits doch ein Charakteristikum der Aussprache des Deutschen im Vergleich zu anderen Sprachen, z.B. Englisch oder allen romanischen Sprachen. Der Einschub von [ʔ] vor Vokalen im Silbenanlaut, auch "harter Vokaleinsatz" (im Gegensatz zum "weichen Einsatz") genannt, ist primär dafür verantwortlich, daß Ausländer die deutsche Aussprache als abgehackt, nicht flüssig wahrnehmen. Andererseits hat ein Deutscher beim Erlernen einer Fremdsprache, die nur den weichen Einsatz kennt, oft Schwierigkeiten, den "glottal stop" zu unterdrücken. Folgendes Satzpaar verdeutlicht z.B. die Unterschiede im Englischen und Deutschen:

(4.30)	Anne ate	an egg.
	Anna aß	ein Ei.

Während der englische Satz in der Regel völlig ohne Glottisverschlußlaut realisiert wird, sind im Deutschen bis zu vier Knacklaute möglich.

4.3 Vokale

4.3.1 Gesamtsystem

Die Unterschiede in der Artikulation der verschiedenen Vokale wurden in 1.3 beschrieben und in einem Vokaltrapez graphisch dargestellt (vgl. Abb. 5). Innerhalb des deutschen Lautsystems können insgesamt 16 Monophthonge unterschieden werden, ohne das vokalisierte [ɐ], das in 4.1.3.2 auf das konsonantische /r/ zurückgeführt wurde und ohne nasalierte Vokale, die nur in Fremdwörtern aus dem Französischen, z.B. *Balkon* und *Bassin,* vorkommen. Die Frage, ob [ə] als zugrundeliegendes Segment zu betrachten ist, soll weiter unten (vgl. 4.3.3) diskutiert werden. /a/ und /ɑː/ werden in der zugrundeliegenden Repräsentation als Hintervokale analysiert, obwohl sie, rein artikulatorisch betrachtet, als Zentralvokale (wie [ɐ] und [ə]) realisiert werden. Da jedoch zum einen kein tiefer Hinterzungenvokal im Deutschen existiert, zum anderen die a–Laute mit den hinteren Vokalen eine natürliche Lautklasse bilden (vgl. 3.4.3), ist diese Lösung möglich. Nach ihnen steht z.B. auch der Achlaut, außerdem werden sie unter bestimmten, morphologisch charakterisierbaren Bedingungen umgelautet (vgl. 3.2.3.1 und WURZEL 1970). Die Diphthonge sind nicht mit ins Segmentinventar aufgenommen worden, weil sie als bisegmental gewertet werden (vgl. unten 4.3.4).

Zur Differenzierung der Vokale von den übrigen Oberklassen, den Sonanten, Obstruenten und Laryngalen, genügt die Spezifizierung $\begin{bmatrix}-\text{kons}\\+\text{son}\end{bmatrix}$ (vgl. oben 4.0, Tab. 3).

Glides werden auf der segmentalen Ebene von "silbischen" Vokalen nicht unterschieden (vgl. 4.0), weil Silbischkeit u.E. kein inhärentes Merkmal isolierter Segmente ist, sondern die relationale Eigenschaft kennzeichnet, innerhalb der prosodischen Domäne 'Silbe' das sonorste (vgl. unten 4.4) Element, d.h. den Silbengipfel zu bilden. Gleiches gilt für silbische Liquide und Nasale, die u.E. ebenfalls segmental von anderen Liquiden und Nasalen nicht unterscheidbar sind (zur Begründung dieser Analyse vgl. auch KLOEKE 1982:66 und WIESE 1988:62f.). Außer den Oberklassenmerkmalen werden zur Differenzierung der Vokale des Deutschen nur die Merkmale 'hinten', 'hoch', 'tief', 'labial'[51], 'gespannt' und 'lang' (zu den zwei letzten vgl. 4.3.2) benötigt. Zur artikulatorischen Definition dieser Merkmale siehe oben 2.3.2. Für das Vokalsystem des Standarddeutschen wird folgende vorläufige Merkmalsmatrix vorgeschlagen (ohne die zwei Oberklassenmerkmale):

Tab. 6: Merkmalsmatrix für die Vokale des Standarddeutschen

	i:	ɪ	e:	ɛ	ɛ:	y:	ʏ	ø:	œ	ɑ:	a	u:	ʊ	o:	ɔ	ə
hint	−	−	−	−	−	−	−	−	−	+	+	+	+	+	+	+
hoch	+	+	−	−	−	+	+	−	−	−	−	+	+	−	−	−
tief	−	−	−	−	−	−	−	−	−	+	+	−	−	−	−	−
lab	−	−	−	−	−	+	+	+	+	−	−	+	+	+	+	−
gesp	+	−	+	−	−	+	−	+	−	+	−	+	−	+	−	−
lang	+	−	+	−	+	+	−	+	−	+	−	+	−	+	−	−

4.3.2 Vokalquantität und –qualität

Ein Blick auf Tabelle 6 (vgl. 4.3.1) zeigt, daß die Vokale des Deutschen offenbar in zwei große Klassen zerfallen, die traditionell als 'Langvokale' und 'Kurzvokale' bezeichnet werden. Durch welches distinktive Merkmal die Vokale der

---

[51] Dieses Merkmal wird anstelle des traditionellen 'rund' verwendet, weil es auch für die bilabialen und labiodentalen Obstruenten des Deutschen benutzt werden kann (vgl. oben 4.1.1, Tab. 4). Diese werden nämlich nicht mit Lippenrundung artikuliert, sondern nur mit aktiver Beteiligung der Lippen. Das Merkmal 'rund' impliziert zwar die Spezifizierung des Merkmals 'labial', aber nicht umgekehrt; mit anderen Worten, 'labial' besitzt die weitere artikulatorische Definition. Weil im Deutschen keine nicht–runden Labialvokale neben den runden existieren, kann im Gesamtlautsystem auf das Merkmal 'rund' verzichtet werden.

beiden Gruppen jeweils differenziert werden, ist schon seit langem in der Forschung umstritten (vgl. WERNER 1972:24–30 und RAMERS 1988). Folgende Wortpaare sollen die Fragestellung verdeutlichen:

(4.31)	bieten	–	bitten	/ i:/	– /ɪ/
	Hüte	–	Hütte	/y:/	– /ʏ/
	Beet	–	Bett	/e:/	– /ɛ/
	Höhle	–	Hölle	/ø:/	– /œ/
	spuken	–	spucken	/u:/	– /ʊ/
	Schoten	–	Schotten	/o:/	– /ɔ/
	Bahn	–	Bann	/ɑ:/	– /a/

Auf die Frage nach dem distinktiven Merkmal innerhalb dieser Vokalopposition wurden in der Hauptsache drei Lösungen angeboten:
– das Quantitätsmerkmal,
– das Gespanntheitsmerkmal,
– die Anschlußart an den Folgekonsonanten (Silbenschnittkorrelation).

Die letzte Möglichkeit wird z.B. von TRUBETZKOY (1939) gewählt. Sie soll im folgenden nicht weiter berücksichtigt werden, weil sich gezeigt hat, daß die Anschlußart aufgrund anderer Parameter wie Vokaldauer oder Konsonantendauer voraussagbar ist (vgl. FISCHER–JØRGENSEN 1969, REIS 1974 und RAMERS 1988).

Als phonetische Korrelate des Gespanntheitsmerkmals wurden in 1.3

(a) Muskelspannung, primär der Zungenmuskeln, und
(b) Zentralisierung (vgl. Abb. 5) genannt.

Für weitere mögliche Korrelate wie 'vorgeschobene Zungenwurzel' (engl.: "advanced tongue root") oder Stimmlippenspannung und Luftstrom sei auf MILLER (1974) und RAMERS (1988, Kap. 2) hingewiesen.

Für die Gespanntheit als distinktives Merkmal wird vor allem ein Argument angeführt, die Existenz gespannter und ungespannter Kurzvokale in Nebensilben (im gleichen unmittelbaren Lautkontext) und das Fehlen von Langvokalen in dieser Position, wie folgende Gegenüberstellung (nach MOULTON 1962:63) zeigt:

(4 .32)	D[i]ner	–	d[ɪ]ffus
	D[e]tail	–	D[ɛ]ssert
	K[o]lumbus	–	K[ɔ]llege
	k[u]rier	–	sk[ʊ]rril
	am[y]sieren	–	entm[ʏ]stifizieren
	[ø]konom	–	[œ]strogen

Offensichtlich ist die Opposition 'lang – kurz' im Nebenton aufgehoben, nicht jedoch die Differenzierung 'gespannt – ungespannt'. Die Vokallänge erweist sich nach dieser Analyse als von Gespanntheit und Akzent abhängige Eigenschaft (vgl. REIS 1974, welche auch die lautgeschichtlichen Aspekte der Fragestellung beleuchtet), sie kann mit Hilfe folgender phonologischer Regel (nach KLOEKE 1982:9) abgeleitet werden:

(4.33) $$\begin{bmatrix} \text{V} \\ \text{+gesp} \end{bmatrix} \rightarrow [\text{+lang}] \; / \; \begin{bmatrix} \underline{\quad\quad} \\ \text{+akz} \end{bmatrix}$$

(Unter [+akz] soll nur die Eigenschaft, den **Haupt**akzent im Wort zu tragen, verstanden werden; Nebenakzente sind in dieser Terminologie folglich [–akz].)

Gegen eine solche Analyse sprechen allerdings eine Reihe von Gründen, von denen hier nur einige genannt werden sollen (vgl. ausführlich RAMERS 1988):

– Gespannte Kurzvokale in Nebensilben sind, wie Korpus (4.32) zeigt, überwiegend nur in nicht–nativen Wörtern feststellbar; dazu zählen nicht nur Fremdwörter, sondern auch etymologisch gesehen einheimische Wörter, welche ein Sprecher des Deutschen aufgrund ihrer Lautstruktur als Fremdwörter wertet (vgl. WURZEL 1981: 908–910), z.B. *Holunder.* Alle anderen vorkommenden gespannten Kurzvokale können auf entsprechende zugrundeliegende Langvokale zurückgeführt werden, entweder weil entsprechende Alternationen vorliegen, z.B. in '*L*[e:]*ben* vs. *l*[e]*bendig*', oder weil die Kürzung als satzphonetische Reduktion erklärbar ist, z.B. in den Artikeln *die* und *den,* die normalerweise im Satz nie betont werden. Wenn sie allerdings ausnahmsweise, z.B. bei Kontrastbetonung, den Satzakzent erhalten, werden die Vokale immer gelängt.

– Gespannte Kurzvokale werden in Äußerungen sehr oft, auch in der Hochsprache, wie eine Analyse der Aussprache von Rundfunksprechern durch SCHINDLER (1974) belegt, ungespannt realisiert, die Gespanntheitsopposition ist also häufig im Nebenton aufgehoben. Zudem existieren überhaupt keine Minimalpaare zwischen gespannten und ungespannten Kurzvokalen in Nebensilben, welche die distinktive Funktion der Gespanntheit erweisen könnten.

– Das Fehlen von Langvokalen in unbetonten Silben ist nicht zweifelsfrei erwiesen; in postiktischer Stellung, d.h. in der Position nach der Akzentsilbe, sind nach Angabe der Aussprachewörterbücher in einigen Wörtern, z.B. *Démut, Álmosen* oder *Bíschof,* Langvokale zu realisieren. In Messungen der Dauer dieser Vokale bei Äußerungen der entsprechenden Wörter im Rahmen ganzer Sätze wurde diese Vorschrift der Wörterbücher quasi bestätigt; allerdings war das untersuchte Korpus zu klein, um daraus endgültige Schlüsse zu ziehen (vgl. RAMERS 1988).

Die bisherige Argumentation bezog sich ausschließlich auf die Nebensilben. Gegen das Gespanntheitsmerkmal sprechen aber vor allem andere Gründe, die das Vokalsystem allgemein betreffen:

- In Perzeptionsexperimenten konnte gezeigt werden, daß die beiden a–Vokale fast ausschließlich aufgrund ihrer Dauerunterschiede differenziert werden (vgl. WEISS 1976 und SENDLMEIER 1981)[52], ihre artikulatorischen und akustischen Unterschiede sind zudem gering und uneinheitlich (vgl. RAMERS 1988); übrigens gibt auch MOULTON (1962:64), der die Gespanntheit für distinktiv hält, zu, daß die a–Laute im Nebenton nicht differenziert werden (anders jedoch z.B. KLOEKE 1982:10).
- Neben der Opposition '/e:/ – /ɛ/' existiert auch das Paar '/ɛ:/ – /ɛ/'. /ɛ:/ ist jedoch nach übereinstimmender Meinung ungespannt; es kann sich folglich von /ɛ/ nur durch die Länge unterscheiden. Diese exzeptionelle Stellung hat viele veranlaßt (z.B. REIS 1974), /ɛ:/ als marginales Phänomen ganz aus der Analyse des deutschen Vokalsystems auszuschließen. Es fehlt in einem weiten Bereich des deutschen Sprachraums, vor allem in Norddeutschland, völlig; an seine Stelle tritt in diesen Varianten regelmäßig /e:/. Es wird aber einerseits von den Aussprachewörterbüchern in bestimmten Wörtern als einzig normgerechte Aussprachevariante vorgeschrieben und wird andererseits in Teilbereichen Deutschlands auch in der normalen Umgangssprache realisiert, z.B. im Rheinland, wo es allerdings vor [ɐ̯] häufig mit [e:] zusammenfällt (vgl. WIESE 1988:64 und RAMERS 1988), z.B. in '*Mähre* vs. *Meere'* oder *Gewähr* vs.*Gewehr'*. In anderen Kontexten bleibt der Kontrast aber erhalten, wie folgendes Korpus verdeutlicht:

(4.34) stehlen – stählen
legen – lägen
Segen – Sägen

/ɛ:/ wird übrigens orthographisch immer durch <ä> wiedergegeben, ein Indiz dafür, daß dieser Vokal zugrundeliegend als tiefer Vordervokal angenommen werden kann, der erst durch eine phonologische Regel gehoben wird; diese Analyse ist möglich, weil im Vokalsystem des Deutschen ansonsten kein tiefer Vordervokal existiert und zum anderen eine Umlautregel, welche u.a. die Alternation' /ɑ:/ – /ɛ:/', z.B. in '*Vater – Väter',* beschreibt, einfacher

[52] Dies gilt im übrigen auch für die Paare '[ɪ] – [e:]', '[ʊ] –[o:] ' und '[ʏ] – [ø:]'.

und genereller formulierbar ist, weil in jedem Fall nur das Merkmal 'hinten' die Spezifizierung wechselt und nicht auch (für die a–Laute) das Merkmal 'tief' (vgl. WURZEL 1981: 911–913 und RAMERS 1988, Kap. 4).

– Für das Merkmal 'Gespanntheit' lassen sich nur schwer – wenn überhaupt – phonetische Korrelate, akustische oder artikulatorische, finden (vgl. MILLER 1974 und RAMERS 1988, Kap. 2).

Neben diese Gründe gegen die Annahme eines distinktiven Merkmals 'gespannt' tritt noch ein weiteres Argument, das von WIESE (1988:62–65) angeführt wird: Langvokale verhalten sich phonotaktisch wie Diphthonge und Kombinationen von 'Vokal+Konsonant' (vgl. A. 4–9), was nur mit Hilfe der Annahme erklärbar ist, daß sie als zwei metrische Einheiten zählen, die auf der CV–Schicht repräsentierbar sind (vgl. oben 4.1.2.1, Abb. 6). Dieser distributionelle Sachverhalt kann nicht mit Hilfe des Gespanntheitsmerkmals gedeutet werden, sondern nur, wenn man Kurzvokale als eine quantitative (metrische) Einheit wertet, Langvokale, Diphthonge und 'Vokal + Konsonant'–Cluster dagegen als bimetrisch beurteilt (vgl. WIESE 1988:64). Dies setzt voraus, daß die Quantität im Deutschen nicht als inhärentes, segmentales Merkmal, sondern suprasegmental analysiert wird. Externe Evidenz für die Richtigkeit einer solchen Analyse liefern Versprecherdaten, die belegen, daß zum einen Segmente vertauscht werden ohne Änderung der Quantitätsverhältnisse, zum anderen nur die Quantität ihren Wert ändert (vgl. STEMBERGER 1984 und BERG 1988), wie folgende Beispiele zeigen:

(4.35) So s[y:]t das Gl[ʏ]ck der Ehe aus!
(statt: [i:]) (Fall 1: Segmentvertauschung ohne Quantitätsänderung)

Du brauchst mich n[i:]cht zu fragen.
(statt: [ɪ]) (Fall 2: Änderung der Quantität)

Wenn die Quantität als distinktives suprasegmentales Merkmal betrachtet wird, kann bei der Aufstellung eines zugrundeliegenden Vokalsystems, das nur die inhärenten Vokaleigenschaften berücksichtigt, auf eine Differenzierung der beiden Klassen der Lang- und Kurzvokale verzichtet werden. Dann resultiert auf der Grundlage der bisherigen Überlegungen folgendes zugrundeliegende Vokalsystem:

Abb. 9

i	y	u
e	ø	o
ɛ		a

Dieses repräsentiert nur die segmentalen Unterschiede zwischen den Vokalen; für eine vollständige zugrundeliegende phonologische Repräsentation ganzer

Wörter benötigt man außerdem die suprasegmentale quantitative Struktur der in ihnen enthaltenen Vokale, z.B. für die Repräsentation der Wörter *'Bahn* vs. *Bann'*. Eine phonologische Repräsentation des jeweiligen Vokals in diesen Wörtern könnte wie in (4.36) aussehen:

(4.36)
```
V   C          V
 \ /           |
  a  (in Bahn)  a  (in Bann)
```

Diese unterschiedliche quantitative Struktur hat (außer vielleicht bei /ɛ/ und /a/) auch Einfluß auf die qualitativen Eigenschaften der Vokalrealisierungen im phonetischen Output; hohe und mittlere Kurzvokale werden jeweils mit tieferer Zungenposition gebildet als die entsprechenden Langvokale – bei den a–Lauten ist es umgekehrt –; sie nehmen auch eine zentralere Stellung in der horizontalen Zungenlage ein. Das hat zur Folge, daß die phonetische Repräsentation der Vokale des Deutschen erheblich von ihrer phonologischen abweicht und folgendermaßen darstellbar ist:

Abb. 10
```
i      y           u
e ɪ    ø ʏ       ʊ o
  ɛ    œ    ə    ɔ
          a
             ɑ
```

Diese Darstellung ist angelehnt an ein System von H.P. JØRGENSEN (1969:219). Zu den zwischen dieser phonetischen und der phonologischen Repräsentation vermittelnden phonologischen Regeln vgl. RAMERS (1988: Kap. 4). Im folgenden wird die Frage diskutiert, welche Stellung der Laut [ə], der als "Schwa" bezeichnet wird, im Vokalsystem des Deutschen hat; u.a. muß begründet werden, wieso Schwa nicht als zugrundeliegendes Segment gewertet wird (vgl. Abb. 9).

4.3.3 Das Schwa im Vokalsystem des Deutschen

Das "Schwa", auch "Murmelvokal" genannt, wurde oben in 1.3 als "zentraler mittlerer ungespannter Vokal" charakterisiert. Es ist fast immer unbetont; in Ausnahmefällen, z.B. bei Kontrastbetonung, wird an seiner Stelle regelmäßig ein [e:] oder [ɛ] realisiert, beispielsweise in der Koordination *be– und entladen.*

Schwa kommt sehr selten in der gleichen Lautumgebung vor wie [e] und [ɛ], z.B. in *'g*[ə]*nau* – *g*[e]*nial'* bzw. in *'tot*[ə]*m* – *Tot*[ɛ]*m'*; letzteres Beispiel bildet sogar eine Art Minimalpaar, abgesehen von der morphologischen Struktur (mono– vs. bimorphematisch). Zu dem phonetisch ebenfalls sehr ähnlichen [ɪ] bestehen dagegen mehr Kontraste, z.B. in *'Freund*[ə]*n* – *Freund*[ɪ]*n'*.

Die Distribution von [ə] deutet folglich darauf hin, daß es nicht zum zugrundeliegenden Inventar der Vokale des Deutschen gehört, sondern aus einem anderen Vokal ableitbar ist. Zunächst spricht einiges dafür, daß dieser Vokal /e:/ oder /e/ ist. Folgende Alternationen zeigen den Zusammenhang von Schwa und /e/ (bzw. /e: /):

(4.37)	leb[ə]n	–	leb[ɛ]ndig
	Caf[e:]	–	Kaff[ə]
	Itali[ə]n	–	itali[e:]nisch
			(oder [ɛ:])
	Hans[ə]	–	Hans[e]at

KLOEKE (1982:21) nennt auch Alternationen zwischen Schwa und anderen Vokalen:

(4.38)	Om[ə]n	–	om[i]nös
	Alp[ə]n	–	alp[i]nisch
	Fab[ə]l	–	fab[u]lierenu.v.a.

Er weicht trotz dieser Wortpaare nicht von der Ableitung des Schwa aus einem konkreten Vokal /e/ ab und nimmt an, daß andere Vokale in bestimmten Lexemen mit Hilfe eines zusätzlichen Regelmerkmals ebenfalls zu Schwa reduzierbar sind (1982:24–27). Es gäbe als Alternative die Möglichkeit, Schwa als völlig unbetontes Allophon aller Vokale zu betrachten. Die Reduktion unbetonter Vokale zu Schwa ist keine spezifische Erscheinung des Deutschen, sondern eine universale Tendenz, die von Sprache zu Sprache verschieden stark ausgeprägt ist; in den romanischen Sprachen z.B. geht die Reduktion nicht sehr weit, im Englischen dagegen betrifft sie die Mehrzahl aller unbetonten Silben (vgl. LINDBLOM 1963 und DELATTRE 1981). Die Reduzierung zu Schwa dient der Erleichterung der Artikulation, weil die Zunge bei der Produktion dieses Lautes überhaupt keine Bewegung ausführen muß, sondern in einer neutralen Lage verharrt. Man benutzt für die Schwa–Vokale bezeichnenderweise auch den Terminus "Neutralvokal". Die phonetische Qualität dieses Neutralvokals kann von Sprache zu Sprache stark variieren.

Unter universalem Aspekt ist es also naheliegend, Schwa einfach aus einem nicht näher spezifizierten Vokal /V/ abzuleiten und kein konkretes zugrundeliegendes Segment anzunehmen. Eine solche Analyse erklärt aber nicht den vorhandenen engen Zusammenhang von Schwa und /e/ bzw. /e:/, der sich zum einen darin zeigt, daß diese Vokale sehr viel häufiger zu Schwa reduziert werden als alle anderen, z.B. in *enorm, egal, legal, den, ver–, zer–, ent–* etc. (vgl. SCHINDLER 1974 und RAMERS 1988: Kap. 3). Außerdem werden, wie oben bereits erwähnt, bei exzeptioneller Betonung anstelle von Schwa e–Vokale realisiert. Auch in der Schrift werden [ə] und /e/ durch das gleiche Zeichen <e> wiedergegeben. Dieser enge Zusammenhang muß aber nicht auf eine Ableitungsbeziehung zurückgeführt werden,[53] sondern kann auch durch die Merkmalsspezifizierungen von /e/ und Schwa zum Ausdruck kommen. In Tabelle 6 (vgl. oben 4.3.1) unterscheiden sich Schwa und [ɛ] (zugrundeliegend /e/) nur im Merkmalswert für 'hinten'; allerdings wird in der Matrix auch eine enge Beziehung zwischen [ə] und [ɔ] (zugrundeliegend /o/) suggeriert, weil beide sich nur in der Spezifikation für 'labial' unterscheiden. Eine solche enge Relation ist nicht zu rechtfertigen, weil zum einen o–Vokale selten zu Schwa reduziert werden (vgl. RAMERS 1988) und zum anderen bei Entlehnungen von Wörtern aus dem Englischen mit dem hinteren ungerundeten Vokal mittlerer Zungenhöhe [ʌ], z.B. in *(Davis)cup,* im Deutschen ein [a] oder [œ] realisiert wird, aber kein Schwa (vgl. KLOEKE 1982:25).

Deshalb ist möglicherweise unsere ursprüngliche Analyse von [ə] als [+hint] nicht haltbar und muß durch [–hint] ersetzt werden. Dies hat allerdings den Nachteil, daß zur Differenzierung von Schwa und [e] ein zusätzliches Merkmal 'zentral' (oder 'vorn') erforderlich wird, das ansonsten innerhalb des deutschen Vokalsystems keine Funktion hätte. Die Frage nach der adäquaten Merkmalsspezifizierung für das Schwa im Deutschen kann wahrscheinlich nur unter Berücksichtigung markiertheitstheoretischer Überlegungen (vgl. oben 3.4.3) gelöst werden und zwar so, daß [ə] möglichst unmarkiert ist. Diese Lösung steht bisher noch aus.

Während in den bisher betrachteten Fällen Schwa immer als Reduktion aus einem Vollvokal ableitbar war, gilt dies für eine Reihe von Alternationen nicht in gleicher Weise; in folgenden Paaren liegt nämlich ein Wechsel 'Schwa → ∅' vor:

(4.39)	Atem	–	Atmung
	Segel	–	Segler
	trocken	–	Trockner
	Wasser	–	wässrig
	Himmel	–	himmlisch

In den Beispielen der linken Spalte kann Schwa auch wegfallen und stattdessen ein silbischer Nasal oder Liquid realisiert werden, also z.B. '['a:tm̩] vs. ['a:təm]' (vgl. oben 3.2.1). Im Rahmen der CV–Phonologie, in der u.E. das

---

[53] Er kann es in manchen Fällen auch gar nicht; dies gilt nicht nur für die Alternationen in 4.38, sondern auch für die häufig anzutreffende Reduktion von Artikeln und Pronomina zu Schwa, z.B. in den Realisierungsvarianten [də] für [di:]. In diesen Fällen ist eine Ableitung von Schwa aus /e/ gänzlich unmöglich.

segmentale Merkmal 'silbisch' nicht mehr erforderlich ist (vgl. 4.1.2.1), müßte dieser Wechsel von Schwa und silbischen Sonanten folgendermaßen dargestellt werden:

(4.40)

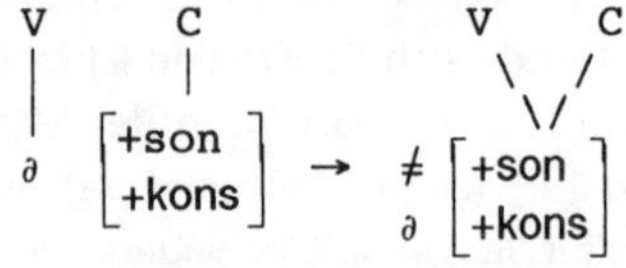

```
V       C                 V      C
|       |                  \    /
|   [+son ]                 \/
ə   [+kons]    →      ≠  [+son ]
                      ə  [+kons]
```

Der Sonant kann in den Beispielen unter 4.39 nicht einfach zugrundeliegend silbisch sein, weil dann Minimalpaare vom Typ [alm̩] *(allem)* vs. [alm] (*Alm*)' oder [hɛlm̩] *(hellem)* vs. [hɛlm] (*Helm*)' nicht erklärbar wären (vgl. HÖHLE/VATER 1978:174). HÖHLE/VATER (1978) weisen nach, daß silbische Sonanten nur in Formen auftreten können, die alternativ dazu auch mit 'Schwa + unsilbischer Sonant' realisierbar sind. Das heißt, daß sie nur das Resultat einer Schwa–Tilgung und folgender Reassoziierung des Sonanten mit der V–Position (in 4.40 durch die durchgestrichene und gepunktete Assoziationslinie gekennzeichnet) sein können.

Die Alternationen unter 4.39 zeigen, daß Schwa in diesen Wörtern nicht als zugrundeliegendes Segment angenommen werden muß, sondern durch eine Epentheseregel ableitbar ist; die zugrundeliegende Form für *Segel* ist dann /ze:gl/ und für *Atem* /a:tm/. In diesen Fällen ist prinzipiell auch eine Schwatilgungsanalyse möglich, d.h., es würde z.B. /a:tem/ zugrundeliegen und /e/ müßte in *Atmung* getilgt werden (so z.B. WURZEL 1970 und STRAUSS 1982). Die Tilgungsanalyse kann jedoch, wie WIESE (1988:143) argumentiert, nicht die Generalisierung erfassen, daß Schwa in monomorphemischen Wörtern nur eingefügt wird, wenn diese anders nicht silbifizierbar sind; silbische Sonanten kommen ja nur in oberflächennahen Realisierungen vor, die aus Formen mit Schwa abgeleitet werden müssen. Die Unmöglichkeit einer Sequenz /a:tm/ in einer Silbe ergibt sich aus der in 4.4 erläuterten Sonoritätshierarchie. Die Epenthese von Schwa in den Beispielen 4.39 wird heute von den meisten Phonologen der Tilgungsanalyse vorgezogen, z.B. von RENNISON (1980) (fürs Österreichische), GIEGERICH (1987) und WIESE (1988). WIESE (1988:144) gibt folgende Regel für die Epenthese an:

(4.41) a. $\emptyset \rightarrow V\ /\ \_\_\ X]_{Wort}$

b. Ein leeres V wird mit Schwa assoziiert.

("X" steht für eine unsilbifizierte Segmentposition)

Die X–Position wird übrigens im Verlauf der Silbifizierung – eine Form /a:tm/ ist ja nur möglich, wenn man davon ausgeht, daß Wörter zugrundeliegend nicht schon silbifiziert sein müssen (zur Begründung siehe WIESE 1988:85) – zu einer mit der Segmentschicht assoziierten C–Position, z.B. in *Segel,* oder bleibt leer, und zwar bei allen Wörtern mit auslautendem Schwa, z.B. *Katze, Auge,* etc. Auch im letzteren Fall von einer Schwa–Epenthese auszugehen, scheint zunächst eine 'ad–hoc–Lösung' ohne Plausibilität zu sein. Sie kann aber z.B. erklären, wieso Schwa als einziger ungespannter Kurzvokal im offenen Wortauslaut vorkommen kann. Wenn man nämlich annimmt, daß Schwa in diesen Fällen mit zwei metrischen Positionen assoziiert ist, also die Repräsentation $^{V}\backslash_{\text{ə}}/^{C}$ haben muß, so ist damit die distributionelle Gemeinsamkeit von Schwa, Langvokalen, Diphthongen und 'Vokal+Konsonant'–Clustern in adäquater Weise ausgedrückt.

Nun wird [ə] zwar in monomorphemischen Wörtern nur zur Erzeugung wohlgeformter Silben eingefügt, in komplexen Wörtern steht es aber auch häufig, wenn dies für die Silbifizierung überhaupt nicht erforderlich wäre, z.B. in den Infinitivformen *seh*[ə]*n, freu*[ə]*n* oder in der Adjektivflexion, z.B. in *froh*[ə]*n* oder *hell*[ə]*m*; Formen wie [fro:n] oder [hɛlm] (vgl. oben) bilden durchaus wohlgeformte Silben. Deshalb benötigt WIESE (1988:154) zusätzliche Bedingungen für die Schwa–Epenthese in morphologisch komplexen Wörtern, z.B., daß flektierte Adjektive und Infinitive immer auf eine Sequenz, betonte Silbe + unbetonte Silbe' enden müssen; mit dieser Zusatzannahme erklärt er z.B., daß in *sehen* ein Schwa vor der Infinitivendung *–n* eingeschoben werden muß, in *ändern* dagegen nicht.

Zur Beschreibung und Deutung der verschiedenen Distributionsmöglichkeiten von [ə] in derivierten und flektierten Wörtern benutzt er, wie GIEGERICH (1987), ein Modell des Lexikons als System verschiedener Ebenen, auf die jeweils bestimmte morphologische und mit ihnen interagierende phonologische Prozesse Bezug nehmen. Die mit diesem Modell verknüpfte Theorie nennt sich "Lexikalische Phonologie" (vgl. KIPARSKY 1982 und MOHANAN 1986); sie könnte nach WIESE (1988:150) mit gleichem Recht auch "Lexikalische Morphologie" genannt werden. Folgende Skizze (nach WIESE 1988:150) verdeutlicht die Struktur des Lexikons, von der diese Theorie ausgeht:

Abb. 11 Lexikon

	Lexeme ↓
Ebene 1	Morphologie ⇆ Phonologie
Ebene 2	Morphologie ⇆ Phonologie
⋮	⋮
Ebene n	Morphologie ⇆ Phonologie

Die Interaktion der Morphologie mit der Phonologie innerhalb des Lexikons zeigt sich z.B. im Zusammenspiel von Derivation und Wortakzentregeln. Es existieren nämlich Affixe, die entweder selbst den Wortakzent tragen, z.B. *–ieren* und *–ei* in *argumentieren* und *Eselei,* oder akzentverschiebende Wirkung auf den Stamm ausüben, z.B. *–nik* (vgl. *'Pláto* vs. *Platónik),* und andere, die beide Eigenschaften nicht besitzen, z.B. *–ung (Änderung, Förderung, Widmung)* oder *–ig (adlig, klebrig)* (vgl. GIEGERICH 1987:452).

Dieses unterschiedliche Verhalten der beiden Affixtypen wird im oben skizzierten Modell dadurch erklärt, daß akzentuierbare (oder akzentverschiebende) Affixe auf der Ebene 1 des Lexikons mit Basismorphemen verbunden und "anschließend" die Wortakzentregeln angewendet werden. Auf Ebene 2 werden dann die Affixe der Klasse zwei mit ihrer jeweiligen Basis verknüpft. Diese können auf den Akzent keinen Einfluß mehr nehmen, weil die Wortakzentregeln schon vor ihrer Affigierung angewendet worden sind. In analoger Weise erklärt WIESE (1988:153) z.B. folgende Alternationen:

(4.42)	a.	(im) Dunkeln	den Übeln
	b.	den dunklen	den üblen

WIESE nimmt an, daß die Schwa–Epenthese (vgl. Regel 4.41) in Nomina vor ihrer Flexion erfolgt (auf Ebene 2), in Adjektiven dagegen erst nach der Flexion auf Ebene 3. Weil Schwa immer vor der letzten Segmentposition eingefügt wird, ergeben sich so die korrekten Outputformen. Die Ableitung von *Dunkeln* und *dunklen* kann folgendermaßen veranschaulicht werden.

(4.43)				
		dunkl	dunkl	
	Ebene 1	–	–	
	Ebene 2	dunkl_N		(A → N)
		dunkel_N	–	(Schwa–Epenthese)
	Ebene 3	dunkel_N+n	dunkl+n	(Flexion)
		–	dunklen	(Schwa–Epenthese)

WIESE nimmt folglich an, daß die Schwa–Epenthese auf verschiedenen Ebenen des Lexikons durchgeführt werden kann in Abhängigkeit von der jeweils betroffenen Wortkategorie und anderen Faktoren (vgl. A. 4–10); in seinem Modell ist übrigens auch die Einfügung von Schwa auf Ebene 1 möglich (zu entsprechenden Beispielen vgl. ebenfalls A. 4–10).

Neben lexikalischen phonologischen Regeln wie der Schwa–Epenthese existieren innerhalb dieses Modells auch postlexikalische Regeln, welche erst nach der Einsetzung der Lexeme in syntaktische Strukturen, d.h. nach Wortbildungs– und Flexionsprozessen applizieren. Solche Regeln benötigen keinerlei Information über die morphologische Struktur der affizierten Wörter. Die Auslautverhärtung z.B. ist ein mit Hilfe einer postlexikalischen Regel beschreibbarer Prozeß im Deutschen, aber auch die Silbifizierung von Sonanten bei gleichzeitigem Schwa–Ausfall, z.B. in [a:tm̩] für [a:təm], und die oben ebenfalls erwähnte Reduktion von Vollvokalen zu Schwa können als postlexikalische Prozesse angesehen werden.

Die Reduktion '[e] zu Schwa' in *enorm, Elite* und *egalisieren* vollzieht sich z.B. völlig unabhängig von der betroffenen Wortkategorie; sie ist dagegen von Sprechtempo, Stilebene und regionalen sowie sozialen Faktoren abhängig.

Die Stellung der Phonologie innerhalb der Gesamtgrammatik läßt sich nach der Theorie der "Lexikalischen Phonologie" wie folgt veranschaulichen (nach WIESE 1988:168):

Abb. 12

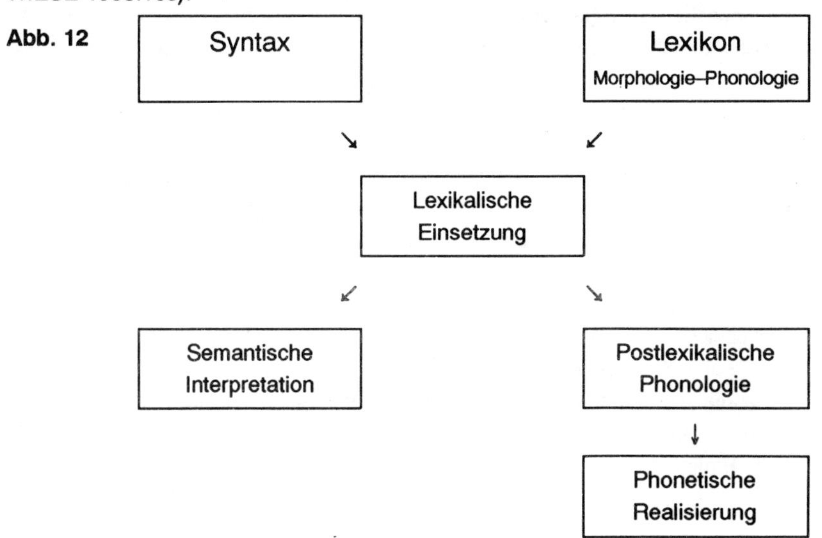

4.3.4 Die Diphthonge

Diphthonge können phonetisch als vokalische Laute charakterisiert werden, bei deren Artikulation eine Gleitbewegung der Zunge (oder zusätzlich der Lippen) von einer Vokalposition in eine andere vollzogen wird, die akustisch gesehen eine Änderung der Formantstruktur zur Folge hat, welche auch einen hörbaren Wechsel der Klangqualität erzeugt. In natürlicher Sprache kommen quasi keine akustisch stationären Klänge vor, d.h. auch während der Produktion von Monophthongen ändert sich die akustische Struktur, nur sind diese Änderungen zu geringfügig, um wahrnehmbar zu sein, oder sie haben in der jeweils betrachteten Sprache keine linguistisch beschreibbare Funktion.

Außerdem spricht man von Diphthongen nur dann, wenn beide Bestandteile der gleichen Silbe angehören.

Das Deutsche kennt in der Hauptsache nur die drei Diphthonge [aj], [aw] und [ɔj] (bzw. [ɔɥ][54]), die auch zueinander in Opposition stehen:

(4.44)	heiß	Haus	Heuß
	freien	Frauen	freuen

Darüber hinaus kommt ganz vereinzelt auch ein Diphthong [uj] vor, z.B. in *Pfui* oder *hui,* beide Wörter übrigens Interjektionen. Außerdem müssen die Kombinationen 'Vokal + vokalisiertes 'R" [ɐ] z.B. in *Ohr, Herr* etc. als Diphthonge gewertet werden; in diesen Fällen liegt jeweils die Sequenz 'Vokal+konsonantisches /r/' zugrunde, wie in 4.1.3.2 gezeigt wurde. Im folgenden werden wir diese nicht–zugrundeliegenden Diphthonge unberücksichtigt lassen. In 4.0 und 4.1.2.1 wurde begründet, warum im Rahmen einer nicht-linearen Phonologie die Unterscheidung silbischer und unsilbischer Vokale auf der Segmentschicht überflüssig ist. Die Position des Silbengipfels innerhalb des Diphthongs wird durch Assoziation mit einem V–Element der CV–Schicht markiert, der andere Bestandteil durch Assoziation mit dem C–Element. [aj], [aw] und [ɔj] sind fallende Diphthonge, d.h. das erste Element bildet jeweils den Silbengipfel, es ist sonorer als das zweite (vgl. 4.4). Steigende Diphthonge sind im Standarddeutschen nur von marginaler Bedeutung; im Zusammenhang mit der Diskussion des Status von / j / in 4.1.2.5 haben wir einige Beispiele genannt, z.B. [wa] in *Gaulois* oder [jɛ] in *Orient.*

Für die Annahme, daß Diphthonge auf der Segmentschicht nur eine Einheit bilden, besteht u.E. noch weniger Rechtfertigung als für die gleiche Lösung bei den Affrikaten. Artikulatorisch und akustisch sind beide Bestandteile deutlich

---

[54] [ɥ] bildet das Transkriptionszeichen für einen gerundeten hohen vorderen Glide, wie er z.B. auch im französichen *nuit* ([nɥi]) vorkommt.

differenzierbar; ein weiteres Argument für die bisegmentale Lösung bildet die Umlautregel. Sie erfaßt nämlich nur den zweiten Teil des Diphthongs [aw], der zu [ɥ] umgelautet wird. Das erste Element bleibt ein hinterer Vokal, der durch eine Rundungsassimilation an das vordere [ɥ] zum gerundeten [ɔ] wird. Diese Ableitung des Diphthongs [ɔɥ] aus einem zugrundeliegenden /aʏ/ mittels Rundungsassimilation (vgl. KLOEKE 1982:221 und LENERZ 1985:15) ist allerdings nicht unmittelbar einleuchtend, zumal neben [ɔɥ] auch die Variante [ɔj] mit nicht-rundem zweiten Bestandteil existiert. Sie ist aber durch folgende Überlegungen zu rechtfertigen.

- Der Einzelvokal /u/ lautet immer zu /y/ um, nicht zu / i / (abgesehen von einigen deutschen Dialekten ohne gerundete Palatalvokale). Im Rahmen des CV-Modells wird aber auch unsilbisches [w] auf der Segmentschicht als /u/ repräsentiert. Wenn also der Umlautprozeß auf die Segmentschicht Bezug nimmt, was plausibel ist, da er keinen Einfluß auf die metrische Struktur hat, wäre bei Annahme eines zugrundeliegenden /ɔj / die generelle Umlautregel
  ' $\begin{bmatrix} \text{+son} \\ \text{–kons} \\ \text{+hint} \end{bmatrix}$ → [–hint]' nicht mehr auf die Umlautung des Diphtongs anwendbar, weil in diesem Fall auch das Merkmal 'rund' die Spezifizierung wechseln würde.
- Bei den Diphthongen /aj / und /aw/ stehen nur die Zweitglieder in Opposition, bei der Gegenüberstellung '/aj / – /ɔj /' wäre dagegen das Erstglied distinktiv, was die Allgemeinheit der Regularität, daß bei Diphthongen nur die unsilbischen Segmente in Opposition stehen, aufheben würde.

Die Realisierung der unsilbischen Bestandteile der Diphthonge unterliegt einer starken Variation, die bei /aj / z.B. von [i] über [ɪ] und [e] bis zu [ɛ] oder [ə] gehen kann. Deshalb ist zu fragen, welche der Varianten als zugrundeliegend angenommen werden soll. Wir entscheiden uns für die Repräsentationen / i /, /u/ und /y/, weil die tieferen und zentraleren Varianten als reduzierte Formen interpretierbar sind, die Ableitungen eines [i] aus einem /e/, eines [u] aus einem /o/ und eines [y] aus /ø/ dagegen nicht als Teil eines generellen Prozesses beschreibbar wären. Vielleicht verhalten sich die unsilbischen Vokale innerhalb einer Silbe, die gegenüber dem vokalischen Gipfel weniger sonor oder abgeschwächt sind (vgl. 4.4), parallel zu den Vokalen unakzentuierter Silben in der größeren Domäne 'Wort', die ja in weitem Umfang reduzierbar sind (vgl. 4.3.3).

Auf der CV–Ebene sind die Diphthonge sinnvollerweise, anders als die Affrikaten, als bimetrisch zu werten, weil sie sich phonotaktisch wie 'Vokal+Konsonant'–Cluster und Langvokale verhalten:

- Sie stehen im Wort– und Silbenauslaut, im Gegensatz zu den Kurzvokalen, z.B. in *Heu, Bau, heute, Pleite* etc.
- Sie kommen nie (im Standarddeutschen) vor dem velaren Nasal vor, der in 4.1.3.1 auf das Cluster /ng/ zurückgeführt wurde.
- Sie stehen nie vor der Affrikata [pf].
- Sie können allein Wörter bilden, z.B. *Ei* und *Au.* Dazu sind Kurzvokale nie in der Lage, jedoch, allerdings marginal, Langvokale, die allein Interjektionen wie *oh, ah* oder *äh* konstituieren können. Außerdem existiert der Flußname *Aa.* Die Cluster 'Kurzvokal + Konsonant' bilden sogar relativ häufig Wörter, z.B. *an, im, um, As* etc.

Folglich ist die Annahme zweier Positionen auf der CV–Schicht für die Diphthonge des Deutschen gerechtfertigt. In anderen Sprachen, z.B. dem Isländischen, existieren auch Kurzdiphthonge, die sich phonotaktisch wie Kurzvokale verhalten und deshalb nur mit einer Position auf der CV–Ebene verknüpfbar sind.

Die Diphthonge [aj], [aw] und [ɔɥ] des Deutschen können aufgrund der beschriebenen Regularitäten wie folgt autosegmental repräsentiert werden:

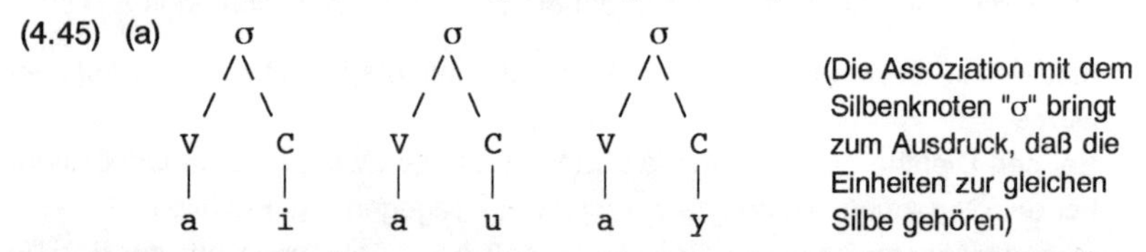

Im Verlauf der Sprachentwicklung des Deutschen häufig feststellbare Diphthongierungen und Monophthongierungen können innerhalb dieses Modells als Prozesse beschrieben werden, die allein eine Veränderung auf der Segmentschicht bewirken, die quantitative Struktur dagegen unberücksichtigt lassen. So ist beispielsweise die Monophthongierung von [iə] zu [i:] vom Mittelhochdeutschen zum Neuhochdeutschen folgendermaßen beschreibbar:

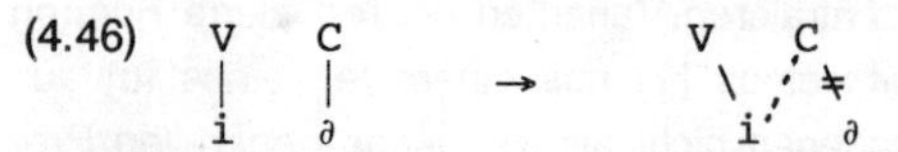

Die Repräsentation des Langvokals als 'VC–Sequenz' anstelle der Kombination 'VV' ist phonetisch begründbar, weil innerhalb eines Langvokals in der Regel der erste Teil intensiver (sonorer) (vgl. 4.4) ist als der zweite (vgl. FISCHER–JØRGENSEN 1969); das Cluster 'VC' verdient auch deshalb den Vorzug, weil auf diese Weise Langvokale, Diphthonge, 'Kurzvokal+Konsonant'–Cluster und Silben mit auslautendem Schwa auf der CV–Schicht völlig einheitlich repräsentiert werden. Dies ist eine adäquate Beschreibung dafür, daß sie sich phonotaktisch gleich verhalten.

4.4 Exkurs zur Silbenstruktur

In Abschnitt 4.1.2.1, bei der Analyse der Affrikaten des Deutschen, wurde gezeigt, daß eine Repräsentation prosodischer Phänomene wie Ton, Akzent oder Intonation in einer linearen Kette zusammen mit der segmentalen Merkmalsspezifizierung inadäquat ist. Dies gilt speziell für die Repräsentation der Silbe mit Hilfe eines einfachen Grenzsymbols $, wie sie in SPE durchgeführt wurde.

Zur Kennzeichnung der Silbenstruktur ist eine hierarchische oder autosegmentale Repräsentation zu wählen, welche die **Sonoritätsverhältnisse** innerhalb der Silbe zum Ausdruck bringt.

Die Silbe bildet eine phonetisch schwer definierbare – sie ist, vereinfachend ausgedrückt, die Grundeinheit des kontinuierlichen Artikulationsablaufs, der aus Alternationen von Öffnungs– und Schließungsvorgängen besteht –, aber für den Sprecher höchst reale Einheit, die ihm viel stärker bewußt ist als zum Beispiel das einzelne Segment. Dies zeigen zum Beispiel Untersuchungen mit Analphabeten, die mit der Segmentierung einer Lautkette in Silben keine Probleme haben, denen eine Aufteilung in Segmente aber erheblich schwerer fällt (vgl. MORAIS 1985 und WIESE 1988). Die Silbe kann auch als rhythmische Einheit im musikalischen Sinne betrachtet werden; man kann bei der Lautrealisierung zu jeder einzelnen Silbe einen Takt schlagen, was beim Segment unmöglich ist. Sie bildet, wie z.B. die Auslautverhärtungsregel zeigt (vgl. 4.1.2.2), auch eine wichtige Domäne für phonologische Regeln, ein Grund mehr, in der Phonologie nach geeigneten Darstellungen ihrer Struktur zu suchen.

Innerhalb der Silbe kann zunächst zwischen einem Silbengipfel und den Silbenrändern unterschieden werden. Den Silbengipfel bildet immer das Segment mit der höchsten lokalen Schallfülle: Den Öffnungs– und Schließungsvorgängen während der Artikulation entspricht auf akustischer Seite eine Zu– und Abnahme der Schallintensität. Die lokalen Maxima dieses Intensitätsverlaufs bilden die jeweiligen Silbengipfel der einzelnen Silben, die Minima dagegen den Silbenrand. "Schallintensität" bedeutet in diesem Fall nicht akustische Intensität überhaupt – auch stimmlose Frikative können beispielsweise sehr große Intensität besitzen –, sondern Klangintensität (im Gegensatz zu Geräuschintensität, vgl. oben 1.2.2). Folgende Skizze (nach LENERZ 1985:19) verdeutlicht den Klangintensitätsverlauf – für Klangintensität benutzt man meist den Ausdruck "Sonorität" – zwischen Silbengipfel und Silbenrändern:

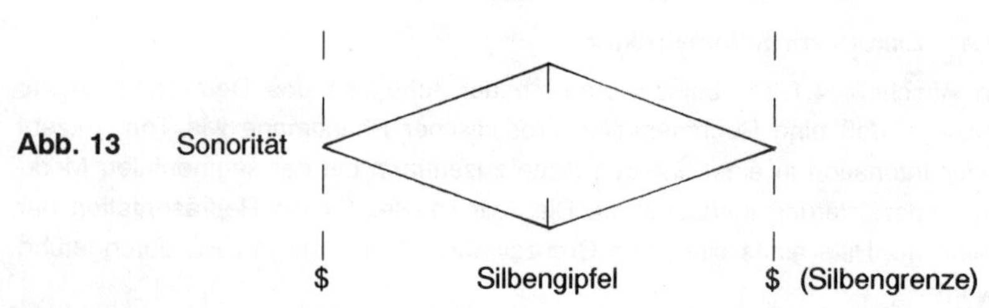

Laute und vor allem ganze Lautklassen können nun auf einer Sonoritätsskala entsprechend ihrer inhärenten Klangfülle geordnet werden. Diese inhärente Sonorität bestimmt zum Teil die Position einzelner Segmente der jeweiligen Lautklasse innerhalb der Silbe. Das sonorste Element der Silbe bildet den Silbengipfel, zu den Silbenrändern hin nimmt die Sonorität ab. Einer der ersten, die eine solche Skala aufstellten, war JESPERSEN (1904:191); er spricht von "verschiedene[n] Grade[n] der Schallfülle". Folgende Skala gibt WIESE (1988:91) für das Deutsche an:

Abb. 14 zunehmende Sonorität

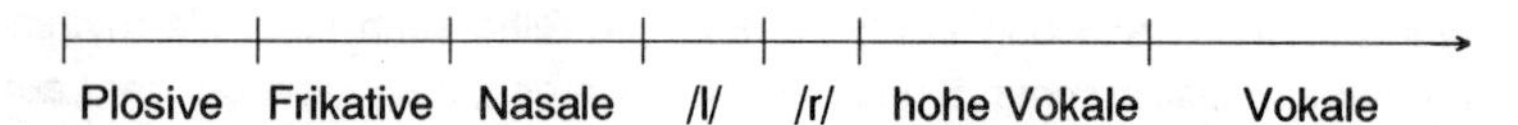

Rechts stehen die sonorsten Lautklassen, links die am wenigsten sonoren. Die Differenziertheit der Skala kann von Sprache zu Sprache variieren – für das Chinesische nimmt WIESE (1988:92) z.B. nur die drei Gruppen 'Konsonanten – hohe Vokale – Vokale' an–, das Grundgerüst bleibt aber immer das gleiche; d.h. die Sonoritätsskala hat in ihren Grundzügen universalen Charakter, ist aber von Sprache zu Sprache unterschiedlich stark strukturiert. Im Deutschen ist beispielsweise eine Differenzierung stimmhafter und stimmloser Obstruenten auf der Skala überflüssig, weil Obstruentencluster innerhalb einer Silbe immer stimmlos sind (vgl. 4.1.2.2), was zur Folge hat, daß die Frage, ob stimmlose oder stimmhafte Obstruenten näher am Silbengipfel stehen, gar nicht erst relevant werden kann (zu differenzierteren Sonoritätsskalen vgl. VENNEMANN 1982:283f. und 1986).[55]

Mit Hilfe der in Abb. 14 dargestellten Sonoritätsskala kann nun die Position des Silbengipfels in Silben des Deutschen in der Regel zweifelsfrei bestimmt werden. Einige Beispiele für die Silbifizierung bestimmter Segmentfolgen mag

[55] VENNEMANN (1982:283f.) benutzt übrigens anstelle der Sonoritätsskala eine Skala "konsonantischer Stärke"; diese steigt jeweils, wenn die Sonorität abnimmt, und umgekehrt.

dies verdeutlichen (der Silbengipfel ist jeweils mit V, alle übrigen Elemente sind mit C assoziiert, "σ" bezeichnet die Domäne "Silbe" als ganze):

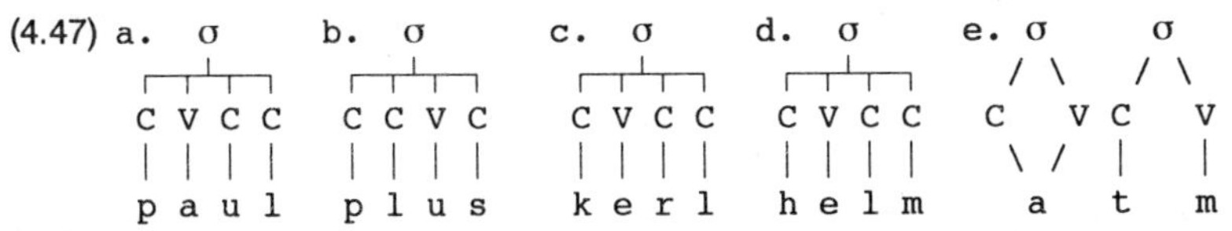

Beispiel (a) zeigt, daß bei zwei Vokalen in der gleichen Silbe in der Regel der tiefere den Silbengipfel bildet; Beispiel (b) illustriert u.a., daß /l/ als sonoreres Element näher am Silbengipfel steht als /p/; aus (c) läßt sich entnehmen, daß /r/ sonorer ist als /l/ (vgl. A. 4–7); aus (d) wiederum geht hervor, daß /l/ einen höheren Sonoritätswert hat als Nasale. Beispiel (e) zeigt eine Silbifizierung in *zwei* Silben, und zwar, weil bis zur Verschlußphase des /t/ die Klangfülle auf Null zurückgeht, um dann nach der Verschlußlösung zum Nasal hin wiederum anzusteigen. Der Nasal ist sonorer als /t/ und muß folglich den Silbengipfel bilden, weil keine anderen Segmente innerhalb der zweiten Silbe vorhanden sind.

Auf der Grundlage der Sonoritätshierarchie sind auch Entscheidungen über die Einordnung bestimmter Segmente in Lautklassen möglich; wir haben z.B. in 4.1.2.5 /ʝ/ als Frikativ gewertet und nicht als Glide /j/, u.a. weil in dialektalen Varianten des Deutschen /ʝ/ vor /l/ und /r/ am linken Silbenrand stehen kann; dies steht nur dann in Einklang mit der Sonoritätsskala, wenn /ʝ/ ein Frikativ ist, weil Vokale immer entweder selbst den Silbengipfel bilden oder näher am Gipfel stehen als Liquide.

Zwei Segmente des Deutschen scheinen allerdings Positionen innerhalb der Silbe einzunehmen, die der Sonoritätshierarchie widersprechen, und zwar /š/ und /s/. Sie stehen im Silbenanlaut vor Plosiven und im Auslaut nach ihnen, z.B. in *Strumpf, Skat, Spiel* (Anlaut) und *Wachs, Raps, Quatsch* (Auslaut). WIESE (1988:94–102) versucht diesen Ausnahmestatus von /š/ und /s/ dadurch zu erklären, daß er diese Segmente als "extrasilbisch" analysiert; sie zählen sozusagen bei der Bestimmung der maximal möglichen Positionen innerhalb der Silbe überhaupt nicht, sie stehen völlig außerhalb und werden deshalb in seiner Darstellung auch nicht vom Silbenknoten dominiert, sondern direkt vom Wort (vgl. WIESE 1988:96). Die umfangreiche und komplexe Begründung WIESEs für diese Hypothese kann hier nicht erörtert werden; vielleicht genügt auch eine Modifikation der Sonoritätsskala in Abb. 14, die Plosive und koronale Frikative als gleich sonor einstuft. Dies würde bedeuten, die Sonoritätshierarchie in ihren Grundzügen, wie sie sich etwa im Chinesischen darbietet, beizubehalten, in den Detailabstufungen innerhalb der Oberklassen jedoch sprachspezifische Modifikationen zuzulassen. Für die koronalen Frikative scheint die Möglichkeit einer solchen Modifikation auch deshalb plausibel zu sein, weil die oben beschriebenen Stellungsmöglichkeiten nicht nur für das Deutsche, sondern auch für eine ganze Reihe anderer europäischer Sprachen, z.B. das Englische, Französische und die slawischen Sprachen feststellbar sind.

Bisher wurde zur Beschreibung der Silbenstruktur das CV–Modell verwendet (vgl. CLEMENTS/KEYSER 1983 und WIESE 1988), das nur die Stellung des Silbengipfels (V) und die Zahl der Positionen innerhalb einer Silbe markiert. Dieses Modell eignet sich besonders zur Darstellung quantitativer (bzw. metrischer) Regularitäten innerhalb der Silbe, wie die Analyse der Affrikaten (vgl. 4.1.2.1), des velaren Nasals (vgl. 4.1.3.1), der Langvokale (vgl. 4.3.2) und der Diphthonge (vgl. 4.3.4) gezeigt hat. So ist beispielsweise die Zahl der möglichen Segmente nach dem Silbengipfel davon abhängig, ob dieser von einem Kurzvokal oder einem Langvokal bzw. dem vokalischen Element eines Diphthongs gebildet wird (vgl. SEILER 1962 und WIESE 1988); nach Kurzvokal sind offenbar maximal vier Positionen möglich, z.B. in *Herbst* [hɛʀ̑pst] oder *qualmst* ([kvalmst]), nach Langvokalen und Diphthongen dagegen nur drei, z.B. in *glaubst* ([glawpst]) und *gräbst* ([grɛ:pst]). Diese Unterschiede in der Zahl der möglichen Positionen nach dem Silbengipfel sind ein Indiz für die Richtigkeit der bimetrischen Analyse der Langvokale und Diphthonge; die Aussage, daß maximal vier Positionen nach dem Silbengipfel besetzt sein können, gilt dann völlig unabhängig von der Merkmalspezifizierung des mit V assoziierten Segmentes. Berücksichtigt man die koronalen Obstruenten nicht, die eventuell (vgl. oben) extrasilbisch gewertet werden können, so sind sogar nur zwei Einheiten auf der CV–Schicht nach dem Silbengipfel möglich, wie folgendes Korpus verdeutlicht (nach WIESE 1988:58):

(4.48)	(a)	viel	(b)	fein	(c)	Film
		doof		drauf		darf
		schön		neun		gern
		Stab		Raub		gelb

Folgende Cluster bilden demnach keine wohlgeformten Silben des Deutschen:

(4.49)	* heink	* saarp
	* Haulm	* helmp
	* doorf	* wirlk

Sie kommen höchstens in Eigennamen vor; für diese Wortgruppe sind aber von der Lautstruktur des Deutschen abweichende Regularitäten auch sonst keine Seltenheit.

Die Charakterisierung der Silbenstruktur mit Hilfe des CV–Modells ist m.E. nicht in der Lage, alle Silbenregularitäten adäquat zu erfassen. Die oben skizzierten Beschränkungen der Anzahl von Positionen nach dem Gipfel innerhalb einer Silbe beispielsweise sind ganz unabhängig von der Struktur des Silbenanlauts; dieser kann z.B. auch leer sein. Andererseits unterliegen auch die Zahl und Art möglicher Anlautcluster Beschränkungen; es sind höchstens drei Einheiten zugelassen, von denen bei maximaler Füllung nur /š/ /z.B. in *Strumpf), /s/* (z.B. in *Skrupel)* oder die ersten Bestandteile der Affrikaten /pf/ und /ts/ (z.B. in *Pfropfen* und [tsv]*eifel)* in Erstposition stehen können. Letztere wurden in 4.1.2.1 als monometrische, d.h. nur eine C–Position besetzende Einheiten analysiert, weshalb Sequenzen wie /pfr/ oder /tsv/ die gleiche metrische Struktur haben wie Zweierkombinationen, z.B. /kl/ oder /tr/ (zu möglichen Silbenanlautclustern im Deutschen vgl. SEILER 1962:377 und WIESE 1988:59). Die beschriebenen Restriktionen gelten wiederum völlig unabhängig vom Rest der Silbe. Aufgrund dieser unterschiedlichen Domänen für die Beschreibung von Silbenstrukturbedingungen, zum einen Silbenanlaut und zum anderen Silbengipfel und –auslaut, scheint es sinnvoll, folgende qegenüber dem CV–Modell differenziertere Silbenstruktur anzunehmen (vgl. VENNEMANN 1986:48 und WIESE 1988:106):

Abb. 15

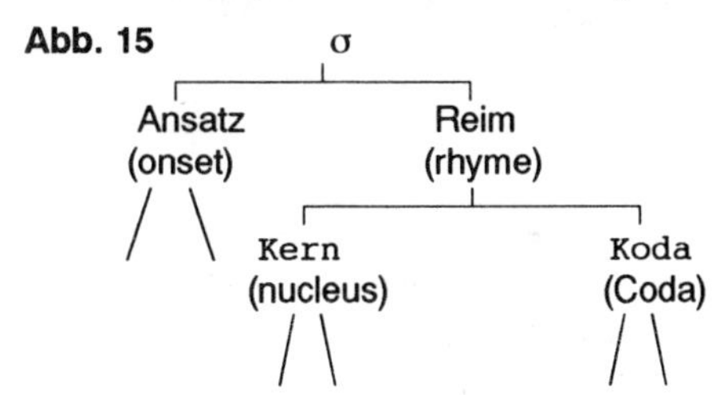

Die Relevanz des Reims als Subkonstituente der Silbe zeigt sich am deutlichsten in der Poesie, in der die Ersetzung des Ansatzes einer Silbe unter Beibehaltung der Konstitutente 'Reim' innerhalb eines Verspaares von alters her zur Erzielung poetischer Effekte eingesetzt wird. Die Berechtigung einer Subkonstituente Kern erweist sich z.B. daran, daß nur Segmente, die [+sonorant] sind, im Deutschen den Silbengipfel bilden können, während Segmente mit der Spezifikation [–sonorant] sowohl im Ansatz als auch in der Koda vorkommen, jedoch nie im Kern. Wie Abb. 15 andeutet, gehen wir davon aus, daß der Kern verzweigen kann; dies gilt z.B. für Diphthonge und Langvokale des Deutschen, die nach dieser Analyse im Silbenkern stehen. Da in Diphthongen nur ein Element den Silbengipfel bildet, fallen die Begriffe "Silbengipfel" und "Silbenkern" nicht zusammen. Nur wenn der Kern nicht verzweigt, ist er gleichzeitig der Silbengipfel; ansonsten enthält er neben diesem noch ein "unsilbisches" Element.

Die Silbenreime bilden die Träger prosodischer Eigenschaften wie Akzent und Ton und sind als solche mögliche Domänen z.B. für Wortakzentregeln. Dies trifft etwa auf das Lateinische zu, wie folgende Gegenüberstellung zeigt (vgl. HYMAN 1975:206):

(4.50) refécit –eféctus – réficit

Der Wortakzent fällt in lateinischen Wörtern auf die vorletzte Silbe (Penultima), wenn diese einen Langvokal, einen Diphthong (vgl. *Minotáurus)* oder ein Cluster 'Vokal+Konsonant' enthält; wenn ihr Reim dagegen nur aus einem Kurzvokal besteht, fällt der Akzent auf die drittletzte Silbe (Antepenultima).

Das in Abb. 15 dargestellte Silbenschema ist durchaus mit dem CV–Modell kombinierbar, wenn man die CV–Einheiten als Subknoten der Konstituenten Ansatz, Kern und Koda betrachtet; für das Wort *Strumpf* wäre dann beispielsweise folgende Repräsentation möglich:

Abb. 16

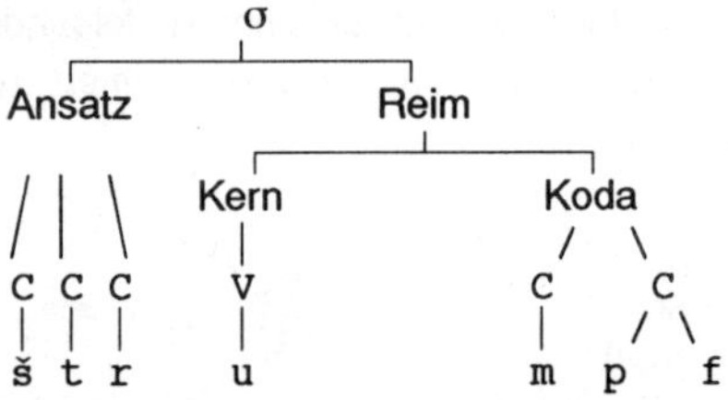

```
                  σ
        ┌─────────┴──────────┐
     Ansatz                 Reim
                    ┌─────────┴──────────┐
  /  |  \          Kern                Koda
  /  |  \           |                  /  \
  C  C  C           V                 C    C
  |  |  |           |                 |   / \
  š  t  r           u                 m  p   f
```

WIESE (1988:69) wählt übrigens anstelle dieser Repräsentationsmöglichkeit eine Lösung, die ein Autosegment "Kern" postuliert, das nicht vom Silbenknoten abhängt und mit der CV–Schicht assoziiert ist wie die Segmentschicht oder die Ton–Schicht. Welche Alternative den Vorzug verdient, kann hier nicht entschieden werden. Sein formaler Einwand gegen die Analyse des Kerns als Subkonstituente der Silbe – es würden gemischte Strukturen wie "C C Kern C" (1988:76) entstehen – gilt übrigens im obigen Modell nicht mehr, weil in diesem nur Ansatz und Reim unmittelbare Konstituenten des Silbenknotens sind und nicht die CV–Einheiten.

Neben den bisher skizzierten Silbenstrukturmodellen (CV–Modell und Konstituentenmodell) sind noch eine Reihe anderer Varianten wie Schalenmodell, Körpermodell, metrisches Modell oder Morenmodell vorgeschlagen worden (vgl. VENNEMANN 1986:48–55 und WIESE 1988:106–113), deren Analyse eine tiefergehende Auseinandersetzung mit der Silbenstruktur fordern würde, als sie eine "Einführung in die Phonologie" zu leisten vermag. Deshalb wird an dieser Stelle die Diskussion um die adäquate Beschreibung von Regularitäten in der Domäne 'Silbe' beendet. In einem Folgeband (vgl. Vorwort) sollen prosodische Phänomene wie Silbenstruktur und Akzent in einer am Deutschen orientierten phonologischen Analyse eingehend dargestellt werden; diese Analyse wird mit einer Einführung in die Theorie und die Darstellungsmittel der "Nichtlinearen Phonologie" verknüpft sein.

4.5 Aufgaben

4.5.1 Aufgaben mit Lösungsangabe

A.4–1 Fakultative Aspiration der Plosive

Im Deutschen können Plosive fakultativ in allen Lautkontexten innerhalb der Domäne "Wort" aspiriert werden, wenn kein Obstruent oder /h/ folgt (vgl. 4.1.2.3). In *A[pz̥]atz* und *a[ph]olen* erfolgt z.B. keine Behauchung des Plosivs. Geben Sie eine Regel an, die diesen phonologischen Prozeß beschreibt.

Lösung:

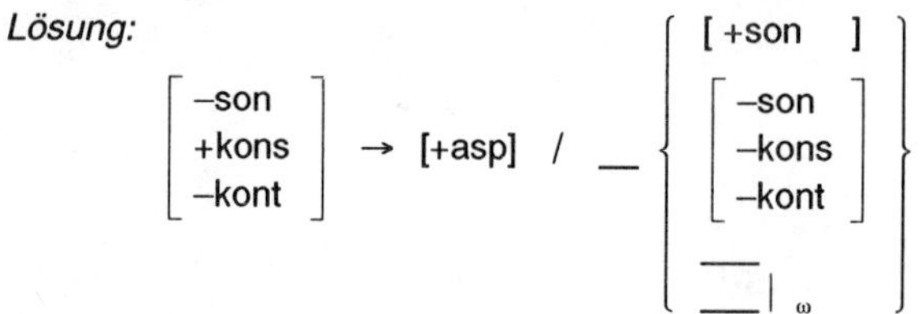

Anmerkung: [–son, –kons, –kont] ist die Merkmalsspezifikation für den Glottisverschlußlaut [ʔ], vor dem Plosive aspiriert werden können, vgl. *en*[t^{h}ʔ]*eilen*.

Bedingung: fakultativ

A.4–2 Distribution der Frikative [s] und [z]

Beschreiben Sie anhand des folgenden Korpus die Distribution von [s] und [z] im Deutschen:

[s]	[z]
rei[s]en	rei[z]en
[s]kat	[z]agen
[s]mutje	bieg[z]am
Gra[s]	Grä[z]er
Li[s]t	Am[z]el
P[s]alm	
Pri[s]ma	
He[ks]e	

Lösung: Innerhalb eines Wortes können im Silbenanlaut nach Langvokal oder Glide in der vorhergehenden Silbe [s] und [z] im gleichen Lautkontext vorkommen. In dieser Position bilden sie folglich einen Kontrast (vgl. *'reisen – reißen'*).

In allen anderen Kontexten liegt komplementäre Distribution vor:

– Im absoluten Wortanlaut vor Vokalen steht [z] (vgl. *sagen*).
– Im Silbenanlaut vor Vokalen und nach Sonanten steht ebenfalls [z] (vgl. *Amsel).*
– Im Silbenanlaut vor Vokalen steht [z] nach Obstruenten der vorhergehenden Silbe, wenn gleichzeitig ein Morphemanlaut vorliegt (vgl. *biegsam;* ein mögliches Gegenbeispiel bildet allerdings das Suffix *–sel*, z.B. in *Stö[ps]el*) .
– Im Silbenauslaut steht [s] (vgl. *Gras* und *Prisma).*
– Im Wort- und Silbenanlaut vor Sonanten steht [s] (vgl. *Smutje).*
– Vor und nach Obstruenten in der gleichen Silbe steht [s] (vgl. *List, Skat, Psalm).*
– Im Silbenanlaut vor Vokal steht [s] nach einem Obstruenten der vorhergehenden Silbe, wenn der Silbenanlaut nicht gleichzeitig Morphemanlaut ist (z.B. in He[ks]e oder gi[ps]en).

A.4–3 [ç] und [x] im Deutschen

Geben Sie eine Regel zur Ableitung des Achlautes [x] aus einem zugrundeliegenen /ç/ an. (Im Text (vgl. 4.1.2.4) wird /x/ als zugrundeliegendes Segment betrachtet. Wir schließen uns in dieser Aufgabe zu Übungszwecken dagegen der Analyse von WURZEL 1981 an.). Benutzen Sie folgendes Korpus als Orientierungshilfe:

[ʀawx]	–	[ʀajç]	[rawxən]	–	[rajçən]
[bax]	–	[bɛçə]	[laxt]	–	[lɪçt]
		[mɪlç]			
		[dʊʀç]			
		[manç]			
		[çe'mi:]			

Lösung: Nach hinteren Vokalen wird /ç/ zu [x]. Domäne der Regelanwendung ist das Morphem (vgl. *Frau*[ç]*en*).

$$R: \left[\begin{array}{l} -\text{son}\\ +\text{kont}\\ -\text{sth}\\ +\text{hoch}\\ -\text{kor}\end{array}\right] \rightarrow [+\text{hint}] \;/\; \left[\left[\begin{array}{l}-\text{kons}\\ +\text{hint}\end{array}\right] \,\text{—}\, X_0 \right]_{\mu}$$

Anmerkungen:
"X_0" bedeutet, daß noch beliebig viele Konsonanten (z.B. ein Konsonant in *Pracht)* oder Vokale (z.B. in *Jauche)* im gleichen

Morphem folgen können. Die Merkmalsspezifizierung [–sth] links vom Pfeil ist erforderlich, weil stimmhaftes /ʝ/ nach Hintervokalen nicht zu [x] oder dessen stimmhaftem Gegenstück [ɣ] wird, vgl. *Boje* und *Koje*.

A.4–4 Distribution des palatalen Frikativs /ʝ/

Erstellen Sie ein Wortkorpus, das die Kombinationsmöglichkeiten des palatalen Frikativs /ʝ/ mit einem in der gleichen Silbe folgenden Vokal verdeutlicht.

Lösung: (eine von vielen möglichen)

['ʝi:zəla]	'Gisela' (dialektale Aussprachevariante)
['ʝɪdɪš]	'jiddisch'
['ʝe:dɐ]	'jeder'
[ʝɛk]	'Jeck'
['ʝɛ:tn̩]	'jäten'
['ʝy:lɪç]	'Jülich'
['ʝʏŋɐ]	'Jünger'
['ʝø:tə]	'Goethe' (dialektal)
['ʝœtɐ]	'Götter' (dialektal)
['ʝu:tə]	'Jute'
['ʝʊŋə]	'Junge'
['ʝo:zəf]	'Josef'
['ʝɔpə]	'Joppe'
['ʝɑ:gən]	'jagen'
['ʝapsən]	'japsen'
['ʝawxə]	'Jauche'
[ʝajs]	'Geiß' (dialektal)
['ʝɔɥlə]	'Gäule' (dialektal)
['bo:ʝə]	'Boje'

A.4-5 Die Glides / j / und /w/

Warum liegt in Wörtern wie *Linie, Orient* und *Ruanda,* falls diese zweisilbig ausgesprochen werden und der Sonant zum Silbenanlaut der zweiten Silbe gehört, dem Segment nach dem Sonanten ein Glide / j / bzw. /w/ zugrunde und kein Frikativ / j / bzw. /v/?

Lösung: Frikative sind im Deutschen weniger sonor als Liquide und Nasale (vgl. 4.4), deshalb stehen sie immer weiter vom Silbengipfel entfernt als diese, vgl. *Fries, wringen, Flegel, Schlag* (Silbenanlaut) und *Hals, elf, Werft* (Silbenauslaut). In obigen

Wörtern stehen die durch <i> und <u> orthographisch wiedergegebenen Segmente aber näher am Silbengipfel als die vorausgehenden Sonanten, was ein Verstoß gegen die Sonoritätshierarchie wäre, würde man sie als Frikative werten. Deshalb muß man in diesen Fällen von zugrundeliegenden Vokalen in unsilbischer Position ausgehen, d.h. von / j / und /w/.

A.4–6 g–Tilgung nach velarem Nasal

Formulieren Sie eine Regel für die Tilgung des Plosivs /g/ nach dem velaren Nasal /ŋ/. Vernachlässigen Sie dabei Fälle wie *I*[ŋg]*rid* oder *zweitra*[ŋ]*ig* und orientieren Sie sich nur an folgendem Korpus:

[ŋg]	[ŋ]
U[ŋg]ar	e[ŋ]
I[ŋg]o	Hu[ŋ]er
fi[ŋg]ieren	Zu[ŋ]e
lary[ŋg]al	lä[ŋ]lich
	ri[ŋ]s

Lösung: /g/ wird getilgt nach einem hinteren Nasal und vor Schwa (und damit auch vor vokalisiertem [ɐ], das aus /ər/ abgeleitet ist), außerdem vor Konsonanten und im Wortauslaut.

$$R:\ \begin{bmatrix} -\text{son} \\ -\text{kont} \\ +\text{sth} \end{bmatrix} \rightarrow \emptyset \ / \ \begin{bmatrix} +\text{nas} \\ +\text{hint} \end{bmatrix} \_\_ \left\{ \begin{matrix} [+\text{kons}] \\ \begin{bmatrix} +\text{son} \\ -\text{kons} \\ -\text{tief} \\ +\text{hint} \\ -\text{rund} \end{bmatrix} \\ ]_{\omega} \end{matrix} \right\}$$

Anmerkung:

Sollen zusätzlich auch g–Tilgungen in *zweitra*[ŋ]*ig* oder *diphtho*[ŋ]*isch* (gegenüber *Diphtho*[ŋg]*ie*) mit einbezogen werden, so muß die Regel weiter differenziert werden. KLOEKE (1982:121) nimmt in solchen Fällen g–Tilgung vor nativen Suffixen, z.B. *–ig* oder *–isch*, an, während vor mit Vokal anlautendem nicht–nativen Suffix, z.B. *–ie* in *Diphthongie,* keine Tilgung erfolgt. WURZEL (1981:961) dagegen glaubt, daß die Akzentuierung des anlautenden Vokals den relevanten Kontext für die g–Tilgung bildet; d.h. vor mit unbetontem Vokal anlautenden Suffixen wird /g/ getilgt, vor mit akzentuiertem Vokal beginnenden dagegen nicht.

4.5.2 Aufgaben ohne Lösungsangabe

A.4–7 R im Deutschen

In 2.2.3 wurde gezeigt, daß für das zugrundeliegende Segment /r/ (vgl. 4.1.3.3) eine Reihe regional oder sozial bedingter Realisierungsmöglichkeiten bestehen. Zu diesen Varianten zählen auch frikatives Zäpfchen–R ([ʁ]), z.B. im Rheinland, und frikatives Zungenspitzen–R ([ɹ]), z.B. im Sauerland. Warum kann 'R' im Deutschen trotzdem nicht als zugrundeliegender Frikativ gewertet werden? Berücksichtigen Sie bei Ihrer Antwort Regularitäten der Silbenstruktur im Deutschen.

A.4–8 Der Lautwandel '/x/ → /h/'

In 4.2 wurde ein Lautwandel '/x/ → /h/' im Silbenanlaut beschrieben, der sich vom Germanischen zum Althochdeutschen vollzogen hat. Formulieren Sie für diesen historischen Lautwandel eine phonologische Regel.

A.4–9 Phonotaktisches Verhalten von Kurzvokalen, Langvokalen und Diphthongen

Erläutern Sie anhand des folgenden Korpus, warum sich Langvokale und Diphthonge phonotaktisch gleich verhalten, d.h. den gleichen Distributionsregularitäten unterliegen, und was sie von den Kurzvokalen unterscheidet:

Kurzvokale	Langvokale	Diphtonge
Zo**pf**	–	–
He**lm**	Saa**l**	Sei**l**
–	S**ee**	B**au**
la**ng**	–	–

Die jeweils relevanten Teilstücke des Wortes sind fett gedruckt. Stellen Sie die unterschiedliche Distribution der beiden Gruppen mit Hilfe des CV–Modells dar.

A.4–10 Schwa–Epenthese im Lexikon

In 4.3.3 wurde die unterschiedliche Distribution des SchwaVokals [ə] in morphologisch komplexen Wörtern im Rahmen der Theorie der "Lexikalischen Phonologie" durch die Annahme erklärt, daß eine Schwa–Epenthese–Regel auf drei Ebenen des Lexikons mit morphologischen Prozessen wie Derivation und Flexion interagiert (vgl. (4.43) in 4.3.3). Erklären Sie, unter der Voraussetzung, daß die Schwa–Epenthese auch auf der Ebene 1 applizieren kann, das Vorhandensein bzw. Fehlen von [ə] in folgenden Formen:

Widmung	*Erweiterung*	*Regelung*
Atmung	*Förderung*	*Veredelung*
Segnung	*Weigerung*	*Berieselung*

A.4–11 Strukturbedingung für den Silbenansatz

Formulieren Sie eine Silbenstrukturbedingung, welche die Konsonantencluster /tl/, /dl/, /tn/ und /dn/ im Silbenansatz als nicht–wohlgeformt kennzeichnet. Benutzen Sie das in (4.11) (vgl. 4.1.2.1) verwendete Regelformat. Nicht–Wohlgeformtheit wird durch einen hochgesetzten Stern "*" am linken Rand der Regel markiert; z.B. könnte eine Strukturbedingung, welche den velaren Nasal im Morphemanlaut ausschließt, folgendermaßen formuliert werden:

$$ {}^{*}_{\mu}\left[\begin{bmatrix} +\text{nas} \\ +\text{hint} \end{bmatrix} \right. $$

Bibliographie

Augst, G., 1974. Die linguistischen Grundlagen der Rechtschreibung. In: Augst, G. (ed.), 1974. *Deutsche Rechtschreibung mangelhaft? Materialien und Meinungen.* Heidelberg: Quelle & Meyer, 9-47.

Bannert, R., 1976. *Mittelbairische Phonologie auf akustischer und perzeptorischer Grundlage.* Lund: Gleerup (Dissertation Universität Lund).

Bannert, R., 1977. Quantität im Mittelbairischen. Komplementäre Länge von Vokal und Konsonant. In: Dressler, Wolfgang U./Pfeiffer, Oskar E. (eds.), 1977. *Phonologica 1976. Akten der dritten Internationalen Phonologie–Tagung Wien, 1.–4. September 1976.* Innsbruck: Innsbrucker Beiträge zur Sprachwissenschaft, 261–270.

Barry, W.J./Kohler, K.J., 1978. Unter welchen Bedingungen werden phonologisch redundante Merkmale auditiv relevant? Ein Beitrag zu einer Theorie der Sprachperzeption. *Arbeitsberichte des Instituts für Phonetik der Universität Kiel (AIPUK)* 10 (1978): 28–59.

Bartsch, R./Lenerz, J./Ullmer–Ehrich, V., 1977. *Einführung in die Syntax.* Kronberg/Ts.: Scriptor.

Baudouin de Courtenay, J., 1895. *Versuch einer Theorie phonetischer Alternationen. Ein Kapitel aus der Psychophonetik.* Straßburg: Trübner.

Berg, Th., 1988. *Die Abbildung des Sprachproduktionsprozesses in einem Aktivationsflußmodell. Untersuchungen zu deutschen und englischen Versprechern.* Tübingen: Niemeyer (= LA 206).

Bhatt, Chr., 1990. *Einführung in die Morphologie.* Köln (= *KLAGE* 23).

Bierwisch, M., 1966. Strukturalismus. Geschichte, Probleme und Methoden. In: *Kursbuch* 5 (1966): 77–152.

Bloomfield, L., 1933. *Language.* New York: Holt.

Bussmann, H., 1990². *Lexikon der Sprachwissenschaft.* 2. völlig neu bearbeitete Auflage. Stuttgart: Kröner.

Catford, J.C., 1988. *A Practical Introduction to Phonetics.* Oxford: Clarendon Press.

Chomsky, N., 1965. *Aspects of the Theory of Syntax.* Cambridge,Mass.: MIT Press. Dt. Übers.: *Aspekte der Syntaxtheorie,* Frankfurt/M.: Suhrkamp 1969.

Chomsky, N., 1980. *Rules and Representations.* New York: Columbia University Press.

Chomsky,N./Halle,M., 1968. *The Sound Pattern of English.* New York: Harper & Row.

Clements,G.N./Keyser,S.J., 1983. *CV–Phonology. A Generative Theory of the Syllable.* Cambridge, Mass.: MIT Press.

Delattre, P., 1981. *Studies in Comparative Phonetics. English, German, Spanish and French.* Heidelberg: Groos.

Denes, P.B./Pinson, E.N., 1963. *The Speech Chain. The Physics and Biology of Spoken Language.* Bell Telephone Laboratories. (Reprinted 1973 by Anchor Press/Doubleday, Garden City/New York).

Dressler, W.U., 1973. Die Anordnung phonologischer Prozesse bei Aphatikern. *Wiener Linguistische Gazette* 4 (1973): 9–19.

DUDEN 'Ausspracheworterbuch' 1974². *DUDEN. Das Aussprachewörterbuch. Wörterbuch der deutschen Standardaussprache.* Bearbeitet. von Max Mangold in Zusammenarbeit mit der Dudenredaktion.Mannheim/Wien/Zürich: Bibliographisches Institut (= *Der Duden in 10 Bänden* 6).

Ehlich, K./Switalla, B., 1976. Transkriptionssysteme: Eine exemplarische Übersicht. In: *Studium Linguistik* 2 (1976): 78–105.

Ezawa, K., 1972. *Die Opposition stimmhafter und stimmloser Verschlußlaute im Deutschen.* Tübingen: Narr (= *TBL* 29).

Fanselow, G./Felix, S., 1987. *Sprachtheorie. Eine Einführung in die Generative Grammatik.* 2 Bde. Tübingen: Francke (= *UTB* 1441 u. 1442).

Féry, C., 1986. Metrische Phonologie und Wortakzent im Deutschen. *Studium Linguistik* 20 (1986): 16–43.

Fischer–Jørgensen, E., 1969. Untersuchungen zum sogenannten festen und losen Anschluß. In: Jensen, K.H./Steffensen, S. (eds.), 1969. *Kopenhagener germanistische Studien Band I.* Kopenhagen: Akademisk Forlag, 138–164.

Fischer–Jørgensen, E., 1975. *Trends in Phonological Theory.* Copenhagen: Akademisk Forlag.

Fromkin, V./Rodman, R., 1974 (1988⁴). *An Introduction to Language.* New York: Holt, Rinehart and Winston.

Fudge, E.C., 1970. Phonology. In: Lyons, J. (ed.), 1970. *New Horizons in Linguistics.* Harmondsworth: Penguin, 76–95.

Giegerich, H., 1985. *Metrical phonology and phonological structure: German and English.* Cambridge: Cambridge University Press.

Giegerich, H., 1987. Zur Schwa–Epenthese im Standarddeutschen.*Linguistische Berichte* 112 (1987): 449–469.

Gleason, H.A., 1955. *Workbook in descriptive linguistics.* New York: Holt, Rinehart and Winston.

Goldsmith, J.A., 1976. *Autosegmental Phonology.* Bloomington, Ind.: Indiana Univ. Linguistics Club (Diss. MIT). Wieder erschienen: New York/London: Garland 1979.

Goldsmith, J.A., 1990. *Autosegmental and Metrical Phonology.* Oxford: Blackwell.

Grewendorf, G./Hamm, F./Sternefeld, W., 1987. *Sprachliches Wissen. Eine Einführung in moderne Theorien der grammatischen Beschreibung.* Frankfurt am Main: Suhrkamp (= *suhrkamp taschenbuch wissenschaft* 695).

Gussmann, E., 1980. *Introduction to Phonological Analysis.* Warschau: PWN.

Hayes, B., 1986. Inalterability in CV Phonology. *Language* 62 (1986): 321–351.

Heffner, R.–M.S., 1950. *General Phonetics.* Madison: The University of Wisconsin Press.

Hjelmslev, L., 1943. *Omkring Sprogteoriens Grundlaeggelse.* Kopenhagen: Festskrift udgivet af Københavns Universitet. Dt. Übers.: *Prolegomena zu einer Sprachtheorie,* München: Hueber 1974.

Höhle, T.N./Vater, H., 1978. Derivational Constraints und die silbischen Konsonanten im Deutschen. In: *Studia linguistica Alexandro Vasilii Filio Issatschenko a collegis amicisque oblata.* Lisse: de Ridder, 169–186.

Hogg, R./Mc Cully, C.B., 1987. *Metrical Phonology: a coursebook.* Cambridge: Cambridge University Press.

Holst, F., 1978. *Morphologie. Einführungspapier mit Arbeitsaufgaben.* Trier: L.A.U.T. (= *KLAGE* 2).

Hooper, J. B., 1972. The syllable in phonological theory. *Language* 48, 525-540.

Hulst, H.v.d./Smith, N. (eds.), 1982. *The structure of phonological representations (Part I).* Dordrecht: Foris.

Hulst, H.v.d./Smith, N. (eds.), 1982. An Overview of Autosegmental and Metrical Phonology. In: Hulst, H. van der/Smith, N. (eds.), 1982:1–45.

Hyman, L.M., 1975. *Phonology:Theory and Analysis.* New York: Holt, Rinehart and Winston.

Isačenko, A. V., 1963. Der phonologische Status des velaren Nasals im Deutschen. In: *Zeitschrift für Phonetik* 16 (1963): 77–84. Wieder abgedruckt in: Steger, H. (ed.), 1970. *Vorschläge zu einer strukturalen Grammatik des Deutschen.* Darmstadt: Wissenschaftliche Buchgesellschaft (= *Wege der Forschung* 146), 468–479.

Isačenko, A. V., 1973. Das Suffix *–chen* und der phonologische Status des [ç] im Deutschen. *Deutsche Sprache* 3 (1973): 1–6.

Isačenko, A. V., 1974. Das "schwa mobile" und "schwa constans" im Deutschen. In: U. Engel/P. Grebe (eds.), 1974, *Sprachsystem und Sprachgebrauch. Festschrift für H. Moser,* T. 1, (= *Sprache der Gegenwart* 23), 142–171.

Jakobson, R., 1929. *Remarques sur l'évolution phonologique du russe comparée à celle des autres langues slaves.* Prag (= *TCLP* 2).

Jakobson, R., 1932. Fonéma Fonologie. In: *Ottŭuv slovmk naučný.* Supplement 2. Prag, 608 und 611–612. Wieder abgedruckt in: Jakobson, R., 1962 (1971[2]). *Selected Writings* 1. The Hague: Mouton, 231–233.

Jakobson, R., 1962. The phonemic concept of distinctive features. In: *Proceedings of the 4th International Congress of Phonetic Sciences . 1961.* The Hague: Mouton, 440–456.

Jakobson, R./Halle, M., 1956. *Fundamentals of Language.* The Hague: Mouton (= *Janua linguarum* 1).

Jakobson, R./Fant, G./Halle, M., 1951. *Preliminaries to Speech Analysis.* Cambridge, Mass.: MIT Press.

Jespersen, O., 1897–99. *Fonetik.* Copenhagen.

Jespersen, O., 1904. *Lehrbuch der Phonetik.* Leipzig: Teubner.

Jones, D., 1950. *The phoneme: its nature and use.* Cambridge: Heffer.

Jørgensen, H. P., 1969. Die gespannten und ungespannten Vokale in der norddeutschen Hochsprache mit einer spezifischen Untersuchung der Struktur ihrer Formantfrequenzen. *Phonetica* 19 (1969): 217–245.

Kean, M.–L., 1975. *The theory of markedness in generative grammar.* Bloomington, Ind.: Indiana Univ. Linguistics Club. (Diss. MIT; 1980 vervielf.)

Kiparsky, P., 1982. From cyclic phonology to lexical phonology. In: van der Hulst, H./-Smith, N. (eds.), 1982: 131–175.

Kloeke, W. U. S. van Lessen, 1982. *Deutsche Phonologie und Morphologie.* Tübingen: Niemeyer (= *LA* 117).

Knetschke, E./Sperlbaum, M., 1987. *Zur Orthoepie der Plosive in der deutschen Hochsprache. Eine auditiv–komparative Untersuchung.* Tübingen: Niemeyer (= *PHONAI. Lautbibliothek der deutschen Sprache* 33).

Kohler, K. J., 1977. *Einführung in die Phonetik des Deutschen.* Berlin: Schmidt (= *Grundlagen der Germanistik* 20).

Kohler, K. J., 1978. Opponentenvortrag zur Dissertation von Robert Bannert "Mittelbairische Phonologie auf akustischer und perzeptorischer Grundlage", Lund 11. Dezember 1976. *Arbeitsberichte des Instituts für Phonetik der Universität Kiel (AIPUK)* 10 (1978): 175–193.

Kohler, K./Künzel, H., 1978. The Temporal Organisation of Closing–Opening Movements for Sequences of Vowels and Plosives in German. *Arbeitsberichte des Instituts für Phonetik der Universität Kiel (AIPUK)* 10 (1978): 117–166.

Krämer, W., 1979. *Akustisch–phonetische Untersuchungen zum vokalischen /R/–Allophon des Deutschen.* Hamburg: Buske (= *Forum Phoneticum* 20).

Krech, E.–M., 1968. *Sprechwissenschaftlich–phonetische Untersuchungen zum Gebrauch des Glottisschlageinsatzes in der allgemeinen deutschen Hochlautung.* Basel/New York: Karger(= *Bibliotheca Phonetica* 4).

Krech, E.–M. et al. 1982. *Großes Wörterbuch der deutschen Aussprache* (GWdA). Leipzig: VEB Bibliographisches Institut.

Kufner, H. L., 1962. Lautwandel und Lautersatz in der Münchener Stadtmundart. *Zs. f. Mundartforschung* 29 (1962): 32–340.

Ladefoged, P., 1962 (1981²). *Elements of Acoustic Phonetics.* Chicago: University of Chicago Press.

Ladefoged, P., 1971. *Preliminaries to linguistic phonetics.* Chicago: University of Chicago Press.

Ladefoged, P., 1975 (1982[2]). *A Course in Phonetics.* New York: Harcourt.

Langacker, R. W., 1972. *Fundamentals of Linguistic Analysis.* New York: Harcourt.

Lass, R., 1976. *English phonology and phonological theory. Synchronic and diachronic studies.* Cambridge: Cambridge University Press (= *Cambridge studies in linguistics* 17).

Lass, R., 1984. *Phonology. An Introduction to Basic Concepts.* Cambridge: Cambridge Univ. Press (= *Cambridge Textbooks in Linguistics)*

Lenerz, J., 1985. Phonologische Aspekte der Assimilation im Deutschen. *Zeitschrift für Sprachwissenschaft* 4 (1985): 5–36.

Liberman, M./Prince, A., 1977. On stress and linguistic rhythm. *Linguistic Inquiry* 8 (1977): 249–336.

Lindblom, B., 1963. Spectrographic Study of Vowel Reduction. *JASA* 35 (1963): 1773–1781.

Lindner, G., 1981. *Grundlagen und Anwendungen der Phonetik.* Berlin: Akademie–Verlag (= *Sammlung Akademie–Verlag Sprache* 36).

Linell, P., 1979. *Psychological reality in phonology. A theoretical study.* Cambridge/London/New York/ Melbourne: Cambridge University Press (= *Cambridge Studies in Linguistics* 25).

Lisker, L. L./Abramson, A. S., 1964. A Cross–Language Study of Voicing in Initial Stops: Acoustical Measurements. *Word* 20 (1964): 384–422.

Malmberg, B., 1963. *Phonetics.* New York: Dover Publications.

Mayerthaler, W., 1974. *Einführung in die generative Phonologie.* Tübingen: Niemeyer.

Meinhold, G./Stock, E., 1963. Stimmlosigkeit und Stimmhaftigkeit der "Verschlußphase (Plosion) bei deutschen Medien im absoluten Anlaut und nach stimmlosen Lauten. *Zeitschrift für Phonetik* 16 (1963):137–148.

Meinhold, G./Stock, E., 1980 (1982[2]). *Phonologie der deutschen Gegenwartssprache.* Leipzig: VEB Bibliographisches Institut.

Miller, P., 1974. A Critical Bibliography on the Tense/Lax Distinction in Vowels. *Ohio State University Working Papers in Linguistics* 17 (1974): 222–231.

Mohanan, K.P., 1986. *The Theory of Lexical Phonology.* Dordrecht: Reidel.

Morais, J., 1985. Literacy and awareness of the units of speech: Implications for research on the units of perception. *Linguistics* 23 (1985): 707–721.

Morciniec, N., 1958. Zur phonologischen Wertung der deutschen Affrikaten und Diphthonge. *Zeitschrift für Phonetik* 11 (1958):49–66.

Moulton, W. G., 1962. *The sounds of English and German.* Chicago: University of Chicago Press.

Nerius, D./Scharnhorst, J., 1980. Grundpositionen der Orthographie. In: Nerius, D./ Scharnhorst, J. (eds.), 1980. *Theoretische Probleme der deutschen Orthographie.* Berlin: Akademie–Verlag, 11–73.

Olsen, S., 1986. *Wortbildung im Deutschen. Eine Einführung in die Theorie der Wortstruktur.* Stuttgart: Kröner (= *Kröners Studienbibliothek* 660).

Piirainen, I. T., 1981. *Handbuch der deutschen Rechtschreibung.* Bochum: Kamp.

Pike, K. L., 1947. Phonemics. *A Technique for Reducing Languages to Writing.* Ann Arbor: University Press.

The Principles of the International Phonetic Association (IPA), London 1949 (reprinted 1963).

Radford, A., 1981. *Transformational Syntax.* Cambridge: Cambridge University Press.

Ramers, K. H., 1988. *Vokalquantität und –qualität im Deutschen.* Tübingen: Niemeyer (= *LA* 213).

Reis, M., 1974. *Lauttheorie und Lautgeschichte. Untersuchungen am Beispiel der Dehnungs– und Kürzungsvorgänge im Deutschen.* München: Fink (= *Internationale Bibliothek für allgemeine Linguistik* 14).

Rennison, J., 1980. What is shwa in Austrian German? The case for epenthesis, and its consequences. *Wiener Linguistische Gazette* 24 (1980): 33–42.

Sapir, E., 1933. La réalité psychologique des phonemes. In: *Journal de Psychologie Normale et Pathologique* 30 (1933): 247–265.

Saussure, F. de, 1916. *Cours de Linguistique Générale.* Paris: Payot. Dt. Übers.: *Grundfragen der allgemeinen Sprachwissenschaft,* Berlin: de Gruyter 1931 (1967[2]).

Schane, S. A., 1973. *Generative Phonology.* Englewood Cliffs/New Jersey: Prentice–Hall.

Schaner–Wolles, Ch./Tonelli, L., 1988. Über Pferd, Katze und Fuchs. Zum Erwerb der Af frikaten im Deutschen. *Wiener Linguistische Gazette* 42–43 (1988): 105–120.

Schindler, F., 1974. *Beiträge zur deutschen Hochlautung.* Hamburg: Buske (= *Forum Phoneticum* 9).

Seiler, H., 1962. Laut und Sinn: Zur Struktur der deutschen Einsilbler. In: *Studia gratulatoria dedicated to Albert Willem de Groot.* Amsterdam: North–Holland Publishing (= *Lingua* 11), 375–387.

Selkirk, E. O., 1980. The role of prosodic categories in English word stress. *Linguistic Inquiry* 11 (1980):563–605.

Sendlmeier, W. F., 1981. Der Einfluß von Qualität und Quantität auf die Perzeption betonter Vokale des Deutschen. *Phonetica* 38 (1981): 291–308.

SIEBS. Deutsche Aussprache, 1969[19]. *SIEBS. Deutsche Aussprache. Reine und gemäßigte Hochlautung mit Aussprachewörterbuch.* Herausgegeben von Helmut de Boor, Hugo Moser und Christian Winkler. 19., umgearbeitete Auflage. Berlin: de Gruyter&Co.

Sonderegger, St., 1974. *Althochdeutsche Sprache und Literatur. Eine Einführung in das älteste Deutsch. Darstellung und Grammatik.* Berlin/New York: de Gruyter (= *Sammlung Göschen* 8005).

Stampe, D., 1973. *A dissertation on natural phonology.* Diss. Chicago. Erschienen: Bloomington, Ind.: Indiana University Press 1979. New York: Garland Press 1979.

Stark, J., 1974. Aphasiological evidence for the abstract analysis of the German velar nasal [ŋ]. *Wiener Linguistische Gazette* 7 (1974), 21–37.

Stemberger, J. P., 1984. Length as a suprasegmental: Evidence from Speech Errors. *Language* 60 (1984): 895–913.

Strauss, S. L., 1982. *Lexicalist phonology of English and German.* Dordrecht: Foris.

Sweet, H., 1877. *A Handbook of Phonetics, Including a Popular Exposition of the Principles of Spelling Reform.* Oxford: Clarendon Press.

Tillmann, H. G./Mansell, Ph., 1980. *Phonetik. Lautsprachliche Zeichen, Sprachsignale und lautsprachlicher Kommunikationsprozeß.* Stuttgart: Klett–Cotta.

Travaux du Cercle Linguistique de Prague (TCLP) 4, Prag 1931.

Trubetzkoy, N. S., 1939. *Grundzüge der Phonologie.* Prag (= *TCLP* 7). (Wieder erschienen *1958 (1967⁴)* bei Vandenhoeck & Ruprecht, Göttingen).

Ulbrich, H., 1972. *Instrumentalphonetisch–auditive R–Untersuchungen im Deutschen.* Berlin: Akademie–Verlag (= *Schriften zur Phonetik, Sprachwissenschaft und Kommunikationsforschung* 13).

Ungeheuer, G., 1969. Das Phonemsystem der deutschen Hochlautung. In: de Boor, H./-Moser, H./Winkler, Chr. (eds.), 1969[19]. *Siebs. Deutsche Aussprache. Reine und gemäßigte Hochlautung mit Aussprachewörterbuch.* Berlin: de Gruyter, 27–42.

Vachek, J., 1936. Phonemes and phonological units. In: *TCLP* 6 (1936): 235–239.

Vater, H., 1982. *Strukturalismus und Transformationsgrammatik. Überblick und Anwendung aufs Deutsche.* Trier: WVT.

Vennemann, Th., 1970. The German Velar Nasal. A Case for Abstract Phonology. *Phonetica* 22 (1970):65–81.

Vennemann, Th., 1972. On the theory of syllabic phonology. *Linguistische Berichte* 18 (1972): 1–18.

Vennemann, Th., (ed.), 1982. *Silben, Segmente, Akzente. Referate zur Wort–, Satz– u. Versphonologie anläßlich der vierten Jahrestagung der Deutschen Gesellschaft für Sprachwissenschaft, Köln, 2.–4.3.1982.* Tübingen: Niemeyer (= *LA* 126).

Vennemann, Th., 1982. Zur Silbenstruktur der deutschen Standardsprache. In: Vennemann, Theo (ed.), 1982, 261–305.

Vennemann, Th., 1986. *Neuere Entwicklungen in der Phonologie.* Berlin/New York/Amsterdam: Mouton/de Gruyter.

Vennemann, Th., 1988. *Preference Laws for Syllable Structure and the Explanation of Sound Change. With Special Reference to German, Germanic, Italian, and Latin.* Berlin/New York/Amsterdam: Mouton/de Gruyter.

Wängler, H.–H., 1960 (1967²). *Grundriß einer Phonetik des Deutschen.* Marburg: Elwert.

Weiss, R., 1976. *The Perception of Vowel Length and Quality in German. An Experimental–Phonetic Investigation.* Hamburg: Buske (= *Hamburger Phonetische Beiträge* 20).

Werner, O., 1972. *Phonemik des Deutschen.* Stuttgart: Metzler. (= *Sammlung Metzler* 108).

Wiese, R., 1983. *Psycholinguistische Aspekte der Sprachproduktion. Sprechverhalten und Verbalisierungsprozesse.* Hamburg: Buske (= *Papiere zur Textlinguistik* 44).

Wiese, R., 1986. Zur Theorie der Silbe. *Studium Linguistik* 20 (1986): 1–15.

Wiese, R., 1988. *Silbische und Lexikalische Phonologie. Studien zum Chinesischen und Deutschen.* Tübingen: Niemeyer (= *LA* 211).

Wurzel, W. U., 1970. *Studien zur deutschen Lautstruktur.* Berlin: Akademie–Verlag (= *studia grammatica* 8).

Wurzel, W. U., 1981. Phonologie: Segmentale Struktur. In. Heidolph, K. E. et al. (eds.), 1981. *Grundzüge einer deutschen Grammatik.* Berlin: Akademie–Verlag, 898–990.

Errata-Liste

S. 22, Zeile 9: Für "U" lies "ʋ".

S. 30, 15. Zeile: Für "(vgl. Anm. 21)" lies "(vgl. Anm. 22)".

S. 31, letzter Satz vor Zitat: Ersetze "..., wohl aber ... zeigt." durch
"wohl aber zwischen beiden und /k/, wie die Minimalpaare *stechen* vs. *stecken* und *Nacht* vs. *nackt* zeigen."

S. 32, letzter Absatz: Ersetze jeweils "[bi:]" durch "[mi:]".

S. 37, Zeile 10: Nach "konnotative" ergänze folgende Fußnote:
Unter "konnotativer Bedeutung" versteht man "mitverstandene", assoziierte Bedeutung, die nicht Bestandteil der Grundbedeutung eines Sprachausdrucks ist und von Sprecher zu Sprecher variieren kann. So kann *Dorf* die Konnotation "Idylle", "Zurückgebliebenheit " usw. haben.

S. 44, 11. Zeile v. unt.: Nach "Sonanten" ergänze "(außer, wenn sie geflüstert werden)".

S. 45, Z. 10: Für "Hierarchie gäbe" lies "Hierarchie gibt".

S. 48, A. 2-2, (d): Ergänze nach "n" das Phonem "η".

S. 48, A. 2-3, (c): Für das 2. "n" lies "η".
In der Lösung zu (d) streiche "+son".

S. 55, (3.02), f' und g': Für "[lawfɱ]" lies "[lawfɱ̍]"(ebenso in Z. 8 v. unt.), für "[le:bɱ]" lies "[le:bɱ̍]".

S. 57, Z. 11 und 12 v. unt.: Ersetze den Halbsatz "Im Laufe ... mittleren Vordervokalen;" durch "In der mittelhochdeutschen Periode wird dann auch bei den restlichen Vokalen Umlaut in der Schrift angezeigt;".

S. 59, 3. Absatz, 6. Zeile: Für "im Auslaut" lies "im Silbenauslaut".

S. 60 unten: Ersetze den letzten Halbsatz ab "- hat KUFNER ..." durch "nimmt KUFNER (1962) Dissimilation an und zwar in der Lautdauer: Vor kurzen (stimmhaften) Obstruenten ist nach seiner Analyse der Vokal lang, vor langen (stimmlosen) Obstruenten kurz:".

S. 66, Satz nach (3.08): Für "Veränderung" lies "Ersetzung", für "Segment A wird zu Segment B" lies "Segment A wird durch Segment B ersetzt".

S. 67, 5. Zeile vor (3.12'): Streiche den Satz "Hier wird /b/ ..., also zu /p/".

S. 69, Zeile 4: Streiche "eher".

S. 70, Zeile 4: Ergänze nach "Methathese" "- vgl. dt. *Roß* (aus *hros*) vs. engl. *horse* -"

S. 72: Ergänze nach (3.18) den Passus: " Die Formeln besagen, daß das Merkmal [sonorant] für Konsonanten im unmarkierten Fall den Minus-, im markierten den Pluswert hat (a. vs. b.); bei Nicht-Konsonanten (Vokalen und Glides) ist es umgekehrt; sie sind im unmarkierten Fall [+son], im markierten [-son]; vgl. c. vs. d."

S. 76 oben, Lösung: Ergänze vor der ersten Regel "R1", vor der zweiten "R2".

S. 83, Tab. 4: Ergänze in der letzten Zeile der Tabelle "sth" mit den Merkmalswerten (von links nach rechts) " - + - + - + - + - + - + - + - + + + + + + "

S. 89, Zeile 10: Füge nach "oder Silbengrenze)" ein Komma ein.

S. 95, Zeile 1f.: Streiche den Halbsatz ", allerdings nur, wenn ... Lenis belegt."

S. 96, Fußnote 43: Ersetze "wesentlicher ist als Stimmbeteiligung und Artikulationsspannung" durch "mindestens so wichtig ist wie Stimmbeteiligung und Artikulationsspannung".

S. 97, 1. Zeile: Ersetze "DUDEN (1974[2])" durch "DUDEN (1990[3])".

S. 98, 12 Zeile v. unten: Ersetze "sie kann wie folgt" durch "die Verteilung kann wie folgt".

S. 100, Mitte, erster Spiegelstrich, 3. Zeile: Ersetze "[j]" durch "[j̥]".

S. 101/102: Trenne "Di-phthong" statt "Dipht-hong.

S. 102, 5. Zeile: Ersetze "Glide [ʋ̞]" durch "Glide [ʋ]".

S. 102, Mitte, letzter Spiegelstrich: Für "analysiert" lies "analysierte".

S. 105, 1. Abs. von 4.1.3.1, Z. 10f.: Für "in phonologischen Regeln nicht zugelassen sind," lies "in rein phonologischen Regeln nicht zugelassen sind, sondern nur in morphophonemischen,".

S. 107, Mitte, 1. Spiegelstrich, 1. Zeile: Ergänze nach "[ŋg]" "(bzw. [ŋk])".

S. 119, 6. Zeile v. unten: Ergänze einen Spiegelstrich vor "/ɛ:/".

S. 125 oben, 3ff.: Streiche den Passus "oder bleibt leer ... in adäquater Weise ausgedrückt".

S. 128, Mitte, 3 u. 4. Zeile nach (4.44): Trenne "Di-phthonge" statt "Dipht-honge".

S. 130, 3. Zeile v. unten: Streiche "und Silben mit auslautendem Schwa".

S. 135, 3. Zeile vor Abb. 15: Für "qegenüber" lies "gegenüber".
Abb. 15: Für "Coda" lies "coda".

S. 136, 1. Zeile nach (4.50): Für "(Penultima)" lies "(Pänultima)".
4. Zeile nach (4.50): Für "(Antepenultima)" lies "(Antepänultima)".

S. 145, 3. Literaturangabe: Für "DUDEN 'Aussprachewörterbuch' 1974[2]" lies "DUDEN 'Aussprachewörterbuch' 1990[3]".

Die vom Gabel Verlag publizierte Schriftenreihe
"Kölner linguistische Arbeiten – Germanistik" (KLAGE)
umfaßt bisher die folgenden Titel:

16. Ramers, Karl-Heinz und Heinz Vater:
Einführung in die Phonologie.
3. Aufl. V, 153 S.
ISBN 3-921527-27-9 DM 24,–

19. Klein, Ulrich F. G.:
Fokus und Akzent.
2. Aufl. VIII, 102 S.
ISBN 3-921527-24-4 DM 20,–

20. Zaun, Detlef P.:
LISP. Eine Einführung - nicht nur für Linguisten.
1. Aufl. VI, 147 S.
ISBN 3-921527-20-1 DM 24,–

22. Siebert-Ott, Gesa:
Sprachberatung - Sprachförderung - Sprachunterricht.
2. Aufl. VI, 113 S.
ISBN 3-921527-22-8 DM 21,–

23. Bhatt, Christa:
Einführung in die Morphologie.
2. Aufl. V, 57 S.
ISBN 3-921527-21-X DM 16,–

24. Vater, Heinz:
Einführung in die Raum-Linguistik.
2. Aufl. IV, 107 S.
ISBN 3-921527-18-X DM 20,–

25. Vater, Heinz:
Einführung in die Zeit-Linguistik.
2. Aufl. IV, 88 S.
ISBN 3-921527-19-8 DM 19,–

26. Dürscheid, Christa:
Modelle der Satzanalyse; Überblick und Vergleich.
1. Aufl. VI, 85 S.
ISBN 3-921527-25-2 DM 18,–

27. Büring, Daniel:
Linking; Dekomposition -Theta-Rollen - Argumentstruktur.
1. Aufl. VII, 144 S.
ISBN 3-921527-26-0 DM 23,–